Leipzigs Grün

Ein Park-und Gartenführer

von Petra Mewes und
Peter Benecken
unter Mitarbeit von
Peter Gutte und
Hein-Jürgen Scherschak

PASSAGE-VERLAG

Zum Geleit

1990 bin ich an den Ort meiner familiären Wurzeln zurückgekehrt und ein begeisterter Leipziger geworden.

Wer hier lebt, weiß, die Stadt ist „grün" und voller Überraschungen. Es gibt große, alte Parks und begrünte Plätze, alte Bäume ebenso wie junge Anlagen, die erst in den vergangenen Jahren im Zuge der Umgestaltung von Industriebrachen entstanden sind. Es macht immer wieder eine große Freude, Altes und Neues zu entdecken.

Oft bin ich in unserem Sternburgschen Schlosspark in Lützschena unterwegs, wo in früheren Zeiten schon Clara und Robert Schumann zu Gast waren und wandelten. Meine Vorfahren hätten sicher Freude daran, ihren geliebten, zweihundert Jahre alten – für die Öffentlichkeit immer zugänglichen – Park neu erblühen zu sehen. Und immer wieder reizt es mich, auch andere grüne Oasen zu erleben. Sie sind ein wichtiges Stück Geschichte und ein nachhaltiges Erlebnis für alle Menschen.

„Leipzigs Grün" macht neugierig, alles zu erkunden und so manches bisher unbekannte Detail zu entdecken. Freuen Sie sich auf eine Begegnung mit der Leipziger Gartenkultur. Ich wünsche Ihnen viel Spaß beim Entdecken und Genießen!

Wolf-Dietrich Speck von Sternburg
Leipzig, 2013

Im Sternburgschen Schlosspark Lützschena

Vorwort

Der vermutlich erste kommunale Landschaftspark auf dem europäischen Kontinent, der als Institution älteste botanische Garten Deutschlands und die älteste noch bestehende Schreberanlage – das, was Leipzig an historischen Grünanlagen, Parks und Gärten zu bieten hat, ist bemerkenswert. Bedeutende Gartenkünstler hinterließen ihre Spuren. Dazu zählen Peter Joseph Lenné, Leberecht Migge oder auch die städtischen Gartendirektoren Carl Otto Wittenberg, Carl Hampel und Nikolaus Molzen. Aber auch in jüngerer Zeit entstanden zahlreiche, teils sehr innovativ gestaltete neue Anlagen, häufig auf altem Bahn- oder Industriegelände. Der vorliegende Band gibt erstmals einen Überblick über das reiche Spektrum der öffentlichen Grünanlagen in Leipzig. Es reicht vom großen Stadtpark über den bekannten Promenadenring um die Innenstadt bis hin zu den zahlreichen begrünten Stadtplätzen in beinahe allen Stadtteilen. Auch ehemalige Friedhöfe wurden berücksichtigt, sofern sie als Parkanlage umgewidmet sind, wie der stadtgeschichtlich herausragende Alte Johannisfriedhof. Informationen zu Geschichte und Gestaltung der Anlagen sowie auch manch unterhaltsame Episode regen zum Entdecken an – zum Erkunden der Metropole Mitteldeutschlands aus der grünen Perspektive. Manch Information und Einblick wird auch für alteingesessene Anwohner neu sein.

Stadtgeschichte und -entwicklung spiegeln sich insbesondere in Leipzig auch in seinen Grünanlagen wider. Viele stehen mit geschichtlichen Ereignissen oder herausragenden Persönlichkeiten in Verbindung. Praktische Übersichtskarten ermöglichen nicht nur das Auffinden einzelner Ziele, sondern laden auch zum Erkunden der Stadtteile mit ihrem abwechslungsreichen Grün ein. Die 89 beschriebenen Anlagen sind zur besseren Übersichtlichkeit in zwei geografische Teile gegliedert: Plan 1 (S. 42) umfasst das westliche, Plan 2 (S. 138) das östliche Stadtgebiet von Leipzig.

Ergänzend zu den inhaltlichen Beschreibungen finden sich praktische Informationen für Parkbenutzer, zu Kinderspielmöglichkeiten oder für Hundebesitzer. Irgendwann melden sich beim Aufenthalt im Freien und bei angeregten Spaziergängen Hunger und Durst. Zum Glück sind in Leipzig interessante Cafés und Gaststätten meist nicht fern. Hierzu haben wir ohne Anspruch auf Vollständigkeit einige Tipps und Adressen zusammengestellt.

Ergänzt werden die Beiträge zu den Einzelanlagen durch einen Überblick zur Entwicklung des Leipziger Grünsystems. Hein-Jürgen Scherschak und Peter Gutte, ausgewiesene Kenner der Leipziger Botanik, tragen fundiertes Wissen zu ihren Fachgebieten bei.

Ein großer Dank geht an die Leipziger Landschaftsarchitektinnen Petra Friedrich und Hanka Naumann vom Amt für Stadtgrün und Gewässer sowie Kathrin Franz für ihre fachliche Unterstützung und die Bereitstellung von Plänen, Fotos und Konzeptionen.

Die unterschiedliche Herangehensweise der Autoren ermöglicht eine vielschichtige Betrachtung von Leipzigs Grün. Somit bietet das Buch Wissenswertes, Unterhaltsames und Kurzweiliges für sehr verschieden Interessierte. Wir wünschen viel Spaß beim Entdecken und Erleben!

Die Autoren

Wildblumenaussaat auf dem formalen Parterre des Brahmsplatzes am Schachzentrum

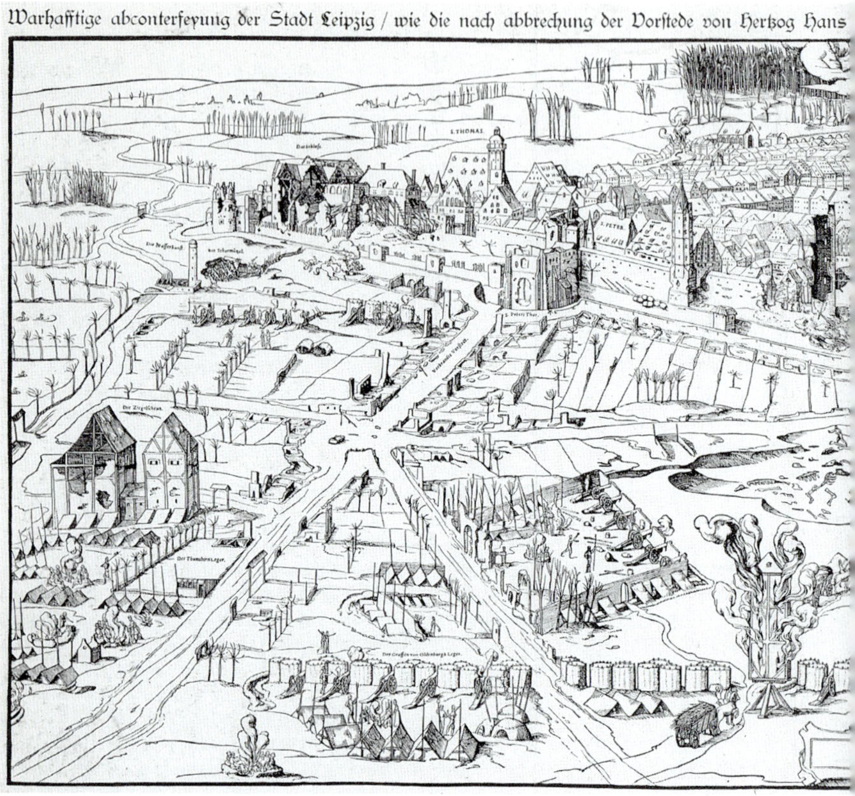

Einleitung

Gärten und Parks geben seit jeher Aufschluss über die Gegebenheiten zu ihrer Entstehungszeit, so die wirtschaftlichen und gesellschaftlichen Verhältnisse. Ebenso wie Hochbauten unterlagen sie einer differenzierten stilistischen Entwicklung.
Leipzigs zahlreiche und unterschiedliche Grünanlagen legen Zeugnis ab von der Entwicklung der Stadt zu einer der führenden deutschen Handels- und Wirtschaftsmetropolen in den letzten zweihundert Jahren. Die Hochzeit dieses Werdegangs, etwa zwischen der Mitte des 19. Jahrhunderts und der letzten Zwischenkriegszeit, brachte bis heute die weitaus meisten innerstädtischen Grünanlagen hervor. Es handelt sich um die Phase des Aufstiegs Leipzigs zur modernen Großstadt und schließlich viertgrößten Kommune des Deutschen Reichs mit zeitweilig einer dreiviertel Million Einwohnern. Diese Bedeutung spiegelt sich bis heute nicht zuletzt in der Qualität und Anzahl der gestalteten öffentlichen Freiräume wider.

Gärten dürfte es auf Leipziger Gebiet kontinuierlich seit Beginn der sorbischen Besiedlung im 7. Jahrhundert geben. Auch nach der Verleihung der Stadtrechte im 12. Jahrhundert werden private Bürgergärten selbstverständlich zu dem Gemeinwesen gehört haben. Anzunehmen ist, dass sie sich zunächst überwiegend im Umfeld der Wohnhäuser befanden, also innerhalb der Befestigungen. Erst mit dem stärkeren städtischen Wachstum und einer Blüte im Hochmittelalter wurde der Raum hier knapp, ist mit einer verstärkten Inanspruchnahme von Flächen im Umfeld zu rechnen. Anders als etwa im Fall der toskanischen Handelsmetropolen ist von planmäßig angelegten öffentlichen Grünstrukturen im Leipzig des Mittelalters nichts bekannt. Inwieweit die in der Stadt befindlichen Kirchhöfe trotz des gegebenen Platzmangels Pflanzungen enthielten, ist kaum noch nachzuvollziehen. Anders verhält sich dies mit den Klostergärten. Derjenige des Dominikanerklosters St. Pauli am Grimmaischen Tor bestand auch

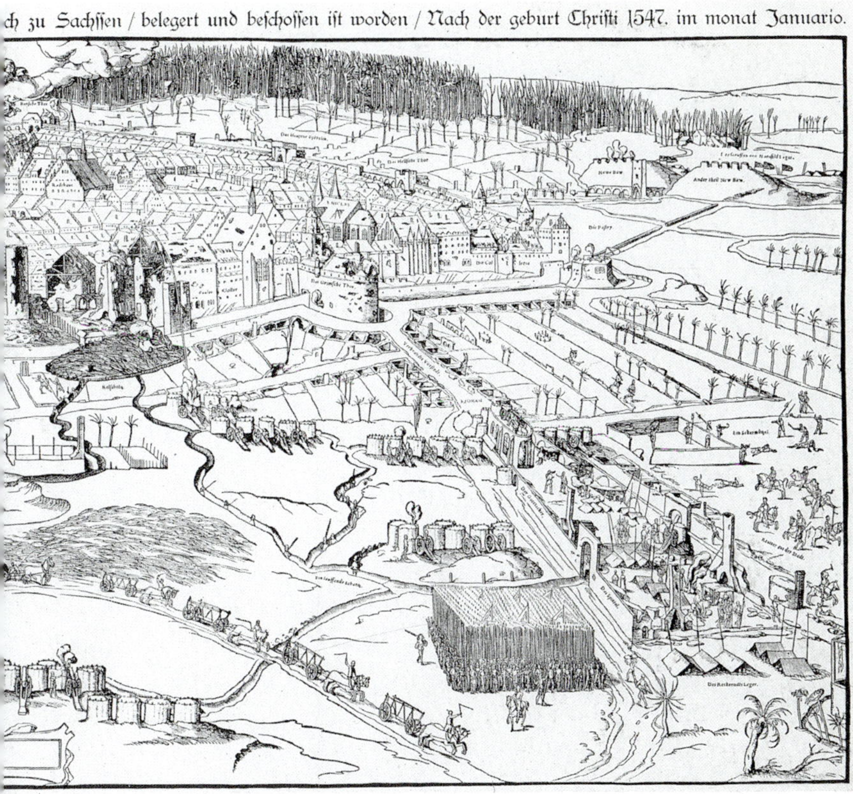

Leipzig 1547 während der Belagerung im Schmalkaldischen Krieg, Holzschnitt, vermutlich von Hans Krell

nach der reformationsbedingten Säkularisation 1543 als Botanischer Garten der Universität fort. Als Folge der lutherischen Reformation wurden die innerstädtischen Kirchhöfe aufgelöst; den östlich der Befestigungen gelegenen Friedhof des Johannisstifts bestimmte Herzog Georg 1536 zum allgemeinen Begräbnisplatz Leipzigs. Dies war der entscheidende Impuls für die Entwicklung der heute ältesten erhaltenen Grünanlage, des Alten Johannisfriedhofs.

Die früheste überlieferte Stadtansicht von 1547 zeigt Leipzig während der Belagerung durch Herzog Albrecht im Schmalkaldischen Krieg. Längst war innerstädtisch kein Raum mehr für größere private Freiräume. Dafür sind außerhalb der Befestigungen Baumreihen oder auch Hecken zu erkennen, welche als Abgrenzungen von Gartenland interpretiert werden können. Es ist davon auszugehen, dass es sich spätestens seit der Renaissance nicht mehr nur um Nutzgärten handelte. Die Anlagen dienten auch bereits der Repräsentation des städtischen Patriziats.

Bürgergärten des Barock

Zerstörungen wie jene im Schmalkaldischen oder auch im Dreißigjährigen Krieg konnten die Entwicklung der Gartenkultur nicht lange aufhalten und wurden auch zu Neugestaltungen nach dem jeweiligen stilistischen Empfinden genutzt. Parallel zur wirtschaftlichen und kulturellen Entwicklung ist ein Höhepunkt zur Zeit des Barock zu verzeichnen. Im Gegensatz zu den älteren Anlagen sind die in dieser Phase entstandenen Gärten gut durch Berichte, Plandarstellungen und Ansichten dokumentiert.

Zwischen 1689 und 1692 gestaltete der Rats- und Handelsherr Caspar Bose (1645 bis 1700) südöstlich der Stadt einen Garten. Zur Unterscheidung von einer Anlage seines Bruders erhielt er die Bezeichnung „Großbosischer Garten". Caspar stand in intensivem Briefkontakt mit namhaften deutschen, französischen und niederländischen Gartentheoretikern. Die daraus gezogenen Erkenntnisse gingen ebenso in

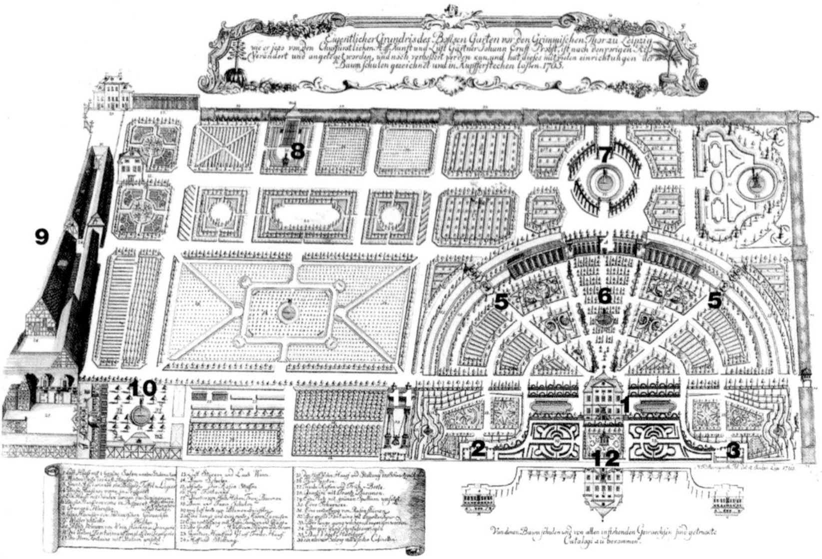

Der Großbosische Garten des Handels- und Ratsherrn Caspar Bose (1645–1700) im Südosten der Stadt

»Eigentlicher Grundris des Bosisen Gartens vor den Grimmischen Thor zu Leipzig, wie er ietzo von den churfürstlichen Hoff und Lustgärtner Johann Ernst Probst ist nach den vorigen Riß verändert und angelegt worden, und noch verbessert werden kan, und hat dieses mit vielen einrichtungen der Baumschulen gezeichnet und in Kupffer stechen lassen. 1765«.
1 Lusthaus, 2 »Grunt Riß darinnen ein Biliard Taffel u. Logies«, 3 »Hauss mit Säulen, darinen ein Säminarium, Bibliotheck, Naturalien- und Rist Kammer«, 4 Orangerie, 5 Wasserfälle, 6 Untere Fontäne auf dem Platz der Orangerie, 7 Obere Fontäne, mit Statuen umsetzt, 8 »Glass-Hauß zum Pisangen und Aloeen«, 9 Vorwerk, 10 Tiergarten, 11 Schaukel, 12 Vogelhaus

die Gestaltung und Pflanzenzucht ein wie diejenigen seiner Kavalierstour durch Europa. Zentrum der Anlage war ein an ein antikes Theater erinnernder Orangeriebereich in einer ehemaligen Sandgrube. An der tiefsten Stelle befand sich, gewissermaßen an Stelle der Bühnenwand, ein Lusthaus, in welchem Sammlungen und eine gartentheoretische Bibliothek untergebracht waren. Von diesem Punkt aus erschlossen Radialwege den zentralen, leicht ansteigenden Bereich. Der größte Teil des Höhenunterschieds von etwa elf bis zwölf Metern wurde durch steil ansteigende „Ränge" zur Aufstellung von Orangenbäumen und anderen Exoten überwunden. Am Ende einer durch eine Fontäne betonten Mittelachse befand sich, in das Halbrund der Ränge eingepasst, das eigentliche Orangeriegebäude. Der übrige Garten war durch rechteckige Parterres und ein großes Boskett, den sogenannten Baumgarten, gegliedert. Am heutigen Roßplatz befanden sich ein Ökonomiegebäude und ein Gärtnerwohnhaus. Von hier aus war die Anlage durch geradlinige Wegeachsen in Nordwest-Südost-Richtung erschlossen. Durch zahlreiche Veröffentlichungen, unter anderem des

Der Orangeriebereich des Großbosischen Gartens, Kupferstich von Johann Strindbeck, 1690

Leipzig um 1788, frühe Begrünungen der ehemaligen Verteidigungswälle und barocke Bürgergärten in ihrer Spätphase

hier seit 1684 tätigen Gärtners Elias Peine, erlangte der Großbosische Garten weithin Bekanntheit. Zur Zeit der Messe war er auch für die Allgemeinheit geöffnet. Nach dem Tod Caspar Boses unterhielt die Familie die Anlage weiter auf hohem Stand. Wohl nach Zerstörungen im Siebenjährigen Krieg (1756 bis 1763) kam es zu einer Wiederherstellung unter dem Lustgärtner Johann Ernst Probst. Die Gliederung des Orangeriebereichs und die Hauptwegeachsen wurden beibehalten. Nach einem Plan von 1765 besitzt der vormalige Baumgarten nun jedoch eine Aufteilung in kleinere Kompartimente (Teile). Die Parterres und auch die Terrassen des „Orangerietheaters" sind deutlich aufwändiger gestaltet dargestellt. Ob die vielen erkennbaren Details alle so ausgeführt wurden, lässt sich heute nicht mehr mit Bestimmtheit feststellen. Etwa zur Zeit der Darstellung begann jedoch bereits der Niedergang der Anlage. Noch bis 1824 befand sie sich im Besitz der Erben Boses und wurde dann verkauft. Wenig später erfolgte die Parzellierung und Bebauung. Heute erinnert nur noch der Höhenunterschied zwischen der Straße An der Verfassungslinde und der Goldschmidtstraße an das „Orangerietheater".

Neben dem Großbosischen gilt Apels Garten als zweite große Schöpfung unter den barocken bürgerlichen Parks in Leipzig. Andreas Dietrich Apel (28. 7. 1662 bis 14. 1. 1718), Handelsherr und Stofffabrikant, erbte von seinem Schwiegervater Jonas

Barnicke Flächen westlich der Stadt und erwarb bis 1701 die benachbarte sogenannte Schlosswiese hinzu. Am Elstermühlgraben entstanden an Stelle älterer vorstädtischer Bebauung seine „Fabriquen" für Damast- und Atlasstoffe. Der Manufakturkomplex bildete den gestalterischen Bezugspunkt für einen ab 1703 westlich angelegten repräsentativen Garten. Es handelte sich dabei um das Erstlingswerk des Leipzigers David Schatz (1668–1750), welcher auch lange seinen Wohnsitz in der Anlage hatte. Später avancierte er als sächsischer Landbaumeister zu einem bedeutenden Architekten und Gartengestalter – in Leipzig Schloss Knauthain und darüber hinaus vor allem Schloss und Park Burgscheidungen an der Unstrut sind Beispiele seines Schaffens. Charakteristisch für Apels Garten war ein von einer Parterrezone ausgehendes fächerförmiges Alleensystem, welches, höfischen Anlagen vergleichbar, in die umgebende Landschaft ausstrahlte. An niederländische Vorbilder erinnerten begrenzende Kanäle. Von den Bildhauern Paul Heermann und Balthasar Permoser stammten vier Kolossalstatuen – Jupiter, Juno, Venus und Mars. In der ursprünglichen Gestaltungsvariante existierte der Garten bis 1717. Dann kam es zu einer grundlegenden Überarbeitung, ebenfalls unter David Schatz, in deren Folge die Ausstattung weitaus prächtiger ausfiel, aber auch die ausgreifenden Alleen fortfielen. August der Starke nahm während seiner Aufenthalte in der Messestadt regelmäßig Quartier in Apels Garten und soll aus ihm seine Inspiration für den Ausbau des Dresdner Zwingers bezogen haben. Darüber hinaus wurde Apel mit der Betreuung der Orangerie in Dresden betraut. Konkrete Vorbilder für seine Anlage in Leipzig sind bislang nicht benannt worden. Allenfalls erinnert die radiale Struktur bei allen sonstigen Unterschieden an den Orangeriebereich im Großbosischen Garten. Noch 1765 nennt Goethe den Garten „königlich". 1784 geht er an Erdmann Traugott Reichel über, wird ab 1837 parzelliert und später bebaut. Bis heute im Stadtgrundriss erhalten haben sich in Elster-, Kolonnaden- und Reichelstraße drei Hauptachsen des barocken Wegefächers. In ihrem Schnittpunkt auf dem Dorotheenplatz sind Kopien von zwei der ursprünglichen Skulpturen aufgestellt, von Jupiter und Juno.

Leipzig um 1740, Westseite der Stadt und Apels Garten in einer idealisierenden Darstellung auf einem Ölgemälde von Alexander Thiele (1685–1752)

Apels Garten auf einem Grundriss der Stadt Leipzig von 1749

Eingang zu Gerhards Garten aus Richtung Naundörfchen mit Kandelabern und Sphinxen, 1899

Bogenbrücke über den Teich in Gerhards Garten, 1860

Ansicht von Löhrs Garten

1731 nennt das Leipziger Adressbuch 31 sehenswerte Gärten. Wie zeitgenössische Stadtpläne veranschaulichen, legen sie sich wie ein Kranz um die Innenstadt, allenfalls unterbrochen von vorstädtischer Bebauung an den Ausfallstraßen. An weiteren Beispielen seien genannt der Kleinbosische, der Richtersche (ab 1740), der Triersche oder der Fregische Garten. Die zwei letztgenannten, im Südwesten der Stadt gelegen, waren durch ausgedehnte Teiche, jeweils mit Inseln, geprägt. Das von vier Seiten über Dämme erreichbare, in einer großen, rechteckigen Wasserfläche gelegene Eiland im Fregischen, später Gerlachs oder Schimmelschen Garten nannte sich „Buen Retiro". Heute befindet sich hier der südliche Teil des Musikviertels. Der Richtersche Garten war ab 1827 wegen seines neuen Besitzers als Gerhards Garten bekannt. Nunmehr besaß er teilweise bereits zeitgemäße landschaftliche Strukturen. Auch er fiel später der Parzellierung und Bebauung anheim. Eine Restfläche bestand noch bis 1909. Erhalten blieben ein klassizistischer Pavillon von 1770 und ein schmiedeeisernes Tor. 1908 wurde die kleine Architektur in den westlichen Teil des

König-Albert- (Clara-Zetkin-) Parks umgesetzt. Das Tor ziert seit 1983 den Zugang zum Gohliser Schlösschen an der Menckestraße. Beispielhaft für die landschaftliche Phase der Gartenkunst seien Teile von Löhrs Garten genannt, ab 1770/71 im Norden der Stadt angelegt. Aus dem zugehörigen Wohnhaus des Handels- und Ratsherrn Eberhard Heinrich Löhr ist das Hotel Fürstenhof hervorgegangen, der Garten ging ebenfalls verloren.

„Prospect königlichen Desseins vom Rosenthal zu Leipzig", Entwurf der geplanten kurfürstlichen Residenz mit Gärten und Sichtschneisen von Ingenieuroffizier Major Christoph Naumann (1664–1742)

Weitere Entwicklung seit dem Barock

In und um das heutige Gebiet der Stadt befanden sich auch zahlreiche Gutsgärten, welche zur Zeit des Barock entstanden oder neu gestaltet wurden. In einigen Fällen gingen sie verloren, wie etwa die für den Tagebau abgebaggerten Anlagen in Eythra. Neben Knauthain sind ältere Gutsgärten noch in Abtnaundorf, Schönefeld, Klein- oder Großzschocher vorhanden. Sie alle erhielten spätestens im 19. Jahrhundert eine landschaftliche Gestaltung. In Klein- und Großzschocher wurden die den Hauptbezugspunkt bildenden Herrenhäuser im Krieg zerstört und anschließend abgerissen. Einen Sonderfall für Leipzig stellen die Pläne Augusts des Starken für das Rosental dar. Wie erläutert, nutzte der Regent bei

Das Rosental um 1780

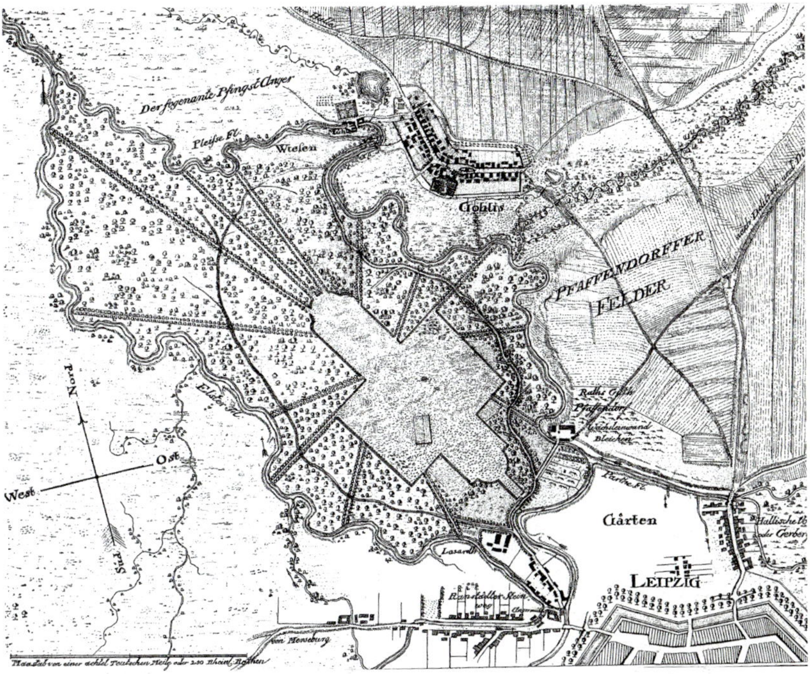

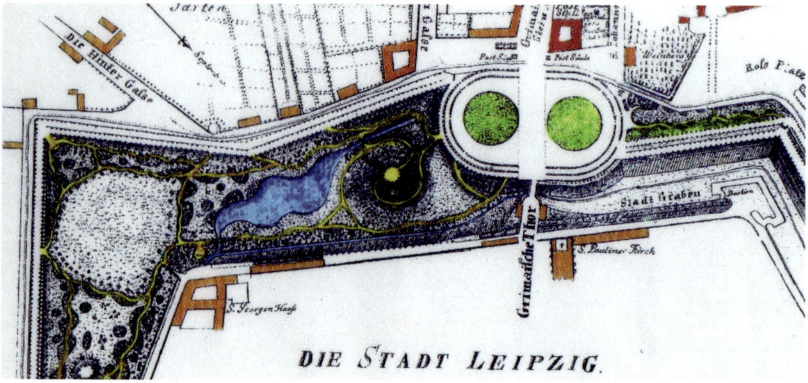

Plan von der neuen englischen Anlage und Promenade um einen Teil der Stadt Leipzig, um 1810

Entwurf Lennés für den Augustusplatz und die Anlage an der Moritzbastei, 1857

Der Schneckenberg in Leipzig war Teil einer der ersten Landschaftsgärten im englischen Stil in Deutschland. An seiner Stelle steht heute das Opernhaus.

seinen Aufenthalten in der Messestadt Apels Garten für höfische Feste. Gemäß seinen hochfliegenden Ambitionen strebte er jedoch eine eigene Anlage an und ließ Pläne für eine Residenz nebst aufwändigen Gärten im Rosental zeichnen. Wegen der Weigerung der Stadt, die Finanzierung zu übernehmen, wurden lediglich der zentrale Schloss- und Gartenbereich von Gehölzen freigestellt und sternförmig Sichtschneisen in den umgebenden Waldbereich getrieben. Am Ende einer dieser Achsen hat sich mit dem Gohliser Schlösschen einschließlich seines kleinen Gartens eine bürgerliche Residenz des Barock erhalten. In gewisser Weise ist sie mit den ehemaligen Anlagen um den Stadtkern verwandt.

Mit dem städtischen Wachstum in Folge der Industrialisierung im 19. Jahrhundert wurden in großem Umfang Flächen für Wohn- und Gewerbebauten benötigt. Verstärkt in der zweiten Hälfte des Säkulums erfolgte wie beschrieben die Bebauung und letztlich der Verlust aller älteren stadtnahen Anlagen. Jedoch wurde Ersatz geschaffen.

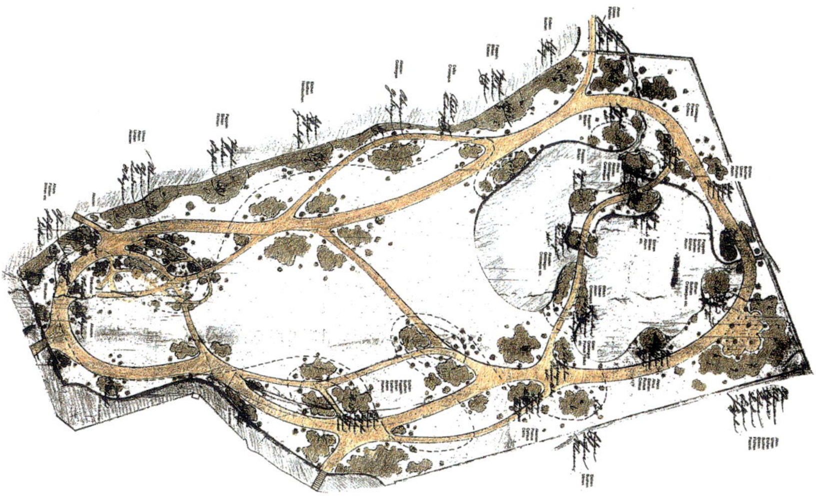

Pflanzplan von Carl Otto Wittenberg für den Johannapark, wohl 1861

Der Spekulation entzogen waren die Flächen der ehemaligen Befestigungen. Bereits seit dem frühen 18. Jahrhundert erfolgten Alleepflanzungen auf den Wällen sowie in ihrem Vorbereich und am Ende des Jahrhunderts eine erste zusammenhängende Parkanlage im Nordosten der Stadt. Es handelte sich um den vermutlich ersten kommunalen Landschaftsgarten auf dem euopäischen Kontinent. Die im 19. Jahrhundert forcierte Gestaltung weiterer Bereiche ist auch im Kontext des zeitgleichen Schwindens des Gürtels aus Privatgärten zu sehen. Statt seiner erhielt Leipzig den nunmehr öffentlichen Promenadenring.

Früher Ansatz einer grünbestimmten Stadtplanung

Der Initiative des Bankiers Wilhelm Theodor Seyfferth ist es zu verdanken, dass in der zweiten Jahrhunderthälfte nochmals ein bedeutender Privatgarten entstand. Peter Joseph Lenné konzipierte den bis 1863 mit Abweichungen im Detail geschaffenen Johannapark. Auch er steht in der Tradition der Leipziger Bürgergärten, befindet sich aber ursprünglisch westlich ihres ehemaligen Gürtels und an der Grenze zum Auwald. Seyfferth besaß soziale Verantwortung und bestimmte die Anlage für eine öffentliche Nutzung. Nach seinem Tod ging sie in kommunale Verwaltung über. Bereits zu seinen Lebzeiten drohten städtisches Wachstum und Bauspekulation den Park zu einer isolierten Anlage im Häusermeer werden zu lassen. In einem Bebauungsplanentwurf von 1865 ist für den gesamten Bereich südlich, westlich und nördlich ein striktes Straßenraster vorgesehen, welches sogar die Fläche der Anlage berührt. Seyfferth erkannte die Bedrohung für die landschaftliche Gestaltung Lennés, welche einen Teil ihrer Wirkung aus der Verknüpfung mit dem Umfeld bezog. Darüber hinaus war ihm auch die Bedeutung einer Grünverbindung vom Stadtzentrum zum westlichen Auwald für die Stadtstruktur bewusst. Damit war er seiner Zeit durchaus um viele Jahrzehnte voraus. In Ratsgärtner Carl Otto Wittenberg fand er aber einen verständigen Verbündeten. Mit ihm entwarf er einen Gegenplan, welcher mit einem Aufruf „An meine Mitbürger und Mitbürgerinnen" als Extra-Beilage der „Leipziger Nachrichten" am 15. Mai 1870 veröffentlicht wurde. Der Inhalt mutet nach hundertvierzig Jahren noch modern an. So hieß es: „... schmerzlich wäre es, wenn auch jener Theil der Umgebung Leipzigs, welcher die Verbindung mit den Fluss- und Waldpartien der Nachbarschaft bildet, von einem Netz solcher geradliniger schablonenmässiger Häuserreihen bedeckt würde, die den modernen grossen Städten – selbst bei architektonisch schöner Ausführung, an der man nach früheren Vorgängen fast zu zweifeln berechtigt ist – den Stempel der Monotonie und Langweiligkeit aufprägen". Dies wäre auch darum besonders negativ, weil der Westen der Stadt mit seinem Anschluss an den Auwald besondere Bedeutung für die Erholung besitze. Wittenberg und Seyfferth schlugen westlich des Johannaparks eine großzügige Parklandschaft vor, welche sich bis zum Auwald und südlich bis zur Rennbahn erstrecken sollte. Wem die heutigen Gegebenheiten vertraut sind, der erkennt, dass sie sich durchsetzten. Tatsächlich bewirkte ihre Kampagne, dass der Rat und die Stadtverordneten den ursprünglichen Bebauungsplan verwarfen und den Gegenvorschlag als Grundlage für die weitere städtebauliche Entwicklung annahmen. Von dieser weitsichtigen Entscheidung profitiert Leipzig bis heute. Nördlich der Rennbahn konzipierte Wittenberg 1876/77 den Volkspark Scheibenholz. Der übrige Bereich erhielt eine erste Gestaltung für die Sächsisch-Thüringische Industrie- und Gewerbeausstellung 1897. Noch unter Wittenberg erfolgte anschließend die Umwandlung in den König-Albert-Park, den heutigen Clara-Zetkin-Park.

Ratsgärtner und Stadtgartendirektoren

Die Stadt Leipzig besaß mit Carl Otto Wittenberg (1834–1918) einen engagierten und gegenüber den Erfordernissen seiner Zeit aufgeschlossenen Leiter der Grünflächenverwaltung. Deren eigentliche Geschichte beginnt mit der Einstellung des Ratsgärtners Carl Friedrich Kühns 1796. Seine Aufgabe war die Unterhaltung der die Stadt umgebenden Promenaden und der bereits bestehenden zusammenhängenden Landschaftsparkanlage im Nordosten des Promenadenrings, bestehend aus dem sogenannten Oberen und Unteren Park. Im April 1846 erhält Kühns in Hermann Rudolph Siebeck einen Substituten, welcher ihn im Juli des gleichen Jahres in seinem Amt ablöst. Siebeck (1812–1878) stammte aus Leipzig und war Sohn von August David Heinrich Siebeck, dem Organisten an der Johanniskirche. Nach einer Lehre in den

Carl Otto Wittenberg (1834–1918)

herzoglich-altenburgischen Gärten und einer internationalen Karriere, welche ihn bereits nach Österreich geführt hatte, kehrt er für gut elf Jahre nach Leipzig zurück. Hier übernimmt er auch private Planungsaufträge und verfasst gartentheoretische Literatur. Obwohl ihm während seiner Amtszeit zusätzlich zum Promenadenring auch die Verantwortung für das Rosental übertragen wird, scheint ihn die Tätigkeit nicht immer befriedigt zu haben; bereits 1852 bemüht er sich um die Hofgärtnerstelle in Weimar. Zwar sind verschiedene Entwürfe Siebecks für Partien des Promenadenrings erhalten, jedoch keine ausgeführten Gestaltungen. Für die Anlagen an der Moritzbastei 1856/57 wird nicht seine Konzeption berücksichtigt, sondern diejenige des allerdings zu diesem Zeitpunkt weitaus renommierteren Peter Joseph Lenné, Königlich-Preußischer Gartendirektor. Seiner zum 1. April 1858 angekündigten Entlassung kommt Siebeck zuvor und bittet um Beendigung des Dienstverhältnisses zum 1. Oktober 1857. Nach Erwerb der Doktorwürde an der Philosophischen Fakultät der Universität noch im gleichen Jahr geht er wieder nach Österreich. Hier hat er mehr Glück, hinterlässt sein Schaffen bleibende Spuren. Ab 1861 ist er erster Stadtgärtner der kaiserlichen Residenz Wien und seit 1871 bis zu seiner Pensionierung 1877 erster städtischer Gartendirektor ebenda. In seine Amtszeit fällt die Anlage der Ringstraße als Aushängeschild und erste Prachtstraße der k. u. k.-Monarchie Österreich-Ungarn. Wie der Promenadenring in Leipzig soll sie großzügig von Grünanlagen begleitet werden. Siebeck konzipiert den sogenannten Stadtpark sowie später unter anderem den Quaipark, den Resselpark und den Rathauspark. Sein Werk in Wien findet breite Beachtung und Anerkennung. Etwa erhält er 1865 von Kaiser Franz Joseph die „große Medaille für Kunst und Wissenschaft". Die Tatsache, dass die Maßstäbe setzende Wiener Ringstraße wesentlich von einem Leipziger Gartenkünstler mitgestaltet wurde, ist vergleichsweise unbekannt. Es bedarf noch einer Untersuchung, ob er für seine Arbeiten in der österreichischen Metropole auch Inspirationen aus dem über elf Jahre von ihm betreuten heimischen Promenadenring bezog.

Zurück in die Messestadt: Nachdem sich der Fortgang Siebecks abzeichnete, begannen Bemühungen um die Neubesetzung seiner Stelle. Peter Joseph Lenné, wie erwähnt zu dieser Zeit mit den Anlagen an der Moritzbastei befasst, empfiehlt den „jungen Gartenkünstler" Carl Otto Wittenberg. Seit dem 1. Oktober 1857 war dieser mit der Umsetzung der Lennéschen Planung für den Promenadenring befasst. Am 15. März 1834 wurde er als Sohn des „herrschaftlichen Gärtners" am Schloss Caputh bei Potsdam geboren. Beim Vater begann er seine Ausbildung, die er später in der „Königlichen Landesbaumschule zum Neuen Palais" und in den „Königlichen Treibereien zu Sanssouci" fortsetzte. Erste Arbeiten bestanden in der Beteiligung an der Anlage der Gärten am Orangerieschloss in Sanssouci und der gärtnerischen Gestaltung um die Burg Hohenzollern bei Hechingen. Seine Einstellung als neuer Leipziger Ratsgärtner erfolgt am 26. Mai 1858. Eine seiner ersten Aufgaben hier ist die Umsetzung einer weiteren Planung seines Mentors Lenné, des Johannaparks. Es folgen Jahrzehnte eines stürmischen Wachstums Leipzigs, in welchen Wittenberg die städtische Grünanlagenplanung und -unterhaltung leitet. Mit seinem Schaffen prägte er das Bild der Stadt bis heute mit. Wie Lenné besaß er nicht nur gartenarchitektonische, sondern durchaus auch stadtplanerische Ambitionen und Kompetenzen. Dies wird an dem geschilderten Engagement für die Grünverbindung vom Johannapark zum Auwald deutlich. Stilistisch folgte er der Lenné-Meyerschen Schule, welche eine Kombination von landschaftlichen und formalen Strukturen vertrat. Letztere finden sich oft im Umfeld von Gebäuden oder in Kernbereichen von Parks. Dem sogenannten gemischten Stil entsprechen vor allem die größeren Anlagen Wittenbergs. Wohl wegen der effektiveren Nutzbarkeit und besseren Einpassungsmöglichkeiten in das städtebauliche Umfeld erhielten seine Stadtplätze eine formale Struktur. In den meisten Fällen wurden sie gemäß den Bedürfnissen der Anwohner mit Spiel- und Bewegungsflächen ausgestattet. 1894 erhält Wittenberg den Titel eines Stadtgartendirektors. Nach weiteren Jahren intensiven Schaffens folgt 1900 die Pensionierung. Am 5. September 1918 verstirbt er im Alter von vierundachtzig Jahren.

Im Januar 1901 tritt Karl Hampel die Nachfolge Wittenbergs als Stadtgartendirektor an. Zu diesem Zeitpunkt kann er bereits auf eine abwechslungsreiche Karriere mit zahlreichen Stationen zurückblicken. 1849 in Düsseldorf geboren, erhielt er seine Ausbildung wie der Vorgänger in Potsdam, im Königlichen Hofgarten Charlottenhof und

Carl Hampel (1849–1930)

in der Königlichen Gärtnerlehranstalt Wildpark. Erste bedeutende Aufgaben waren die Mitwirkung an der Anlage des Botanischen Gartens Berlin und des Schlossparks Babelsberg. 1872 bis 1879 ist er persönlicher Mitarbeiter des Berliner Stadtgartendirektors Gustav Meyer. 1897 erhält er den Titel eines Königlich Preußischen Gartendirektors und von August 1899 bis zu seinem Wechsel nach Leipzig eine Anstellung als Großherzoglich-Mecklenburg-Schwerinscher Hofgartendirektor.

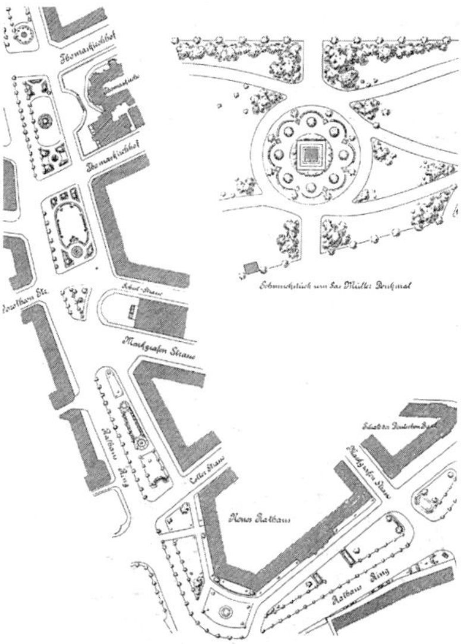

Entwurf für Schmuckpartien am westlichen Promenadenring und am Müller-Denkmal aus Carl Hampels Veröffentlichung „Die deutsche Gartenkunst" von 1902

Nikolaus Molzen (1881–1954)

Leipziger Stadtgartendirektor ist Hampel bis zum 1. April 1920. In diesem Amt erwirbt er sich Verdienste um den weiteren Aufbau der Grünanlagenverwaltung. Wie Wittenberg vertritt er bei größeren Anlagen den gemischten Stil. Im Gegensatz zu einem Entwurf für den Mariannenpark wird derjenige zum Wilhelm-Külz-Park am Völkerschlachtdenkmal ausgeführt. Darüber hinaus tragen der westliche Promenadenring und zahlreiche Stadtplätze die Handschrift Hampels. Die von ihm umgestalteten Ringanlagen erhielten eine kleinteilige, aufwändig ornamentale Struktur, welche in den letzten Jahren überwiegend instand gesetzt wurde. Es dominieren formale Strukturen, welche jedoch durchaus im Wechsel mit kleineren landschaftlichen Partien, etwa westlich des Barfußgässchens, stehen. Hampels repräsentative Gestaltungen bilden das stilistisch stimmige Umfeld der zeitgleich benachbart entstandenen historistischen Architektur. Als kleinteilig und ornamental können auch die Stadtplatzgestaltungen des zweiten Stadtgartendirektors beschrieben werden. Inspiriert von neueren Tendenzen ist die Aufteilung in unterschiedliche Funktionsbereiche. Im Vergleich zur Lenné-Meyerschen Schule ist dies durchaus eine Fortentwicklung. Wie sich am Beispiel des Mariannenparks zeigt, versagte Hampel jedoch dem sozialreformerischen Konzept der Volksparks seine Zustimmung. Nach einem Ruhestand in Frankfurt an der Oder verstirbt er 1930.

Nikolaus Molzen, ab 1920 Nachfolger von Hampel als Stadtgartendirektor, war zuvor bereits seit Jahren einer seiner wichtigsten Mitarbeiter. Der 1881 in Flensburg Geborene besuchte nach einer Baumschulausbildung ebenfalls die Königliche Gärtnerlehranstalt Potsdam-Wildpark. Nach Stationen in Magdeburg, Erfurt und Dortmund ist er seit 1904 in der Leipziger Stadtgartendirektion angestellt. Noch unter Hampel wird er u. a. mit der Bauleitung im Wilhelm-Külz-Park und mit der Konzeption des nördlichen Eutritzscher Parks betraut. Seine dortige Gestaltung rückt ihn in die Nähe der Vertreter des gartenarchitektonischen Reformstils: Formal angeordnete Gehölzstrukturen bilden Räume mit unterschiedlicher Zweckbestimmung. Die Schmuckpartien könnten jedoch durchaus auch Bestandteil von Anlagen im gemischten Stil sein. Seit 1907 leitet Molzen die Stadtgärtnerei in Reudnitz und ist Inspektor des Büros der Gartendirektion; am 1. April 1913 erhält er den Titel Städtischer Garteninspektor. Nach 1920 in seinem Amt als

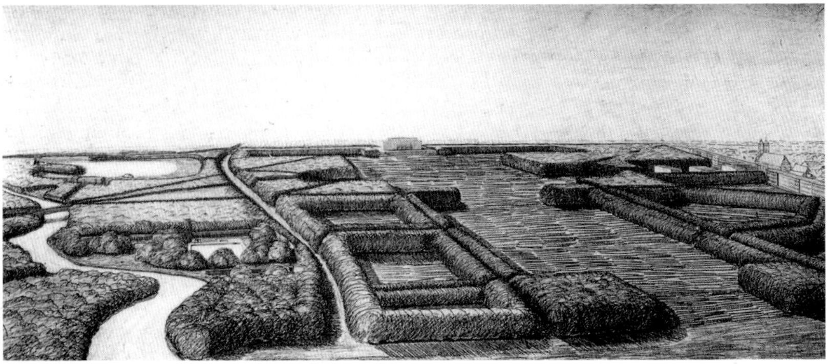

Nikolaus Molzen, Vogelschaubild des Volksparks Kleinzschocher

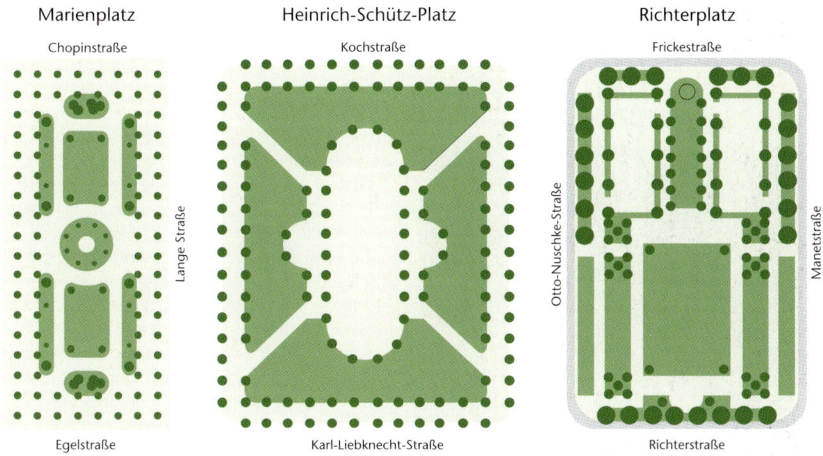

Prinzipskizzen zur Gliederung von drei Leipziger Stadtplätzen

Stadtgartendirektor ist sein wohl größtes Verdienst die Fertigstellung des Mariannenparks im Geist des ursprünglichen Projektanten Leberecht Migge. Die gestalterisch bedeutenden Partien des Rosen- und des Staudengartens gehen auf die Konzeption Molzens zurück. Mit dem Volkspark Kleinzschocher konzipierte er ein stilistisch vergleichbares Pendant zum Mariannenpark. Den Zeitumständen und auch der Einflussnahme Carl Goerdelers geschuldet, wurden jedoch nur Teile verwirklicht.
Mit der Gestaltung des Siegfriedplatzes im Rundling beteiligte sich Molzen auch an einem der richtungweisenden Siedlungsprojekte in der Weimarer Republik. Bis in die letzte Nachkriegszeit blieb er Stadtgartendirektor und wurde nach dem Vorwurf einer Verstrickung in die nationalsozialistische Herrschaft zum 30. November 1948 aus der Verwaltung entlassen. Konkrete Anhaltspunkte für ein schuldbeladenes Handeln über die Weiterführung seiner Tätigkeit in einem öffentlichen Amt hinaus sind aber nicht bekannt. Auch sollte Molzen wegen seiner Fachkompetenz ursprünglich in nicht leitender Funktion weiterbeschäftigt werden. Am 8. März 1954 stirbt er nach schwerer Krankheit in Leipzig.

Stadtwachstum und Quartiersplätze

Die Mitwirkung am bis 1863 fertiggestellten Johannapark sollte für Carl Otto Wittenberg für längere Zeit die letzte Arbeit an einer großen Parkneuschöpfung sein. Die Lenné-Anlage im Promenadenring war bereits fertiggestellt, und im Rosental standen allenfalls kleinere Arbeiten an.

Dies scheint im Kontrast zur zeitgleichen städtebaulichen Entwicklung zu stehen: Im Zuge der voranschreitenden Industrialisierung erlebte Leipzig ein bis dahin nicht gekanntes Wachstum, das auch die Nachbargemeinden erfasste. Nach und nach wurden sie eingemeindet. Immer neue Wohnviertel und Gewerbestandorte entstanden, die sich am Ende kilometerweit an den alten Ausfallstraßen entlangzogen. Diese an der Erschließung orientierte Struktur und nur schwer bebaubare feuchte Auwaldzonen waren verantwortlich für eine teils radiale Struktur mit langen Grünzügen parallel zu den Bebauungsachsen. Wie beschrieben, verstanden es Carl Otto Wittenberg und Wilhelm Theodor Seyfferth, den Anschluss der Innenstadt an den westlichen Auwald zu erhalten. Trotz dieser städtebaulich günstigen Entwicklung entstanden bald ausgedehnte rasterförmige Bebauungsstrukturen. Stärker als in den erst später eingemeindeten Nachbarorten wurden im eigentlichen Leipzig Quartiers- oder Stadtplätze in die Blockstrukturen integriert, wenn auch mit Schwerpunkten in den großbürgerlichen Vierteln.
Im Gegensatz zu den aus dem angelsächsischen Raum bekannten elitären Squares handelte es sich nicht um eingezäunte Bereiche, sondern für jedermann frei nutzbare Erholungsräume. Ihre Gestaltung wurde über Jahrzehnte eine Hauptaufgabe Wittenbergs. An den zahlreich mit historischen Strukturen erhaltenen Beispielen lässt sich eine interessante Entwicklung ablesen. Eine der ältesten derartigen Anlagen, der Marienplatz, ist ein reiner Schmuckplatz

Das Bassinrondell im Volksgarten Sellerhausen erfreute sich großer Beliebtheit (historische Aufnahme).

mit symmetrisch angelegten Rasenspiegeln, Zierpflanzungen und zentraler Fontäne. Er eignet sich für die ruhige Erholung, zum Flanieren und Rasten auf den Bänken. Im Gegensatz dazu wurden für andere frühe Anlagen, z. B. Rabenstein- und Floßplatz, bereits Spielflächen vorgesehen. Offenbar war der entsprechende Bedarf erkannt worden. Allerdings handelte es sich nur um vergleichsweise kleine den Kindern vorbehaltene Bereiche. Auf dem Floßplatz wollte sie Wittenberg überdies direkt an den querenden sowie nördlich und südlich begrenzenden Straßen anlegen. Erst durch Intervention des Stadtrats kam es zu einer Verlegung in das Zentrum der Günfläche. Diese Lösung sollte zunächst beibehalten werden. Die mittige Spiel- und Bewegungsfläche wurde auch bei künftigen Anlagen für die Amtszeit Wittenbergs zum bestimmenden Element der Leipziger Stadtplätze. Ein gutes Beispiel für das sich nun bewährende Schema ist der Schützplatz in der Südvorstadt. Charakteristisch ist überdies die Erschließung durch Diagonalwege. Sie trägt dem alten Prinzip Rechnung, dass Passanten stets den kürzesten Weg wählen; bei in ein Blockraster eingepassten Freiräumen können wilde Fußpfade so vermieden werden. Das unter Nutzungsgesichtspunkten optimierte Platzschema des ausgehenden 19. Jahrhunderts wurde verschiedentlich auch in den noch selbstständigen Nachbargemeinden übernommen. Beispiele sind der Weißeplatz in Stötteritz oder der Stöckelplatz in Schönefeld. Nach Amtsantritt von Stadtgartendirektor Hampel im Jahr 1900 wandelte sich der Aufbau der Stadtplätze erneut. Nach wie vor enthielten sie Spielflächen, jedoch nur als einen Aufenthaltsbereich neben anderen gleich wichtigen. Aufwändig gestaltete repräsentative Schmuck- und Ruhebereiche hatten an Bedeutung gewonnen und wurden räumlich separiert angelegt. Hecken und Baumreihen teilten die Plätze wandartig in verschiedene Räume auf. Dies korrespondierte mit den Gestaltungsprinzipien der gartenarchitektonischen Reformbewegung am Beginn des Jahrhunderts. Nach ihr sollten Gärten an Villen oder Landhäusern als eine Fortsetzung des Wohnbereichs im Freien dienen und funktional strikt unterschiedene „Räume" besitzen. Bei den Platzgestaltungen Hampels fehlt naturgemäß der enge Bezug zu einzelnen Wohngebäuden. Wie im Fall des Richterplatzes konnten öffentliche Bauten jedoch den gestalterischen Rahmen bilden. Etwa wurde die Binnengliederung der Grünfläche an der Fassadenabwicklung orientiert aufgebaut. Die ornamentalen Schmuckpflanzungen des zweiten Stadtgartendirektors harmonieren mit der benachbarten, meist zeitgleich entstandenen historistischen oder am Jugendstil orientierten Architektur. Seine Platzanlagen entsprachen dem Repräsentationsbedürfnis des Leipziger Bürgertums und entstanden ganz überwiegend in den von diesem bevorzugten Stadtteilen.

Entwurf des Volkshains Stünz, Carl Otto Wittenberg, 1896

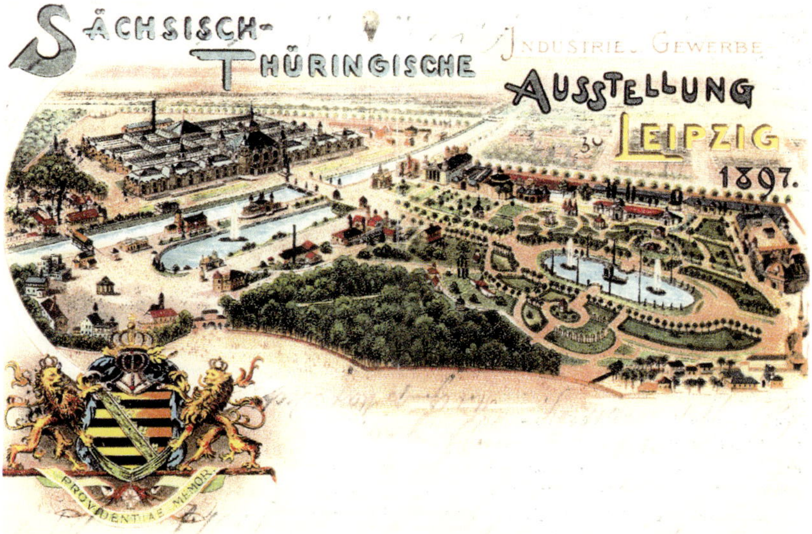

Ansicht der Sächsisch-Thüringischen Industrie- und Gewerbeausstellung von 1897

Der Palmengarten mit Gesellschaftshaus, 1901

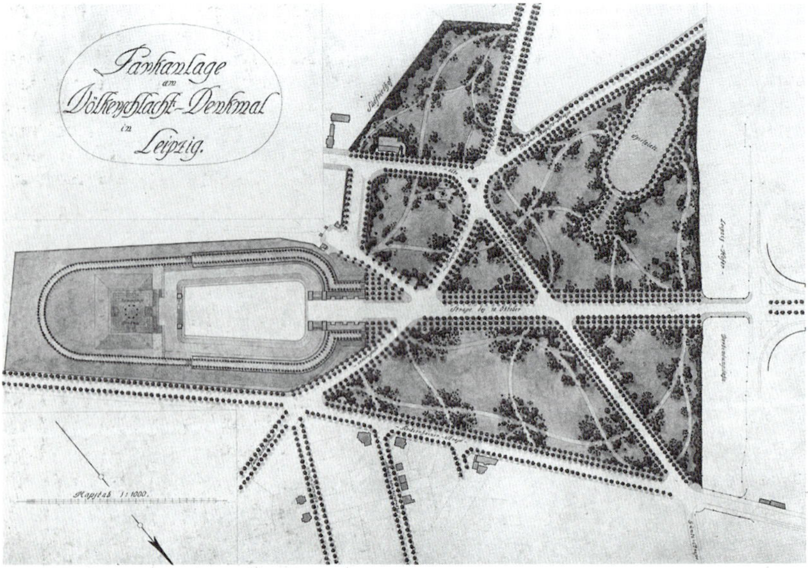

Konzept für die Anlagen am Völkerschlachtdenkmal, heute Wilhelm-Külz-Park, Carl Hampel (1905–1913)

Neue Parks und weitere Entwicklung des Stadtgrüns seit Ende des 19. Jahrhunderts

Anders als Leipzig schufen einige seiner ursprünglichen Nachbargemeinden, so Neustadt, Volkmarsdorf oder Anger-Crottendorf, bei einer weniger ambitionierten Stadtplanung und unter dem Druck der Bauspekulation beinahe keine öffentlichen Grünflächen. Die einzigen freien Plätze in Neustadt und Volkmarsdorf, die jeweiligen Märkte, mussten mangels anderer Standorte später überdies mit den erforderlichen Kirchen bebaut werden. Bei der Eingemeindung nach Leipzig gab es dann vollendete Tatsachen; große, monotone, beinahe nicht durchgrünte Arbeiterquartiere in Blockstruktur waren errichtet worden. Die Verwaltung der Messestadt mit ihrer Stadtgartendirektion erkannte das Problem, konnte es aber durch die Schaffung neuer Parks am Rand der Viertel nur noch abmildern.

Richard-Wagner-Hain mit Vogelbrunnen, um 1938, Blick zur Zeppelinbrücke und zum Denkmalsplatz (rechts)

Promenadenanlagen mit Klingertreppe an der Matthäikirche, um 1913

Zwischen 1893 und 1895 entstand nach Plänen Wittenbergs der Volksgarten Sellerhausen und 1896, noch vor der offiziellen Eingemeindung, der Volkshain Stünz. Trotz der jeweils relativ peripheren Lage erfreuten sich beide Anlagen sofort nach Fertigstellung großer Beliebtheit bei den Anwohnern, überwiegend Arbeiter und kleine Angestellte, meist mit kinderreichen Familien. Ihrem Bedürfnis entsprechend gab es größere Spiel- und Bewegungsflächen. Stilistisch orientierte sich Wittenberg nach wie vor am gemischten Stil der Lenné-Meyerschen Schule, welcher schon zur Zeit seiner Ausbildung in Potsdam maßgeblich war. Elemente einer attraktiven Parkgestaltung waren für ihn Teich- und Wasserflächen sowie ein mit dem Aushub hergestelltes wenigstens leicht bewegtes Geländeprofil. Aus technischen Gründen verhinderten die Stadtverordneten den geplanten Teich im Volksgarten Sellerhausen. Im wenig später angelegten Volkshain Stünz konnte ihn Wittenberg jedoch verwirklichen. Nun, kurz vor seiner Pensionierung, fiel ihm nach in dieser Hinsicht weniger ergiebigen Jahrzehnten die Aufgabe zu, noch weitere bedeutende Parks zu gestalten. 1898 entstand der südliche Teil des Eutritzscher Parks und ab dem gleichen Jahr der König-Albert-Park, später zentraler Teil des Clara-Zetkin-Parks. In beiden Fällen blieb Wittenberg seinen gestalterischen Prinzipien treu.

In noch stärkerem Maße als der König-Albert-Park sollte der 1899 eingeweihte Palmengarten den Repräsentations- und Freizeitbedürfnissen des gehobenen Bürgertums dienen. Nach dem Vorbild des Frankfurter Palmengartens entstand die Anlage auf der Grundlage von Plänen des Frankfurter Gartentechnikers Eduard May und unter wesentlichem Einfluss des in Leipzig ansässigen Gartenarchitekten Otto Moßdorf. Es handelte sich um ein reich ge-

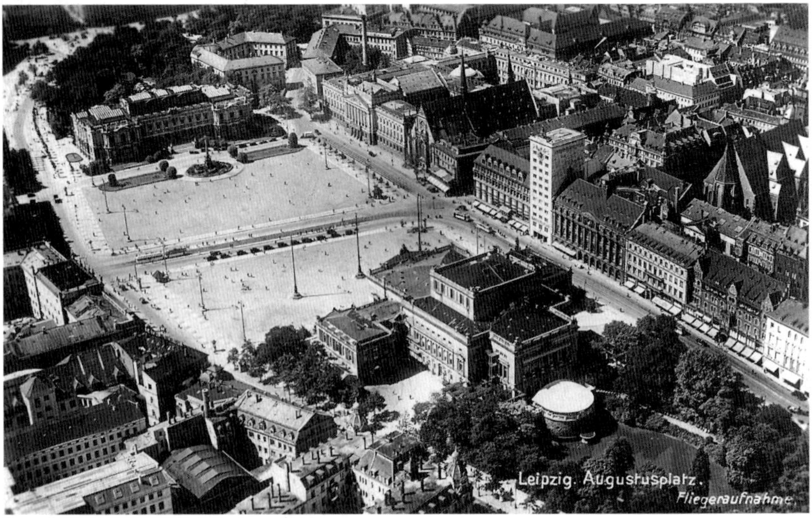

Augustusplatz, um 1930. Die vormaligen Baumreihen sind teils entfernt und vor der Universität erneuert.

Die größte Siedlung der Meyerschen Häuser in Leipzig wurde in Kleinzschocher gebaut, um 1920.

gliedertes, intensiv gestaltetes Gelände mit überwiegend landschaftlichem Charakter, aufwändigen Schmuckpartien und einem auch als Veranstaltungsort dienenden Palmenhaus. Der elitäre Anspruch des nicht von der Stadt unterhaltenen Parks wurde durch die erforderlichen Eintrittskarten unterstrichen und gewährleistet.
Die einzige größere von Stadtgartendirektor Hampel angelegte Parkanlage, der heutige Wilhelm-Külz-Park, ist im Prinzip wie die größeren Gartenschöpfungen Carl Otto Wittenbergs dem gemischten Stil zuzuordnen. Die Alleen an den ihn kreuzenden Straßen und der sogenannte Karl-Hampel-Platz besitzen eine formale Struktur. Sie und die landschaftlichen Partien – ohne einen Teich – bilden das gestalterische Umfeld des formalen Areals am Völkerschlachtdenkmal. Größeren Nutzungsdruck hat es hier wegen der Entfernung zu dichteren Wohnquartieren nie gegeben. Die weitläufige

Die streng grafische Struktur des Rundlings mit dem zentralen Siegfriedplatz kurz nach Errichtung der Bauten 1929/30

Ansicht des Staudengartens im Mariannenpark aus der Entstehungszeit unter Stadtgartendirektor Molzen, 1921–1927

Anlage diente vornehmlich der Repräsentation. Gleiches trifft für den Richard-Wagner-Hain am Elsterflutbecken zu. In einem formal-architektonischen Stil wurde er ab 1932 nach Plänen Gustav Allingers geschaffen. Gemeinsam mit dem nicht mehr integrierten bildplastischen Werk und einem monumentalen, reliefgeschmückten Monument sollte er als Richard-Wagner-Nationaldenkmal dienen.

Reformansätze

Wie in einem Musterbuch und an sonst kaum einem anderen Ort finden sich in Leipzig zahlreiche Beispiele von Grün- und Gartenanlagen, die für sozialreformerische Ansätze stehen. Der Reigen beginnt mit dem ältesten sogenannten Schreberplatz, in den 1860er Jahren geschaffen und später verlegt. Die ab 1888 entstandenen Meyerschen Höfe, erbaut vom Verleger Herrmann Julius Meyer, sind einer der frühesten Vorläufer des sozialen Wohnungsbaus. Charakteristisches Element sind weite, begrünte Höfe, teils mit Mietergärten. Sie stehen in einem ausgeprägten Kontrast zur engen Blockstruktur der zeitgleich errichteten üblichen Arbeiterwohnquartiere. Die im 19. Jahrhundert neuartigen Krankenhausparks mit pavillonartigen Bauten entstanden in Leipzig mehrfach, etwa für die Einrichtung in Dösen. Im Vorfeld der 1913 in der Stadt durchgeführten Internationalen Baufachausstellung beteiligte sich der bedeutende Landschaftsarchitekt Leberecht Migge (1881–1935) an der Konzeption der Gartenstadt Marienbrunn mit dem Arminiushof. Für die richtungweisende, durch öffentliche und ausgedehnte private Grünräume geprägte Siedlungsstruktur steht auch die Gartenstadt Mockau. In der noch selbstständigen Gemeinde Schönefeld begann ebenfalls Migge einen der gestalterisch und funktional neuartigen Volksparks anzulegen, den Mariannenpark. Herausragendes Beispiel für die zwischen den Weltkriegen errichteten Leipziger Siedlungen der Klassischen Moderne ist der Rundling mit dem zentralen Siegfriedplatz. Die in der DDR der frühen 1950er Jahre konzipierten „Kulturparks" sollten der Freizeitgestaltung und auch Bildung von breiten Bevölkerungsschichten dienen. In Leipzig sind die meisten dazu bestimmten Einrichtungen im Kulturpark Clara Zetkin verwirklicht worden. Unter dem Namen der sozialistischen Vorkämpferin wurden mehrere ältere Parkanlagen zusammengefasst.

Weitere Tendenzen in der DDR

In den 1950er Jahren gestalteten die städtischen Projektanten zahlreiche kleinere Grünflächen und Stadtplätze um. Es entstanden überwiegend asymmetrische Anlagengrundrisse. Ein weitgehend authentisch erhaltenes Beispiel ist das Ensemble aus Möbiusplatz und Alfred-Frank-Platz in Reudnitz. Für die Grünanlagengestaltung folgte eine Zeit begrenzter Ressourcen, in welcher der Schwerpunkt auf die Herrichtung von wohnungsnahen Flächen gelegt wurde. Immerhin konnten noch der Erholungspark Lößnig-Dölitz und auf Abbruchflächen die Anfänge des Freizeitparks Rabet geschaffen werden. In den 1980er Jahren entstanden weiterhin der Erholungspark Südost (heute mit dem Mahnmal in der ehemaligen Etzoldschen Sandgrube) und der Plastikgarten. Mit gewissen Einschränkungen gelang es in der Zeit der DDR durchaus, den Großteil der reichen historischen Gartensubstanz Leipzigs zu erhalten, zumindest sofern sie unter städtischer Verwaltung stand. Dabei kamen in zunehmendem Maße bereits gartendenkmalpflegerische Prinzipien und Methoden zur Anwendung. Nicht immer jedoch konnten die Vertreter denkmalpflegerischer Interessen schmerzliche Eingriffe abwenden, etwa im Fall der Säkularisation des Neuen Johannisfriedhofs, heute Friedenspark, oder bei Baumaßnahmen im Promenadenring. Gemäß Überlieferung besaß die Ausstattung der Grünanlagen mit Wechsel-Blumenpflanzungen und Stauden zeitweilig ein erfreuliches Niveau.

Neuere Entwicklungen

Zur Zeit des politischen Umbruchs 1989/90 ist Leipzig geprägt durch großflächig sanierungsbedürftige Altbauquartiere. Besonders von Abwanderung und Verfall bedroht waren die mit Grünstrukturen unterversorgten kaiserzeitlichen Arbeiterquartiere im Osten und Westen der Stadt. Bereits brach liegende oder nun stillgelegte Bahntrassen und nicht länger benötigte Industrie- und Gewerbeareale stellten nicht nur ein Problem dar. Nach einer Zeit des Übergangs wurde ihr Potential erkannt. In zahlreichen Fällen entstanden hier gestalterisch ambitionierte moderne Grünanlagen und Parks. Herausragende Bedeutung für die Stadtstruktur hat der Lene-Voigt-Park auf der Fläche des ehemaligen Eilenburger Bahnhofs mit der anschließenden begrünten Anger-Crottendorfer Bahnschneise. Im Westen verdienen der Stadtteilpark Plagwitz oder der Henriettenpark hervorgehoben zu werden. Der bereits bestehende Stadtteilpark Rabet erfuhr in den letzten Jahren eine bedeutende Erweiterung und gestalterische sowie funktionale Aufwertung. Es ist zu hoffen, dass die umfangreichen grünplanerischen Anstrengungen der letzten Jahre zu Stabilisierung und struktureller Erneuerung der benachbarten Quartiere dauerhaft beitragen können. Noch immer gibt es dort teils Leerstand in ganzen Häuserzeilen und Verfall. Sicherlich nur eine punktuell anwendbare, aber dennoch interessante Lösung stellen die Neustädter Bürgergärten dar. Vollständig andere Verhältnisse trifft der Besucher in einigen aufstrebenden innenstadtnahen Bereichen an. Auch hier konnte die städtische Grünflächenplanung im Grünflächenamt, heute Amt für Stadtgrün und Gewässer, neue Akzente setzen. Gestalterisch anspruchsvolle Anlagen sind der Stadtgarten Brüderstraße, die Fritz-von-Harck-Anlage oder das Mendelssohnufer. In allerjüngster Zeit fanden Aufwertungen auch auf dem Stöckel- und dem Stannebeinplatz in Schönefeld statt.
Mehr denn je stellt die Unterhaltung der zahlreichen historischen Grünanlagen eine zentrale Aufgabe dar. Bereits unmittelbar nach der „Wende" 1989/90 wurde im seinerzeitigen Grünflächenamt ein eigenes Sachgebiet „Gartendenkmalpflege" eingerichtet. Dies war eine für Städte in der Größe Leipzigs bislang seltene, jedoch ausgesprochen sinnvolle Entscheidung. Sie trägt dem hier beschriebenen überaus

Der Spielpavillon im Südlichen Clara-Zetkin-Park stammt aus der Phase der Gestaltung des Kulturparks

Historische Schinkelleuchte, „Astbänke" und Rabattengeländer „Kleine Barriere" am Promenadenring

reichen Bestand an historischen Grünstrukturen Rechnung. Heute gibt es über siebzig städtische Anlagen unter Denkmalschutz. In enger Zusammenarbeit mit der zuständigen Referentin im Landesamt für Denkmalpflege erfolgt ihre Betreuung. Für einen Großteil liegen mittlerweile ausführliche Untersuchungen zur Geschichte und denkmalpflegerische Konzeptionen vor.

Es sind bereits zahlreiche Instandsetzungen und Wiederherstellungen erfolgt, im Fall des Promenadenrings mit Mitteln aus dem Förderprogramm Städtebaulicher Denkmalschutz. Große Teile des Promenadenrings oder etwa der gartenhistorisch besonders bedeutsame Johannapark präsentieren sich heute in einem Zustand, welcher die wichtigsten historischen Spuren und Gestaltungen gut erkennen lässt.

Ausstattungen nach historischem Vorbild

Die Geschichte der Ruhebänke in den Promenadenanlagen geht bereits auf 1725 zurück. In diesem Jahr wurden zwischen dem Thomas- und dem Barfußpförtchen die ersten Sitzgelegenheiten aufgestellt. Im Zuge der Gestaltung der Lenné-Anlage entstand 1858 die charakteristische Leipziger Promenadenbank mit gusseisernen, astartigen Seitenteilen und Holzauflagen, Astbank genannt. Lange Zeit gab es sie mit zwei unterschiedlichen Farben: Manche schützte ein gelblichbrauner Anstrich mit der Aufschrift „Kinderbank", die anderen in Silbergrau waren „Nur für Erwachsene". Zeitweise hatten zuvor Kinder mit ihren Betreuerinnen häufig alle Sitzgelegenheiten belegt. In der letzten Kriegs- und der Nachkriegszeit gingen beinahe alle „Astbänke" im Stadtbild verloren. Erst seit den 1990er Jahren werden wieder exakte Nachbauten des im Detail so nur in Leipzig zu findenden Sitzmöbels verwendet.

Zum Schutz von Rasenflächen und Pflanzungen wurden an den Wegen auf dem Promenadenring bereits seit dem 18. Jahrhundert niedrige Holzbarrieren oder -pflöcke aufgestellt. Carl Otto Wittenberg ließ sie seit 1888 durch ansprechende gusseiserne Konstruktionen ersetzen. Das heute so genannte Rabattengeländer Typ „Wittenberg" besteht aus kleinen Ständern mit einem Akanthusblattdekor und runden Rohrelementen zur Absperrung. Carl Hampel führte nach 1900 ein anderes Modell ein, welches dem häufig in Berlin verwendeten ähnelt. Die „Kleine Barriere" besitzt Ständer mit einem knaufartigen Abschluss, durch welche Bandeisenstränge geführt werden. Beinahe alle Barrieren und Rabattengeländer wurden im Zweiten Weltkrieg für Rüstungszwecke eingeschmolzen und gingen dadurch dem Stadtbild für Jahrzehnte verloren. In den frühen 1990er Jahren konnten durch glückliche Umstände, teils in einer Baugrube, noch Originalelemente aufgefunden werden. Seither finden Nachbauten wieder Aufstellung in historischen Grünanlagen. Die Wahl des Modells richtet sich u. a. nach den Erkenntnissen über die frühere Ausstattung.

Die meisten innerstädtischen Plätze und Parks wurden seit dem 19. Jahrhundert von Gaslaternen beleuchtet, deren genaue Standorte dokumentiert sind. Vereinzelt fanden sich lange noch originale Masten. Vereinfachte Nachbauten der sogenannten Leipziger Schinkelleuchte werden heute außer in der Innenstadt beinahe nur in den Promenadenringanlagen verwendet.

Die häufigsten historischen oder vorbildgerechten Pflasterungen in Leipziger Grünanlagen bestehen aus leicht rötlichem Dornreichenbacher Quarzporphyr, an Gehwegen in Kobination mit den charakteristischen Bahnen aus sogenannten Granit-Krustenplatten. Gelegentlich finden sich Beläge aus einer von zwei älteren Kunststeinarten: Die bläulichen Kupferschlackesteine besitzen Würfelform. Dagegen besteht Buschbader Pflaster aus Steinen, die wegen ihrer Cremefarbe und Form früher auch „Seifenstein" genannt wurden.

Peter Benecken

Moltke-Linde am Nordplatz

Zur Vegetation der Parks in Leipzig

Die Pflanzenausstattung von Parks und Grünanlagen hängt sowohl von den natürlichen Gegebenheiten und damit von ihrer spezifischen Lage als auch von ihrer Gestaltung und Entstehungszeit ab. Die natürlichen Gegebenheiten spiegeln sich in der tolerierten Spontanvegetation in der Krautschicht und auf Wiesen- oder Rasenflächen wider. Daneben gibt es aber auch nicht wenige Beispiele, bei denen vorhandene, der natürlichen Vegetation entsprechende Altgehölze oder ganze Gehölzbereiche schon bei der Erstgestaltung integriert wurden. Besonders auffällig ist dies in Leipzig bei Anlagen auf ehemaligen Auwaldflächen, wie Teilen des Clara-Zetkin-Parks (ehemals Volkspark Scheibenholz, Albertpark). Aber auch beispielsweise beim Volkshain Stünz wurde ähnlich verfahren. Insgesamt sind in den Leipziger Parks wohl alle in der Region heimischen Baumarten anzutreffen. Hierzu zählen in den Auwaldbereichen Stieleiche, Berg- und Spitzahorn, Gewöhnliche Esche, Feld- und Flatterulme und je nach Standort auch Schwarzerle. Charakteristisch für gestaltete Parkanlagen sind aber auch nichtheimische Ziergehölze. Ihre Verwendung unterlag den jeweils vorherrschenden stilistischen Strömungen und Moden und hing natürlich auch davon ab, wann die Pflanzen „entdeckt" wurden und im Leipziger Raum zur Verfügung standen. Nach ihrer Erstbeschreibung 1876 erlebte etwa die schlanke Serbische Fichte in Deutschland als Modepflanze eine schlagartige Verbreitung.

Gegen Ende des 19. Jahrhunderts war allgemein ein Trend zur verstärkten Verwendung von Koniferen neben Laubgehölzen zu verzeichnen, mit denen als etwas exotischer empfundene Parkszenerien erzeugt werden konnten. In Leipziger Parks anzutreffende nichteinheimische Nadelgehölze, die teilweise darauf zurückgehen, sind beispielsweise Schwarz- und Weymouthskiefern, Blaufichten, seltener die Gewöhnliche Fichte oder in Gewässernähe auch die Sumpfzypresse. Die Eibe hingegen ist ein in Deutschland einheimisches Nadelgehölz, das rund um Leipzig schon seit langem als Ziergehölz verwendet worden sein dürfte. Je nach Stilempfinden wird dafür ihre leichte Beschneidbarkeit von Bedeutung gewesen sein.

Ähnlich wie bei den Nadelgehölzen stehen auch bei den Laubbäumen bestimmte Arten häufig wie eine Zeigerart für einen bestimmten Pflanzzeitraum oder sogar die Entstehungszeit der Gartenanlage. Charakteristisch für das spätere 19. Jahrhundert und die Wilhelminische Ära war die Verwendung von Blutbuchen. Pyramidenpappeln waren schon während der Zeit der Romantik beliebt, in der sie mit ihrem Habitus an italienische Zypressen erinnern sollten (vgl. Müller-Anlage vor dem Hauptbahnhof). Seit der gartenarchitektonischen Reformbewegung zu Beginn des 20. Jahrhunderts bis in die Zwischenkriegszeit wurde ihre architektonische Wirkung als vertikales Element geschätzt (s. Mariannenpark, S. 160). Typisch für diese Phase sind beispielsweise auch Rotdorne. Ein schon im 19. Jahrhundert verwendeter und mehrfach auf dem Promenadenring anzutreffender Exot mit markantem Erscheinungsbild ist der Schnurbaum. Auch die ihm auf den ersten Blick ähnlichen Robinien wurden verschiedentlich als nichteinheimisches Ziergehölz gepflanzt. Dort, wo ihnen die Standortbedingungen zusagen, können sie allerdings als Wildwuchs Probleme bereiten. Auch der Efeu breitet sich in einigen Parks zunehmend aus. In Parkanlagen, zumal solchen unter Denkmalschutz, die mit ihrer überlieferten Gestaltung erhalten werden sollen, wird nicht nur in Leipzig versucht, diesen Trends entgegenzuwirken. Besondere Bedeutung für das Stadtbild besitzen Alleen und Baumreihen, welche in vielen Fällen in Leipzig Parks und Stadtplätze nach außen abgrenzen. Sie bestehen traditionell aus Linden, häufig Winterlinden, Platanen sowie weiß und auch Rotblühenden Rosskastanien.

Auch die Strauchpflanzungen der Parks und Grünanlagen bestehen häufig aus einer Vielzahl einheimischer Pflanzen. Angepflanzt sind davon nicht selten Roter Hartriegel oder Weißdorn. Bei Haselnuss, Kreuzdorn, Gewöhnlicher Traubenkirsche oder Schlehe handelt es sich mitunter auch um Wildwuchs. Wohl ausschließlich gilt dies für den Schwarzen Holunder, welcher sich spontan so stark ausbreitet, dass er in gestalteten Parkanlagen zurückgedrängt werden muss. Die Anzahl der in Leipzig verwendeten Ziersträucher ist sehr groß. Es gibt jedoch einen Grundbestandteil, der in fast allen Parks vorkommt. Beispiele dafür sind Goldregen, Mahonie, Alpenjohannisbeere, Forsythie, Pfeifenstrauch, verschiedene Berberitzen, Hartriegel oder verschiedene Spiersträucher.

Die Krautschicht in den Gehölzbereichen ist, wie erwähnt, nicht unwesentlich von den Standortbedingungen, wie den Lichtverhältnissen oder dem Feuchtigkeitsgehalt des Bodens, abhängig. Interessante Pflanzen der Spontanvegetation sind beispielsweise Gefleckter Aronstab, Scharbockskraut, Buschwindröschen oder Echte Sternmiere. Daneben gibt es Waldziest, Waldveilchen und Gefleckte Taubnesseln. Als Bodendecker wird die Silberblättrige Goldnessel gepflanzt, die auch häufig verwildert.

Auffallend ist die hohe Anzahl von Zwiebelpflanzen, teils verwildert, jedoch oft auch auf geplante Ansiedlungen zurückgehend. Hier gibt es Schneeglöckchen, Doldigen Milchstern, Sibirischen Blaustern, Arten beziehungsweise Bastarde aus den Gattungen Traubenhyazinthe, Hasenglöckchen, Schneestolz oder Krokus, etwa den blassviolett blühenden Tommasinikrokus, der auch in den Rasenflächen gut gedeiht. Eine willkommene Bereicherung bilden die Zwiebelpflanzungen beispielsweise vor den Gehölzsäumen. Besonders auf den Rasenflächen des Promenadenrings sind sie häufig Bestandteil der bewussten Gestaltung.

Je nach Lage und Nutzung sind die Artenzusammensetzungen der Rasen- oder Wiesenflächen teils sehr unterschiedlich ausgebildet. Stark strapazierte und genutzte Flächen mit häufiger Mahd bestehen oft aus eintönigen Beständen von Deutschem Weidelgras, Gänseblümchen und Weißklee. Botanisch interessant sind meist die trockenen und zugleich etwas nährstoffärmeren Rasen. Weit verbreitete Arten dort sind Gewöhnliches Ferkelkraut, Rotstraußgras oder Mittlerer Wegerich. Jedoch finden sich hier auch Arten, die ansonsten im Leipziger Raum eher im Rückgang sind. Dies sind beispielsweise Wiesenmargerite, Rundblättrige Glockenblume, Wiesengoldstern, Gewöhnliche Hainsimse, Knöllchensteinbrech, Knolliger Hahnenfuß oder Ackerwitwenblume. Das Gewöhnliche Ruchgras ist bedeutsam wegen seines Gehalts an Cumarin, das ein waldmeisterartiges Aroma verbreitet und auch für den charakteristischen Geruch des Heus verantwortlich ist. Heute ist bekannt, dass auf weitläufigen Wiesenflächen von Landschaftsparks im 19. Jahrhundert das Gewöhnliche Ruchgras wie auch andere Gräser und Blütenpflanzen bewusst angesiedelt wurden.

Als Neubürger erobert der leuchtend blau blühende, aus dem Kaukasus stammende Fadenförmige Ehrenpreis die Parkrasen.

Wenig gemähte Grünflächen auf feuchten Böden enthalten oft eine Artenkombination

Großblättrige Linde in Blüte

von Wiesenpflanzen, wie sie auf den intensiv genutzten Flächen im Umland der Stadt immer seltener vorkommt. Im Mai fallen hier oft Massenbestände von leuchtend gelb blühendem Scharfem Hahnenfuß auf. Häufig treten lila blühendes Wiesenschaumkraut, Gamanderehrenpreis oder etwa Wiesenstorchschnabel hinzu. Seltener sind die Wiesenglockenblume, Echtes Labkraut und die Große Pimpinelle, ein weiß blühendes Doldengewächs. Zur Erhöhung der Artenvielfalt lässt sich in Leipziger Parkanlagen beobachten, dass in ausgewählten Bereichen nur die Bankette an den Wegen häufig gemäht werden, die dahinter liegenden Wiesenflächen aber nur zweimal im Jahr. Aus dem gleichen Grunde wird hier auf Düngungen verzichtet. Gedüngte Parkwiesen sind botanisch wenig interessant und zeichnen sich durch das häufige Auftreten nährstoffanzeigender Arten aus.

Die in Leipzig weit verbreiteten Parkgewässer besitzen oft eine ähnliche Ufervegetation mit Schilf, Rohrkolben, Wasserschwertlilie, Blutweiderich sowie u. a. der Salzteichsimse, welche ansonsten in Sachsen eher selten ist. Ein Blickfang zur Blütezeit sind die meist gepflanzten Teich- und Seerosen.

An vielen Stellen finden sich teils historische Pflanzungen mit Staudenanteilen. Ihr weites Spektrum reicht von einer nachempfundenen Wald-Szenerie am Märchenbrunnen in den Promenadenringanlagen bis zur Dahlienterrasse im Clara-Zetkin-Park. Besonders repräsentative Akzente setzen einjährige Wechselpflanzungen, welche heute aus Kostengründen überwiegend auf dem Promenadenring konzentriert unterhalten werden. Bis vor einigen Jahren konnte die Stadt Leipzig die dafür benötigten Pflanzen noch selbst heranziehen. *PG/PB*

Gartendenkmal von europäischem Rang

Was kann einem schon auf einem drei Kilometer langen Spaziergang begegnen? Wählt man für seinen Weg den grünen Promenadenring um die Leipziger City, ist es beinahe ein Übermaß an Geschichte und Geschichten, nicht selten von europäischer Bedeutung. Ursprünglich handelte es sich um den Bereich der Befestigungsanlagen um die mittelalterliche Kernstadt, die bereits seit Anfang des 18. Jahrhunderts mit Alleen begrünt wurden. Am Ende des Jahrhunderts begann der Ausbau zu einem Gürtel teils repräsentativer Grünanlagen. Namhafte Landschaftsarchitekten wirkten daran mit, allen voran Peter Joseph Lenné. Heute ist der Promenadenring in seiner Gesamtheit ein wichtiges Gartendenkmal. Er bietet eine Abfolge von Gestaltungen aus über zweihundert Jahren. Sie entstanden in Wechselwirkung mit dem architektonischen und städtebaulichen Umfeld. Seit dem ausgehenden 18., vermehrt seit dem 19. Jahrhundert und bis in unsere Tage ist der Promenadenring der bevorzugte Ort für Repräsentations-, Kultur- und Verwaltungsbauten. Ein Vergleich mit der Wiener Ringstraße drängt sich auf, die den gleichen Ursprung besitzt. Sollte diese jedoch der Repräsentation eines Weltreichs dienen, stellte sich in Leipzig immerhin das Bürgertum der bedeutendsten deutschen Messestadt dar. Trotz einiger Substanzverluste ist der Promenadenring ein ungewöhnlich kompaktes Geschichtszeugnis. Beginnen wir unseren Rundgang in jenem Bereich, in dem die zusammenhängende gärtnerische Gestaltung ihren Ausgang nahm: vor dem Hauptbahnhof.

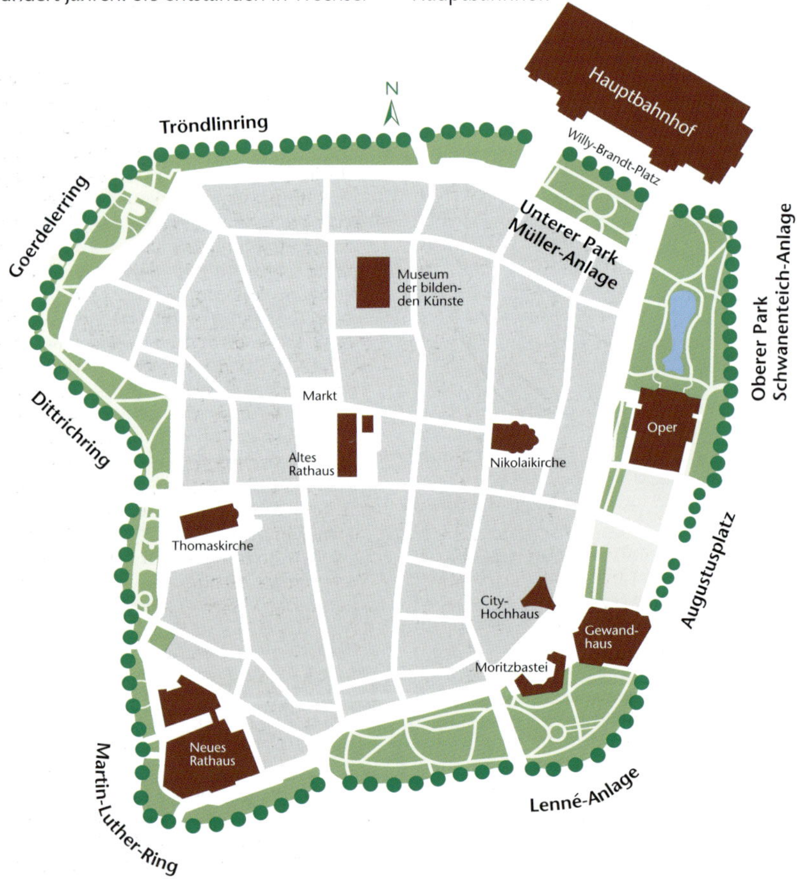

Die denkmalgerecht sanierte Anlage am Carl-Wilhelm-Müller-Denkmal vor dem Hauptbahnhof stellt ein attraktives Entree für die Innenstadt dar.

1 Unterer Park / Müller-Anlage

Ab 1784 entstand auf dem nordöstlichen Terrain der ehemaligen Befestigungsanlagen eine größere zusammenhängende Grünanlage. Es soll sich um den ersten kommunalen Landschaftspark auf dem europäischen Kontinent gehandelt haben. Verantwortlich für die Gestaltung war maßgeblich der erste Baudirektor der Stadt Johann Carl Friedrich Dauthe (1746–1816). Initiator war Bürgermeister Carl Wilhelm Müller (1728–1801), der darüber hinaus das städtische Schulwesen erneuerte und die Einrichtung eines Konzertsaals im alten Gewandhaus veranlasste. Im sogenannten Unteren Park, dem nordwestlichen Teil der Anlage, wurde 1819 das Müller-Denkmal mit einem Porträtmedaillon von Johann Gottfried Schadow aufgestellt. Das antikisierende Monument erhielt ein umgebendes Rondell aus Pyramidenpappeln. Dieses Arrangement ist stark dem auf einer kleinen Insel gelegenen Begräbnisplatz des Philosophen Jean-Jacques Rousseau im französischen Ermenonville nachempfunden, Bürgermeister Müller wurde so in den entsprechenden geistesgeschichtlichen Zusammenhang gestellt. Bis heute blieb das Rousseau-Insel-Motiv im Unteren Park erhalten. Die umgebende Anlage erfuhr jedoch mehrfach Veränderungen, am augenfälligsten zwischen 1910 und 1915, parallel zum Bau des Hauptbahnhofs. Nach Entwürfen des Leipziger Stadtgartendirektors Carl Hampel entstand eine symmetrische Anlage mit Bezug zur Architektur des Verkehrsbaus. Nach Jahren der Vernachlässigung erfolgte 1999 im Zusammenhang mit der Anlage der Ritterpassage eine umfassende Instandsetzung nach Plänen der Dresdner Landschaftsarchitektin Birgit Pätzig. Unter anderem wurden die Wege am Rondell verbreitert, der nördliche Längsweg verlegt und die steilen Treppen aus der Nachkriegszeit durch flache Rampen ersetzt. Bei Erhalt der wichtigsten historischen Strukturen konnte das Gesamterscheinungsbild aus der Zeit Hampels wiederhergestellt werden. Dazu wurden auch Nachbauten der damaligen Ausstattung, von Laternen, Bänken und Rabattengeländern, verwendet. Das neu verlegte Pflaster aus Dornreichenbacher Quarzporphyr ist charakteristisch für viele historische Anlagen in Leipzig. Vor allem wird es dem gestiegenen Nutzungsdruck in der Müller-Anlage gerecht.

2 Oberer Park / Schwanenteich-Anlage

Ursprünglich bildeten Oberer und Unterer Park eine Einheit; erst durch den Bau der Goethestraße wurden sie getrennt. Das dominierende Element im Oberen Park ist der Schwanenteich, ein zu einem Parkgewässer mit geschwungenen Ufern umgestalteter Rest des ehemaligen Stadtgrabens.

An seinem südlichen Ende befand sich zunächst der sogenannte Schneckenberg, ein Aussichtshügel mit spiralförmigem Erschließungsweg und künstlichem Wasserfall. In den 1860er Jahren entstand an seiner Stelle das Neue Theater. Am Schwanenteich besaß es eine Terrasse, unterhalb derer sich eine Kaskade in die Wasserfläche ergoss. Diese Situation erinnerte an Gestaltungen in italienischen Renaissancegärten, ging aber im Zuge des Theaterabrisses nach Zerstörungen im Zweiten Weltkrieg verloren. Das 1960 eröffnete neue Opernhaus wurde nicht in gleicher Weise mit der Gartengestaltung verknüpft, statt dessen aber die Uferlinie des Teichs verschoben. Erst in den 1990er Jahren entstand wieder eine Art Terrasse mit einfacher Kaskade unterhalb, die entfernt an die ursprüngliche Lösung erinnert. Östlich des Teichs befindet sich seit 1983 die Richard-Wagner-Büste, das vorläufige Ergebnis der seinerzeit schon etwa hundert Jahre andauernden Bemühungen um ein Denkmal für den Komponisten in seiner Heimatstadt. Nördlich des Schwanenteichs schien die Grundstruktur der Anlage mit ihrer Wegeführung und Geländemodellierung zerstört; in der DDR war eine Fernheiztrasse durch das Gelände getrieben worden. Nach ihrem Rückbau fanden sich darunter aber die alten Wegeaufbauten und -pflasterungen wieder. So war die Wiederherstellung in den 1990er Jahren leicht möglich. Lediglich der für die Fernheiztrasse aus der Achse der Richard-Wagner-Straße verschobene Eisenbahn-Obelisk steht bisher noch nicht an seinem angestammten Platz. Seit 1876 erinnert er an die Initiatoren der ersten deutschen Fernbahnstrecke von Leipzig nach Dresden, nun weiter oberhalb an der Goethestraße.

Der Schwanenteich an der Oper geht auf den ehemaligen Stadtgraben zurück.

3 Augustusplatz

Mit der Entstehung der Promenade auf den ehemaligen Befestigungsanlagen wurde schon vor 1800 begonnen, an den Stadttoren Plätze anzulegen. Die Fläche vor dem Grimmaischen Tor, der spätere Augustusplatz, wurde zunächst nur mit zwei runden, von Bäumen umstandenen Rasenrondellen gestaltet. Ab 1830 begann mit der Errichtung des Augusteums, des Hauptgebäudes der Universität, die architektonische Fassung. Die benachbarte Universitätskirche St. Pauli, geweiht 1240, erhielt 1897 bis 1899 eine neugotische Schaufassade. Dort, wo sich heute das Gewandhaus befindet, entstand zwischen 1856 und 1858 das Bildermuseum, 1864 an der nördlichen Platzseite das Neue Theater. Beide begrenzten einen großzügigen rechteckigen Stadtraum, den Peter Joseph Lenné 1857 in seiner Konzeption für den südöstlichen Promenadenring mit berücksichtigt hatte. Der Königlich-Preußische Gartendirektor plante für den Augustusplatz eine Rahmung mit Alleen sowie vor dem Bildermuseum und seitlich davon repräsentative formale Schmuckanlagen. 1888 erfuhr das Museum eine Erweiterung, Teile der ausgeführten Schmuckpartien wurden überbaut. Bereits 1886 hatte der Mendebrunnen seinen Platz gefunden. Um ihn hält sich das Gerücht, dass ihn die Prinzipalin eines Leipziger Freudenhauses gestiftet habe. Marianne Pauline Mende, geb. Thieriot, war jedoch seriöse Kaufmannswitwe. Zerstörungen im Zweiten Weltkrieg brachten einen starken Einschnitt für den Augustusplatz, allerdings wären viele Strukturen wiederherstellbar gewesen. An Stelle des Neuen Theaters entstand bis 1960 die Oper. Bereits 1959 hatte das Politbüro unter Walter Ulbricht einen „Beschluß zur Neugestaltung des Karl-Marx-Platzes" gefasst. Als Konsequenz kam es am 30. Mai 1968 zur Sprengung der unzerstörten Universitätskirche, noch im gleichen Jahr gefolgt von derjenigen des noch teilweise nutzbaren Augusteums. Ein neues Universitäts-Hauptgebäude entstand an ihrer Stelle. Erst bis 1981 erfolgte mit Errichtung des Gewandhauses wieder eine vollständige bauliche Fassung des Stadtraums. Allerdings wurde der Konzertbau

Lenné-Anlage mit Gellert-Denkmal, Blick zum Neuen Rathaus

leicht in die ursprüngliche Fläche hineingerückt und in der Folge auch der Mendebrunnen nach Norden verschoben. Nach Karl Marx umbenannt, war der Platz als Aushängeschild des sozialistischen Staates gedacht. Im Herbst 1989 wurde er überregional als Ort der Massenproteste gegen das Regime bekannt – ein Jahr später hieß er wieder Augustusplatz. 1998 erfolgte mit der Unterkellerung für eine Tiefgarage eine grundlegende Neugestaltung nach einer Konzeption von Professor Bernhard Winkler. Hauptidee war die Betonung der Achse zwischen Oper und Gewandhaus. In diesem Zusammenhang erhielt der Mendebrunnen ein Pendant in Form einer Fontäne in der Nordhälfte des Platzes. Dabei wurde die zusammenhängende Platzfläche gegenüber dem ursprünglichen Zustand stark reduziert, diese aber mit hochwertigen Natursteinmaterialien befestigt. Neu gesetzte Lindenreihen erinnern an die ursprünglichen Promenadenpflanzungen, befinden sich aber an anderer Stelle. Eine wallartige Erhöhung schirmt den Georgiring ab. Vor der stadtseitigen Bebauung leisten dies Kolonnaden, eine Tiefgarageneinfahrt und ein Café. Zum Beleuchtungskonzept gehören die nachts erhellten runden Aufbauten von Tiefgarageneingängen mit Außenwänden aus Milchglas. Mit dem Neubau des Universitätshauptgebäudes und eines Nachfolgebaus der Universitätskirche, Paulinum genannt, ist auch die Architektur der Westseite wieder in der Lage, dem Platz Charakter zu verleihen.

4 Lenné-Anlage

Auch wenn die Leipziger sie inoffiziell Schillerpark nennen – der Name dieser Anlage erinnert an Peter Joseph Lenné, einen der bedeutendsten deutschen Gartenkünstler. Mitte des 19. Jahrhunderts konzipierte er den hier bereits seit 1790 gärtnerisch gestalteten Bereich vollständig neu. Dabei gelang ihm im Gegensatz zu den vorherigen Lösungen ein großer Wurf. Aber er musste mit den Stadtverordneten darum ringen, einen größeren Bereich als ursprünglich vorgesehen in die Konzeption einzubeziehen, damit etwas „wirklich Schönes" entstehen könne. Am Rand der Anlage blieb die um 1550 von Hieronymus Lotter errichtete Moritzbastei bestehen, seit den 1970er Jahren genutzt durch Leipzigs größten Studentenclub. Der bis zur Zeit Lennés noch gut erkennbare Stadtgraben wurde weitgehend verfüllt. Allerdings modellierte Lenné eine sanfte, talartige Vertiefung. Südlich der Moritzbastei ließ er den sogenannten Promenadenhügel aufschütten, auf den an der Ostseite eine Allee mit einer moderaten Steigung führt. Von oben erschließt sich die Hauptsichtachse in Richtung Turm des Neuen Rathauses, ursprünglich der Pleißenburg. Der beschriebene talartige Bereich wird von gestaffelten Gehölzgruppen gerahmt, teils noch immer aus der Entstehungszeit der Anlage. Hierdurch entsteht trotz der Nähe der Innenstadt und einer Hauptverkehrsstraße ein überzeugender landschaftlicher Charakter.

Der Beginn der Achse auf dem Hügel war der geeignete Ort zur Aufstellung einer Büste für Bürgermeister Dr. Otto Koch (1810–1876), der sich entscheidend für die Gestaltungspläne Lennés engagierte. Ursprünglich gab es von hier weitere Sichten, etwa in Richtung Schneckenberg am Augustusplatz. Diese wurden jedoch durch die Platzbebauung verstellt. Malerisch in der Hauptachse plaziert wurde 1909 ein Denkmal für den Leipziger Dichter und Philosophen Christian Fürchtegott Gellert (1715–1769). In Höhe der Abzweigung Neumarkt befindet sich seit 1914 das Schiller-Denkmal von Johannes Hartmann mit allegorischen Figuren, die für „Erhabenheit" und „Tragik" stehen. Störungen der Gestaltung Lennés ergaben sich mit der Führung der Universitätsstraße und der Straße Neumarkt mitten durch die Anlage. Für letztere wurde sogar ein noch immer bestehender Damm durch den vertieften Bereich getrieben. Straßenverbreiterungen am Ring nahmen weitere Flächen in Anspruch. Ursprünglich war die Gesamtanlage von teils doppelten Baumreihen umgeben, um einen Übergang zu den angrenzenden städtischen Strukturen zu schaffen. Nach ihrem vollständigen Verlust konnte seit Ende der 1990er Jahre wenigstens wieder eine einfache einfassende Baumreihe angelegt werden. Weitere denkmalpflegerische Maßnahmen traten hinzu. So wurden u. a. seitliche Sichten wieder geöffnet. Eine nachhaltige Störung des Gesamtgefüges stellt die jüngst erfolgte Errichtung eines S-Bahn-Zugangs mit Aufbauten exakt in der von Peter Joseph Lenné geplanten Hauptsichtachse dar. Wohl auch wegen des durch den Gartenkünstler geschaffenen Ambientes wird heute kein anderer Bereich des Promenadenrings im Sommer so stark von Erholungsuchenden genutzt wie dieser.

5 Martin-Luther-Ring

An der Stelle des Neuen Rathauses befand sich seit dem Mittelalter die Pleißenburg, ein landesherrlicher Sitz, später Kaserne, und auch als Ort der Leipziger Disputation zwischen Luther und dem Mönch Eck bekannt geworden. Nach dem Abriss erfolgte bis 1905 die Errichtung des Neuen Rathauses. Stadtbaurat Hugo Licht und Fritz Schumacher waren verantwortlich für den mächtigen Neorenaissancebau, in den der Turmschaft der Pleißenburg integriert wurde, komplettiert durch einen neuen Helm. Gemeinsam mit benachbarten Geschäftsgebäuden und dem später ergänzten Stadthaus verleiht das Gebäude dem Ring hier einen monumentalen Charakter. Bei der Neugestaltung der Promenadenanlagen unter Stadtgartendirektor Hampel zu Beginn des 20. Jahrhunderts wurde diese Wirkung unterstützt. Die zuvor eher bescheidenen Grünbereiche erhielten eine formale Struktur mit aufwändigen Schmuckpflanzungen, die häufig auf die Gebäude- und Fassadengliederung bezogen war. Von der einst gepflanzten Platanenallee existiert noch eine Baumreihe. Im westlichen Abschnitt des Bereichs erfolgte 2001 eine Wiederherstellung der Gestaltung Hampels. Symmetrisch

Zur Erinnerung an den Mitverschwörer vom 20. Juli 1944: Goerdeler-Denkmal vor dem Neuen Rathaus am Martin-Luther-Ring

Altes Bach-Denkmal vor der Thomaskirche, im Hintergrund das Plato-Dolz-Denkmal

der abgeschrägten Südwestfassade des Neuen Rathauses vorgelagert befindet sich seit 1999 jedoch ein neues Element: das Goerdeler-Denkmal. Die beiden aus den USA stammenden Künstler Jenny Holzer und Michael Glier schufen das dem ehemaligen Leipziger Oberbürgermeister gewidmete Mahnmal. Carl Friedrich Goerdeler (1884 bis 1945) trat 1936 aus Protest gegen den Abbau des Leipziger Mendelssohn-Denkmals von seinem Amt zurück, beteiligte sich am Widerstand gegen den Nationalsozialismus und wurde nach den Ereignissen des 20. Juli 1944 als Mitverschwörer hingerichtet. Ein regelmäßiger Glockenschlag aus einem in den Boden getriebenen Schacht sowie Zitat-Inschriften auf den umgebenden Stufen und Wegeplatten halten die Erinnerung wach. Mit zum Konzept gehört eine Umpflanzung mit kalt und metallisch wirkenden Stauden.

6 Dittrichring

An der Westseite der Innenstadt ist das Zusammenspiel aus rahmender Bebauung und Promenadenanlagen heute weitgehend wieder so zu erleben wie zu Beginn des 20. Jahrhunderts. Schon 1725 entstand vor Thomaskirche und -schule eine mehrreihige Lindenallee. Der Bereich unterhalb der Wohnung des Thomaskantors Johann Sebastian Bach nannte sich „Muhmenplatz". Hier herrschte reges Leben, trafen sich Kindermädchen und spielten Kinder unter großen Linden. Am Ende des 19. und zu Beginn des 20. Jahrhunderts wurde die barocke Bebauung einschließlich der alten Thomasschule durch die bis heute weitgehend erhaltenen Gebäude ersetzt, die Thomaskirche erhielt 1886 die zum Ring ausgerichtete neugotische Westfassade. Zwischen 1903 und 1906 hinterließ auch in diesem Bereich Stadtgartendirektor Hampel seine Handschrift. Um Plato-Dolz-Denkmal, altes Bach-Denkmal und vor der Thomaskirche entstand eine repräsentative Freiflächengestaltung mit Schmuckpflanzungen, die mit der historistischen Architektur harmonierte. Hampel stellte sie als Musterbeispiel in einem Fachbuch vor. Nach dem Zweiten Weltkrieg galten grundsätzlich andere stilistische Vorstellungen; die historistischen Grünstrukturen wurden durch Rasen oder einfache Gehölzpflanzungen ersetzt. Erst im Vorfeld des Bachjahrs 2000 erfolgte auf Grundlage einer gründlichen Recherche und von Bodenbefunden die Wiederherstellung nach einer Konzeption des Leipziger Landschaftsarchitekturbüros Franz. 2008 fand vor der Thomaskirche eine Kopie des 1936 vor dem Alten Gewandhaus demontierten Mendelssohn-Denkmals einen Platz. Weiter nördlich, im Bereich des oberen Dittrichrings, besitzen die Promenaden auf relativ engem Raum waldartigen Charakter. Um den 1906 mit Motiven aus „Hänsel und Gretel" geschaffenen Märchenbrunnen, dessen zu Rüstungszwecken eingeschmolzene Bronzefiguren 1963 nachempfunden wurden, findet sich eine entsprechende Szenerie mit angepflanzten Waldstauden und -farnen.

Die wiedererrichtete Matthäikirchhoftreppe mit dem Denkmalssockel von Max Klinger (siehe auch S. 26)

7–8 Goerdelerring/Tröndlinring

In diesem Bereich hinterließen der Zweite Weltkrieg und die Nachkriegszeit gravierende Einschnitte. In der 1911 bis 1913 nach Plänen Hugo Lichts errichteten Leipziger Feuerversicherungsanstalt bezog das DDR-Ministerium für Staatssicherheit sein örtliches Hauptquartier. 1989 wurde die sogenannte Runde Ecke von Bürgerrechtlern besetzt; heute befindet sich hier eine Gedenkstätte. In der Nachbarschaft stand seit dem Mittelalter bis zur Abtragung der Außenmauern nach Zerstörungen im Zweiten Weltkrieg die Matthäikirche. Mit dem Promenadenring verband sie seit 1913 eine von Max Klinger konzipierte Freitreppe. Auf ihr sollte eine ebenfalls von dem Leipziger Bildhauer zu schaffende Richard-Wagner-Statue Platz finden. Der Tod Klingers verhinderte dies, die Treppe wurde in den 1970er Jahren im Zuge einer Erweiterung der Stasi-Zentrale abgebaut. Lange verschollen, fanden sich die Einzelteile in den 1990er Jahren in einem Depot wieder, der unvollendete Sockel von Max Klinger stand lange Zeit im Palmengarten. Inzwischen wurde der im Frühjahr 2010 begonnene Wiederaufbau der Treppe abgeschlossen. Der Denkmalsockel soll nun mit einer zeitgenössischen Wagner-Plastik des Bildhauers Stephan Balkenhol ergänzt werden.

Ein Wiederaufbau des Alten Theaters wird indes nicht möglich sein. Seit 1766 bis zur Zerstörung im Zweiten Weltkrieg prägte es den nordwestlichen Ring. Goethe war hier während seiner Leipziger Studienzeit häufiger Gast. Heute verläuft eine Hauptverkehrstrasse über den ehemaligen Standort.

Das unweit 1851 errichtete Denkmal für den Leipziger Arzt und Dozenten Christian Friedrich Samuel Hahnemann (1753 bis 1843), den Begründer der Homöopathie, überdauerte die Zeiten. Vor wenigen Jahren wurden auch hier die umgebenden Schmuckpflanzungen von Carl Hampel wiederhergestellt.

Der nördliche Promenadenring besaß von jeher nur schmale Grünstrukturen. Im Zuge der sozialistischen Großstadtplanung wurden sie zu belanglosem Straßenbegleitgrün. Leider konnte diese Entwicklung auch mit Errichtung der 2012 eröffneten Einkaufspassage „Höfe am Brühl" nicht korrigiert werden. *PB*

Denkmal für den Arzt Christian Friedrich Samuel Hahnemann (1753–1843)

Größe

10 Hektar

Besonders sehenswert

Gestaltung von Peter Joseph Lenné, Müller-Denkmal mit Pappelrondell, Schwanenteich, Eisenbahnobelisk, Promenadenhügel mit Koch-Denkmal, Schumann-Denkmal, Gellert-Denkmal, Schiller-Denkmal, Goerdeler-Denkmal, Plato-Dolz-Denkmal, altes Bach-Denkmal, Mendelssohn-Denkmal, Hiller-Denkmal, Märchenbrunnen, Hahnemann-Denkmal, Wagner-Denkmal, Klinger-Treppe

Der Weg

Bus 89, Tram 2, 8, 9,10,11, Haltestelle Wilhelm-Leuschner-Platz, alle anderen Linien Hauptbahnhof

Parkmöglichkeiten

Schillerstraße
Parkhäuser Augustusplatz
Thomaskirchhof
Burgplatz, Peterskirchhof

Sport + Spiel

Joggen, Nordic Walking, Radfahren

Hundewiesen

Lenné-Anlage

Adressen

Rat der Stadt Leipzig, Martin-Luther-Ring 4–6, 04109 Leipzig, Tel. 123-0, www.leipzig.de

Gastro-Tipps

Restaurant Augustus, Augustusplatz 15, 04109 Leipzig, Tel. 9 60 96 03, www.restaurant-augustus.de

Restaurant Stadtpfeiffer im Gewandhaus, Augustusplatz 8, 04109 Leipzig, Tel. 2 17 89 20, www.stadtpfeiffer.de

Restaurant Schiller, Schillerstraße 3, 04109 Leipzig, Tel. 2 25 28 28, www.schiller-cafe.de

Café Kandler, Thomaskirchhof 11, 04109 Leipzig, Tel. 2 13 21 81

Telegraph, Dittrichring 19/20, 04109 Leipzig, Tel. 1 49 49 90, www.cafe-telegraph.de

BOTANISCHE BESONDERHEITEN

Der Promenadenring setzt sich aus einer Vielzahl von Baumarten und Sträuchern zusammen, die zum Teil noch aus der Entstehungszeit stammen und damit ein stattliches Alter erreicht haben. Im schmalen südwestlichen Abschnitt vor dem Leipziger Rathaus prägen ihn Platanenreihen. Ab der Petersstraße in Richtung Osten werden die Ringanlagen breiter. Sie wurden hier parkartig bepflanzt und mit interessanten Blickbeziehungen und Höhenunterschieden geformt. Die hier gepflanzten Bäume wiederholen sich zum Teil vielfach auch in den anderen Abschnitten: Es sind Stieleiche, Sommerlinde, Spitz-, Berg- und Feldahorn, weiße und rote Rosskastanie, Schnurbaum, Gemeine Esche, Hainbuche und Winterlinde. Als Solitärgehölze wurden in diesem Abschnitt Blutbuche, Hängeulme, Geweihbaum, Rotdorn, Essbare Kastanie und Roteiche gepflanzt. Zu erwähnen sind auch Gehölzgruppen, bestehend aus Kirschlorbeer, Kornelkirsche, Perückenstrauch, Gemeinem und Chinesischem Flieder sowie Feuerdorn. Am Schwanenteich dominieren Eibe, Zürgelbaum, Pyramidenhainbuche, Lederhülsenbaum (mit und ohne Dornen), der Rotaustreibende Spitzahorn, Robinie, Eschenahorn, Kanadische Pappel, Götterbaum, Kleeulme, Trauerweide und gigantische, bis zu fünfstämmige Silberahornbäume. Im Bereich gegenüber dem Hauptbahnhof am Müller-Denkmal sind die Pyramidenpappeln zu nennen. Außerdem befinden sich in diesem Abschnitt des Promenadenrings große Gruppen von Gemeinem sowie Chinesischem Flieder und die neu eingefügte Rote Rosskastanie. Im Abschnitt Am Hallischen Tor sind Zierapfel, Moorbirke und eine Gruppe von Fontanesien hervorzuheben. Weiter entlang dem Tröndlinrings fallen besonders der Trompetenbaum, der breitblättrige Spindelbaum, Schmalblattesche, Kirsch- und Blutpflaume, Schwarzkiefer und an Großsträuchern in schönen Gruppen Schwarzer Holunder, Kolkwitzie und Hahnenspornweißdorn auf. Im Abschnitt zwischen Goerdeler- bis Dittrichring sind am Hahnemann-Denkmal eine prächtige Holländische Linde, Sorte Pallida, aber auch sehr alte Baumhasel zu sehen. Weitere Gehölze sind die Scheinzypresse, große Schnurbäume, knorrige Robinien, schöne Vogelkirschen und Spätblühende Traubenkirschen, auch Magnolien, alte Götterbäume und schön gewachsene Krimlinden. Im anschließenden Bereich Dittrich- bis Martin-Luther-Ring wiederholen sich die bereits genannten Gehölzarten. Besonders stattliche Exemplare gibt es hier vom Baumhasel, der Weißen Rosskastanie, dem Schnurbaum, der Ulme und dem Silberahorn. *HJS*

Im Grünzug rund um die Innenstadt sind gärtnerisch verschiedene Frühblüher eingebracht worden. Einige dieser Frühlingsboten verwildern in den Rasenflächen, so z. B. der Winterling, die beiden bläulich blühenden Arten Puschkinie und Mischtschenkoblaustern, der tiefblau blühende Sibirische Blaustern und gelegentlich einige Krokusse sowie die dunkelblaue Balkananemone. *PG*

Plan 1 Westliches Stadtgebiet

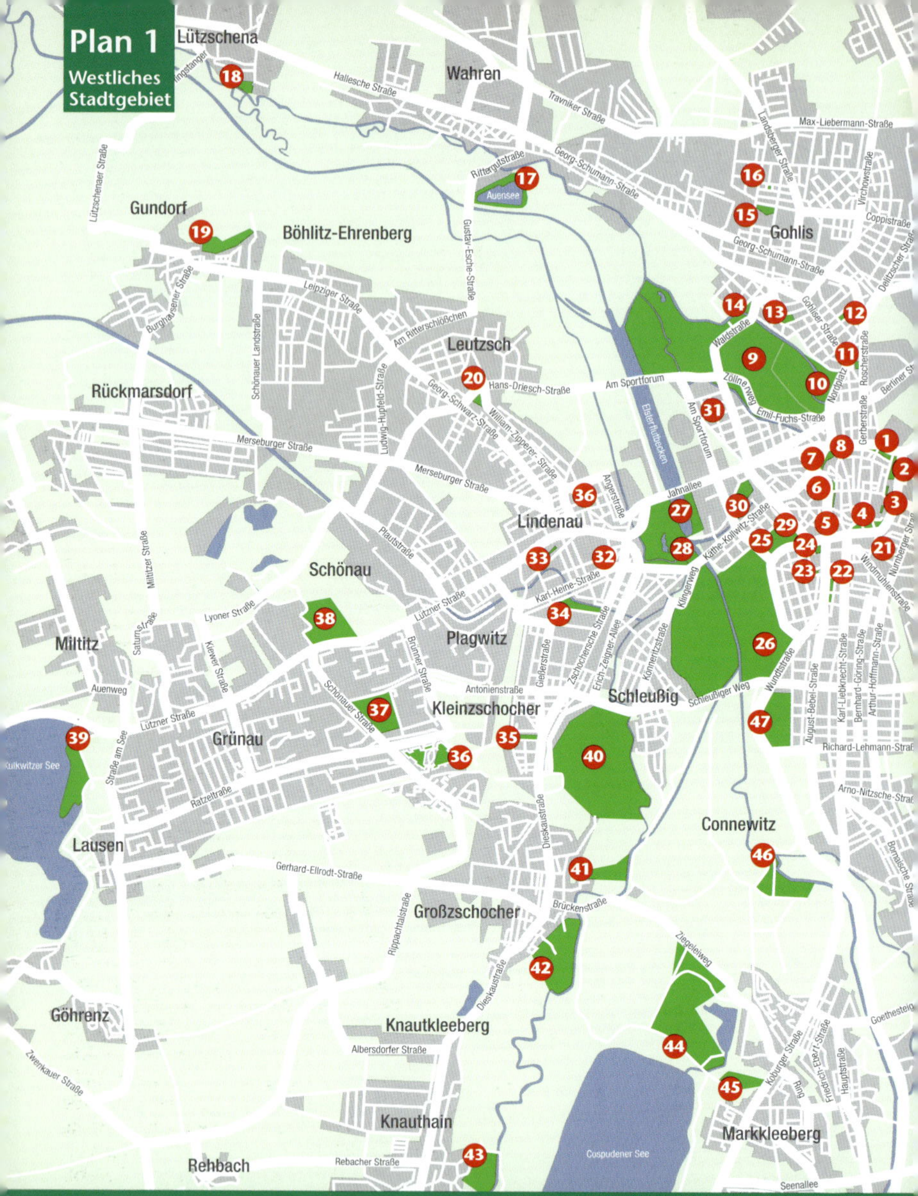

Promenadenring (1–8)

1 Unterer Park / Müller-Anlage
2 Oberer Park / Schwanenteich-Anlage
3 Augustusplatz
4 Lennéanlage
5 Martin-Luther-Ring
6 Dittrichring
7 Goerdelerring
8 Tröndlinring
9 Rosental
10 Zoologischer Garten
11 Nordplatz
12 Richterplatz
13 Garten am Gohliser Schlösschen
14 Schillerhain
15 Stadtplatz Gohlis
16 Platz des 20. Juli 1944
17 Auensee
18 Schlosspark Lützschena
19 Park Gundorf
20 Stadtteilpark am Wasserschloss Leutzsch
21 Stadtplatz Brüderstraße
22 Floßplatz
23 Mendelssohnufer
24 Fritz-von-Harck-Anlage
25 Johannapark
26 Clara-Zetkin-Park
27 Richard-Wagner-Hain
28 Palmengarten und Klingerhain
29 Plastikgarten
30 Kleingartenanlage Dr. Schreber
31 Robert-Koch-Platz
32 Karl-Heine-Platz
33 Henriettenpark
34 Stadtteilpark Plagwitz
35 Schwartzeplatz
36 Meyersche Höfe
37 Robert-Koch-Park
38 Schönauer Park
39 Kulkwitzer See
40 Volkspark Kleinzschocher
41 Gutspark Großzschocher
42 Zickmantelscher Mühlenpark
43 Schlosspark Knauthain
44 Cospuden
45 Keesscher Park
46 Wildpark
47 Fockeberg

Sumpfzypresse im Rosental

Geplant als Barockresidenz

Wäre es nach dem Willen von August dem Starken (1670–1733) gegangen, könnte Leipzig heute in Sachen höfische Pracht mit anderen früheren Residenzen konkurrieren. Der sächsische Kurfürst und polnische König plante im nördlich der Stadt gelegenen Rosental ein barockes Lustschloss. Das als Wirtschaftswald genutzte Gelände gehörte seit 1663 der Kommune, welche auch die veranschlagten 50000 Taler für den Bau aufbringen sollte; ohnehin wurde die Dresdner Hofhaltung zu einem Teil mit den Einkünften aus der reichen Messe- und Handelsstadt finanziert. Ein Entwurf des Ingenieurs Major Johann Christoph Naumann von 1707 zeigt einen prunkvollen, kuppelbekrönten Bau mit einer von niederländischen Einflüssen inspirierten Gartenanlage. Kanäle umgeben das Schloss und einen vorgelagerten aufwändigen Parterregarten, 13 Sichtschneisen sind durch die umgebende Waldzone getrieben und auf den zentralen Gebäudeteil ausgerichtet. Verständlich, dass die Stadt das teure Vorhaben über zehn Jahre mit wechselnden Ausreden hinauszögerte, bis auch der Landesherr davon abließ. Zwischenzeitlich waren immerhin der Schloss- und Gartenbereich abgeholzt, die Sichtschneisen angelegt und in ihrem Schnittpunkt ein Aussichtsturm aus Fachwerk errichtet worden. August soll ihn bei seinen Besuchen regelmäßig bestiegen haben. Ab 1837, der Turm war bereits wieder abgebaut, wurde die barocke Anlage nach einem Entwurf des Ratsgärtners Rudolph Siebeck im Sinne einer landschaftlichen Gestaltung verändert. Ein unregelmäßiges Wegenetz und Gehölzpflanzungen setzten einen Kontrapunkt zur bisherigen formalen Strenge. Sechs der strahlenförmig angeordneten Schneisen und die zentrale Wiesenfläche sind jedoch bis heute erhalten. Seit Ende des 18. Jahrhunderts erfreute sich das Rosental steigender Beliebtheit als Ausflugsziel. Zwei Cafés entstanden, darunter das Schweizerhäuschen von 1824. Am Ausgang des 19. Jahrhunderts wurden im südlichen Teil des Geländes mehrere Einzeldenkmale für Leipziger Persönlichkeiten errichtet. 1892 schließlich kam am Hauptzugang von der Stadt, am Ende der Rosentalgasse, eine repräsentative Toranlage hinzu: Ein 12 Meter hoher Fahnenmast auf Steinsockel mit seitlich angesetzten Ziergittern besaß eine Flankierung von Torhäuschen auf beiden Straßenseiten. Zwar sind die Häuschen nicht mehr vorhanden, der Fahnenmast jedoch ist Ende der 1990er Jahre saniert worden. Strukturiert durch den

Landschaftliche Weite in Zentrumsnähe: Blick in das Rosental von Süden

Panorama des Rosentals mit der Afrika-Lodge des Zoos (links)

Mast ergibt sich aus der Rosentalgasse ein malerischer Blick in den großen Wiesenraum mit dem vorderen Rosentalteich im Mittelgrund. Für den 1878 östlich durch Ernst Pinkert eingerichteten Zoologischen Garten wurden Randbereiche des Rosentals beansprucht. Zwischen 1976 und 1978 entstand im Park das sogenannte Zooschaufenster (Entwurf: Gerhard Scholz und Eberhard Göschel), ein Bereich, der von einer Art Terrasse Einblicke in einzelne Tiergehege ermöglichte, heute in die nachgestaltete Afrika-Savanne.

Über den vorderen Wiesenbereich mit dem in den 1960er Jahren veränderten Teich gelangt man zum 1986 geschaffenen Blindenpark mit seinem botanischen Tast- und Riechgarten. Dahinter liegt die kleine Hundewiese mit der Friedenseiche, die an das Ende des Deutsch-Französischen Kriegs 1870/71 erinnern soll. Den Wegweisern nach geht es über die Waldstraße hinweg zum Rosentalhügel. Ende des 19. Jahrhunderts als Abladeplatz für Schutt und Asche entstanden, ist er heute als „Monte Scherbelino" mit einem Aussichtsturm eine der beliebtesten Erhebungen der Stadt. Gartendirektor Carl Otto Wittenberg gab ihm und dem benachbarten hinteren Rosentalteich 1897 die Gestalt. Hier ist vom Trubel der Großstadt nichts zu spüren. Und auch den 20 Meter hohen Aussichtsturm hat man oft für sich allein. Der erste Bau an dieser Stelle, 1896 nach einem Entwurf von Hugo Licht aus Holz errichtet, brannte im Bombenhagel am 4. Dezember 1943 leider ab. Wer heute den 1975 aus Stahl gebauten Nachfolger erklimmt, wird durch einen einzigartigen Blick von oben auf das Grün und die nahe City belohnt.

Die Friedenseiche im Rosental

Größe

118 Hektar

Besonders sehenswert

Denkmal des Chorleiters und Komponisten Carl Friedrich Zöllner (1868), Denkmal der Frauenrechtlerin Louise Otto-Peters (1900), Relief zur Erinnerung an Barockgärten in Leipzig, Gedenktafel „Erster öff. Spielplatz in Leipzig" (1870), Skulpturen: Die weiße Frau, Frosch, Kugelpyramide, Liebespaar, Relieffische

Der Weg

Parkeingänge: Rosentalgasse/Emil-Fuchs-Straße, Zöllnerweg, Waldstraße und Primavesistraße, Tram 12 Haltestelle Zoo, Linien 3, 4, 7, 15 Haltestelle Lessingstraße

Parkmöglichkeiten

Parkhaus Pfaffendorfer Straße, Emil-Fuchs-Straße, Zöllnerweg

Sport + Spiel

drei Spielplätze
Joggen, Nordic Walking, Reiten
Grill- und Lagerfeuerplatz

Hundewiese

nördlich vom Blindenpark

Adresse

Zoo Leipzig, Pfaffendorfer Straße 29, 04105 Leipzig
Tel. 5 93 35 00, www.zoo-leipzig.de

Gastro-Tipps

Restaurant Campus, Schlößchenweg 2, 04155 Leipzig, Tel. 56 29 67 50, www.michaelis-leipzig.de

Im Zoo: Hacienda Las Casas, Pfaffendorfer Straße 29 (Eingang vom Rosental aus möglich), 04109 Leipzig, Tel. 5 83 25 03

Münsters Restaurant, Platnerstraße 11–13, 04155 Leipzig, Tel. 5 90 63 09

1 Zoo, 2 Zooschaufenster, 3 Zöllner-Denkmal, 4 Spielplatz, 5 Blindenpark, 6 Hundewiese, 7 Friedenseiche, 8 Schillerpark, 9 Sportplatz SG Olympia 1896 Leipzig e. V., 10 Tennisclub Rosental, 11 Olympiastützpunkt Leipzig e. V., 12 Rosentalhügel mit Aussichtsturm, 13 Klärwerk, 14 Gohliser Schlösschen, 15 Rosentalsäule, 16 Schweizerhaus

Ein Aushängeschild der Stadt

Sicher, die Leipziger lieben ihren Zoo, weil hier Elefant, Tiger & Co. leben, weil es hier einen wunderschönen Tierkindergarten, das Affengehege Pongoland, eine Löwensavanne und einen Elefantentempel gibt und nun auch die Tropenhalle Gondwanaland. Aber den Reiz macht eben auch aus, dass dieses Gelände mitten in der Stadt eine riesige Grünanlage ist, ein großer Park, in dem jedes Tier seinen artgerechten Platz in einem liebevoll gestalteten Gehege hat.
Der Leipziger Zoo ist heute einer der modernsten Europas. Seit Jahren erregt er durch ein neues Präsentationskonzept internationale Aufmerksamkeit. Dabei liegt die traditionsreiche Anlage teils auf geschichtsträchtigem Terrain. Die heute westlichen Bereiche gehörten zum Rosental. Daran erinnert neben Altbaumbeständen vor allem das „Schweizerhäuschen", das heute unter dem Namen „Hacienda Las Casas" eine von mehreren gastronomischen Einrichtungen im Zoo ist. Das Gebäude stammt bereits von 1824, als Georg Kintschy hier in noch ländlicher Umgebung ein Café einrichtete. Es entwickelte sich zu einem beliebten Ausflugsziel. Die Schweiz galt als Inbegriff landschaftlicher Schönheit. Deshalb wurde es üblich, herausragende Stellen mit Gebäuden im „Schweizerhaus-Stil" zu betonen. Bis zur Eingliederung in den Zoo 1927 war das Gebäude mit einem Konzertgarten verbunden. Östlich an das Rosental grenzten die sogenannten Pfaffendorfer Felder. Hier besaß der Gastwirt Ernst Pinkert (1844–1909) die Gaststätte Zum Pfaffendorfer Hof. Um diesen als Ausflugsziel attraktiver zu gestalten, stellte er seit 1876 exotische Tiere aus, die er von seinem Hamburger Partner Carl Hagenbeck bezog, der später den nach ihm benannten Zoo gründete. Pinkerts Ausstellungen mündeten am 9. Juni 1878 in der Gründung des Zoologischen Gartens Leipzig. Als dort am 15. August 1880 der erste Löwe geboren wurde, war dies eine Sensation. Dass die Anlage insbesondere als Freizeiteinrichtung galt, verdeutlicht die Integration einer Radrennbahn, der ersten in Mitteldeutschland. Sie wurde am 22. Oktober 1882 mit einem „Velocipeden-Wettfahren" eröffnet. Aber auch Hagenbecks Konzept der Tierpräsentation in attraktiver Umgebung ohne Gitter wurde hier praktiziert. Die Umwandlung des Privatunternehmens in eine Aktiengesellschaft 1899 stärkte den Zoo finanziell. Viele der noch erhaltenen historischen Ausstellungsbauten wurden errichtet, so das Neue Raubtierhaus, das Affenhaus oder das Aquarium. Nach finanziellen Schwierigkeiten in Folge des Ersten Weltkriegs übernahm die Stadt den Zoo 1920. Im nun folgenden Jahrzehnt entstanden teils künstlerisch bedeutende expressionistische Klinkerbauten, so das Dickhäuterhaus (1926) oder die dramatisch anmutende Bärenburg (1929). 1934 wurden die Rhesus- und Pavian- sowie die Pinguinanlage errichtet. Nach der Schließung im Zweiten Weltkrieg öffnete der Zoo bereits am 6. Mai 1945 erneut, also zwei Tage vor dem offiziellen Kriegsende. Im Jahre 1947 wurde er auf 16 Hektar erweitert. Im Vorfeld des 100. Gründungstags 1978 sorgte bereits 1976 die Übergabe des Zooschaufensters für Aufmerksamkeit. Dafür maßgeblich waren Landschaftsarchitekt Gerhard Scholz sowie die Architekten Wolfgang Müller und Lothar Choyna. Vertiefte Gräben anstelle der optischen Barrieren zwischen den angrenzenden Tiergehegen und dem Rosental ermöglichen Einblicke seither auch von dort. Umgekehrt erweckt der Ausblick auf die zentrale Rosentalwiese den Eindruck großer Weite der Tiergehege. Seit sich hier die sogenannte Kiwara-Savanne befindet, erscheint auch das Rosental als natürliche Fortsetzung der Savannenlandschaft. Diese mit vielen Details nachempfundene Savanne ist ein Ergebnis des im Jahr 2000 vom Stadtrat beschlossenen Konzepts „Zoo der Zukunft". Nach einer Zeit der Stagnation in der späten DDR und der anschließenden Konsolidierungsphase wird seither schrittweise ein neuartiger Naturerlebnispark geschaffen. Nicht mehr als überholt geltende kleine Gehege sollen den Zoo charakterisieren, sondern auf vergleichsweise großer Fläche nachge-

Teil der Anlage am Elefantentempel Ganesha Mandir

Pelikane auf dem Wasservogelteich

baute Landschaftsszenarien, die der Heimat der darin gezeigten Tiere nahekommen. Dabei geht es parallel zu einer artgerechten Tierhaltung um die Schaffung eines attraktiven Ambientes für Besucher. Bereits 2001 wurden die Löwensavanne Makasi Simba und die Menschenaffenanlage Pongoland eröffnet. Seit 2002 gibt es die Lippenbärenschlucht, gefolgt 2003 von der Tiger-Taiga und 2004 von der erwähnten Kiwara-Savanne mit Afrika-Lodge. Der Elefantentempel Ganesha Mandir wurde 2006 eröffnet. 2007 begannen die Bauarbeiten an der 35 Meter hohen Tropenhalle Gondwanaland, die seit der Eröffnung 2011 einen Besucheransturm erlebt. Erhalten bleiben sollen die denkmalgeschützten historischen Architekturen, jedoch mit anderen Nutzungen. Im Neuen Raubtierhaus von 1902 etwa befindet sich seit 2002 das Entdeckerhaus Arche.

Größe
26 Hektar

Besonders sehenswert
Afrika-Savanne Kiwara, Elefantentempel Ganesha Mandir, Löwen-Savanne Makasi Simba, Menschenaffenanlage Pongoland, Gondwanaland

Der Weg
Pfaffendorfer Straße, Tram 12, Haltestelle Zoo

Parkmöglichkeiten
Parkhaus Pfaffendorfer Straße

Sport + Spiel
Spielplätze

Hundewiesen
nein

Adressen
Freundes- und Förderkreis des Leipziger Zoologischen Gartens e. V., Pfaffendorfer Str. 29, 04105 Leipzig, Tel. 5 93 33 48, www.zoo-leipzig.de

Gastro-Tipps
Kiwara-Lodge, Tel. 5 93 34 96
Hacienda Las Casas, Tel. 5 83 09 57
Marché im Gründergarten, Tel. 5 93 34 94
Patakan im Gondwanaland, Tel. 5 93 34 94
Teichcafé Kandler, Tel. 5 66 28 88

Adresse für alle: Zoo, Pfaffendorfer Straße 29, 04105 Leipzig

Blick in die Halle des Gondwanalands

11 Nordplatz

Klassischer Schmuckplatz

Noch bis Ende des 19. Jahrhunderts befand sich das Gebiet des heutigen Nordplatzes vor den Toren der Stadt. 1868/69 wurde ein erster Bebauungsplan für das Areal zwischen den seinerzeitigen nördlichen Vorstädten, Gohlis und der Eutritzscher Flur aufgestellt. Als Zentrum des Gebiets war eine Platzanlage vorgesehen, welche 1885 den Namen Nordplatz erhielt. Bereits 1870 war als Verbindung zum Promenadenring die Nordstraße angelegt worden. Ihr schnurgerader Verlauf ist exakt auf den Turm des Alten Rathauses gefluchtet, im Bereich des Platzes setzt er sich als dessen Mittelachse fort. 1884 nahm die Stadtgartendirektion eine erste Gestaltung vor. Eine umlaufende Promenade mit Lindenreihen und abgesenkte Rasenparterres umgaben die symmetrisch gestaltete Platzmitte. Hier befanden sich zwei mittelgroße Spielflächen, getrennt durch ein weiteres Rasenparterre und wiederum jeweils umgeben von Baumreihen. Im Erläuterungsbericht zur Planung heißt es fortschrittlich anmutend: „Es ist diese Anordnung deshalb getroffen, um dem Platz mehr Grün zu geben, weil die umliegenden breiten Straßen ohnehin schon Pflaster- und Sandflächen genug bieten." 1900 wurde ein Wettbewerb für eine evangelische Kirche im nördlichen Bereich der Anlage ausgeschrieben.

BOTANISCHE BESONDERHEITEN

Dieser streng symmetrisch gegliederte Stadtplatz ist von einer alleeartigen Bepflanzung mit Hängesilberlinden im Zentrum geprägt. Dominant sind zwei Großblattlinden an der östlichen Seite der Kirche, sogenannte Moltkelinden. Diese sind eine Kreuzung aus der Amerikanischen Linde und der Hängesilberlinde. Ihre Blätter können 14 bis 20 Zentimeter lang werden.

Außerdem finden wir Winter- und Sommerlinde, Robinie, Weißdorn und als Solitär den vielblütigen Zierapfel. Auffällig sind zudem Gehölzgruppen mit Feuerdorn, Chinesischem Flieder, Kornelkirsche sowie Polyantharosen. Zur umgebenden Straße hin wurden weißblühende Rosskastanien in Reihe gepflanzt. *HJS*

Sie sollte den Abschluss der beschriebenen Achse durch die Nordstraße bilden und darum nicht, wie bei Gotteshäusern sonst üblich, eine West-Ost, sondern eine Nord-Süd-Ausrichtung besitzen. Von 1902 bis 1904 wurde der von den Architekten Alfred Müller und Heinrich Rust entworfene, dem Jugendstil verpflichtete Bau errichtet; am 12. Juni 1904 erfolgte die Weihe als St. Michaelis. Mit seinem 70 Meter hohen Turm bildet das Gotteshaus das den Platz dominierende Bauwerk, benötigt aber umgekehrt den gestalteten Freiraum zur Entfaltung seiner Wirkung. Hier waren gestalterische Modifikationen erforderlich: In der optischen Mittelachse wurden die umlaufenden Gehölzreihen unterbrochen. Heute befindet sich im Bereich der früheren mittigen Rasenfläche der wassergebunden befestigte Kirchenvorplatz. Dafür wurde der südliche Spielplatz zu einem Schmuckparterre mit Rasen und symmetrischen Pflanzungen umgestaltet. Der Nordplatz ist heu-

Die Michaeliskirche beherrscht den Nordplatz und schließt die städtebauliche Achse der Nordstraße ab.

te auch nach kleineren baulichen Modifikationen zur Zeit der DDR eine klassische Schmuckanlage, welche das städtebauliche Umfeld aufwerten sollte. Erst bis 1903 hatte sich die geschlossene Bebauung bis zur Südkante des Platzes vorgeschoben. An dessen West- und Nordseite entstanden gehobene bürgerliche Wohnbauten, teils ebenfalls im Jugendstil. An der Ostseite wurde 1913/14 ein weiterer repräsentativer Bau, eine 1919 eingeweihte Oberrealschule errichtet, die heutige Leibnizschule. 1994/95 erfolgte eine Instandsetzung von St. Michaelis. In der Folge wurden die direkt angrenzenden Grünstrukturen, welche hinsichtlich Gliederung und Gehölzanordnung eng an der Architektur orientiert sind, wiederhergestellt. Mitte der 1990er Jahre erhielt auch die Nordstraße ihren zwischenzeitlich entfernten begrünten Mittelstreifen zurück. Er betont die dominierende städtebauliche Achse zwischen dem Turm des Alten Rathauses und St. Michaelis zusätzlich.

Größe

0,7 Hektar

Besonders sehenswert

St. Michaelis – Wechselspiel aus symmetrischer Platzanlage mit dem städtebaulichen Umfeld und der Mittelachse

Der Weg

Pfaffendorfer Straße stadtauswärts bis Nordplatz, Tram 12 Haltestelle Nordplatz

Parkmöglichkeiten

Kickerlingsberg, Michaelisstraße

Adressen

St. Michaelis – Friedenskirchgemeinde Leipzig, Nordplatz, 04105 Leipzig

Gastro-Tipps

Backparadies und Café Dünkel, Nordplatz 7, 04105 Leipzig, Tel. 5 64 72 55

La Mirabelle, Gohliser Straße 11, 04105 Leipzig, Tel. 5 90 29 81, www.lamirabelle.de

Historistischer Schmuckplatz

Auf dem Gelände zwischen Kickerlingsberg und heutiger Georg-Schumann-Straße befand sich lange ein Exerzierplatz der sächsischen Armee; eine Bebauung setzte erst kurz vor 1910 ein. In diesem Jahr wurden das Wohn- und Arbeitsgebäude des Kommandanten des XIX. Sächsischen Armeekorps, heute Sächsisches Finanzgericht, und das aufwändig gestaltete neobarocke Schiller-Realgymnasium fertiggestellt. Beide befanden sich an einem projektierten Schmuckplatz, dem heutigen Richterplatz. Ebenfalls 1910 beschlossen die Stadtverordneten, eine Kombination von zwei Alternativkonzeptionen der Stadtgartendirektion aus dem Vorjahr zu verwirklichen. Es entstand eine aufwändige Gestaltung als repräsentatives Umfeld der bedeutenden Einrichtungen. Die Platzbreite entsprach exakt derjenigen des nördlich gelegenen Schiller-Realgymnasiums. Sein Mittelrisalit, d. h. ein vorspringender mittlerer Gebäudeteil, fand seine Entsprechung in einer zentralen Achse von wiederum gleicher Breite. Diese bestand aus zwei parallelen Wegen, die eine Rasenbahn säumten. An deren Rändern befanden sich jeweils Rotdornreihen, verbunden durch Festons, in Form von Girlanden gezogenen Kletterpflanzen. Auf Höhe der Platzmitte schloss sich der Achse ein abgesenktes rechteckiges Schmuckparterre an, beidseitig benachbart von zwei schmalen weiteren Schmuckpflanzungen. Auffällig war die besonders reiche Ausstattung der drei Bereiche mit Blütenpflanzen. Betonungen der Vertikalen traten hinzu: an den Ecken des Mittelparterres in Form von geschnittenen „Lorbeerpyramiden", auf Höhe der seitlichen Schmuckpflanzungen durch regelmäßige Gruppen von Pyramidenpappeln.
Den südlichen Abschluss der über den gesamten Platz führenden optischen Mittelachse bildete ein Sitzplatz auf einem über Treppenstufen erreichbaren Podest, bereichert unter anderem durch Pfeiler mit Blumenkübeln und mit Blütensträuchern dicht

Historische Aufnahme des Richterplatzes mit dem im Zweiten Weltkrieg zerstörten Schiller-Realgymnasium

Weiße Polyantharosen

hinterpflanzt. Funktionsbereiche waren zwei Spielplätze beiderseits der Mittelachse am Schiller-Realgymnasium. Durch ihre Umpflanzung mit Hainbuchenhecken und schattenspendenden Linden besaßen sie von außen einen boskettartigen Charakter. Bosketts nennt man Gehölzpflanzungen mit geometrischem Umriss hauptsächlich in barocken Schlossparks. An solche erinnerte der Richterplatz in seiner Gesamtheit, auch wenn die Anordnung der Elemente vom Vorbild abweicht. Jedoch kann seine Gestaltung ebenso wie diejenige des benachbarten, im Krieg zerstörten Realgymnasiums als neobarock bezeichnet werden. Ergänzt wurde die Randbebauung 1911/12 an der Südseite durch das Intendanturgebäude des Armeekorps, heute Medizinische Fachschule. Seit 1916 stand vor dem Realgymnasium die lebensgroße Figurengruppe „Pro Patria" von Mathieu Molitor, 1941 für Rüstungszwecke eingeschmolzen. Auch sonst stellte der Zweite Weltkrieg eine einschneidende Zäsur dar. An Stelle des Hauptbezugspunkts Schiller-Realgymnasium

Blick auf den wiederhergestellten Richterplatz

BOTANISCHE BESONDERHEITEN

Besonders markante Bäume am Richterplatz sind Pyramidenpappeln, Sommerlinden, Weißdorn und Hybridulmen. Die Rosenbeete haben eine Einfassung aus streng geschnittenen Buchsbaumhecken. *HJS*

entstanden später Wohnhäuser in Zeilenbauweise, welche dem Platz lediglich die ungestalteten Giebelflächen zuwenden. Der Platz wurde nur noch mit geringerem Aufwand gepflegt und verlor sein repräsentatives Erscheinungsbild. Erst 1996 erfolgte eine umfassende Sanierung und Wiederherstellung der Grundstrukturen. Dabei wurde auf Schmuckpflanzungen und Hecken um die früheren Spielbereiche verzichtet. Als neuer Blickpunkt in der ehemaligen Achse vor dem Realgymnasium wurden künstlerisch gestaltete Spielgeräte aufgestellt. Da er räumlich nicht mehr durch Hecken geteilt wird, wurde der Nordteil des Platzes zu einer zusammenhängenden Spielfläche.

Größe

0,7 Hektar

Besonders sehenswert

Wohnumfeld, Spielgeräte

Der Weg

Gohliser Straße, Ehrensteinstraße, Tram 12
Haltestelle Fritz-Seeger-Straße

Parkmöglichkeiten

Richter-, Trufanow-, Ehrensteinstraße

Sport + Spiel

Joggen, Nordic Walking, Spielplatz

Adressen

Bürgerverein Gohlis e. V. (im Heinrich-Budde-Haus), Lützowstraße 19, Tel. 9 11 50 28
www.buddehaus.de/buergerverein_gohlis.php

Gastro-Tipps

La Mirabelle, Gohliser Straße 11, 04105 Leipzig, Tel. 5 90 29 81, www.lamirabelle.de

La Locanda, Gohliser Straße 42, 04155 Leipzig, Tel. 6 89 47 45, www.la-locanda.com

13 Garten am Gohliser Schlösschen

Barock am Rosental

Der kleine Garten am Gohliser Schlösschen lässt noch deutlich seinen barocken Ursprung erkennen und ist damit in Leipzig heute ein Unikat. Dreiseitig wird er von Baukörpern umgeben, nördlich vom Haupttrakt des Schlösschens und seitlich von eingeschossigen Flügelbauten, ursprünglich für Billardsaal, Kegelbahn, eine Nutzung als Gewächshaus und zeitweilig eine Antikensammlung. Die dem Rokoko zuzuordnenden Bauten entstanden 1755/56 als Sommersitz des Ratsbaumeisters und Kaufmanns Johann Caspar Richter. Als Architekt wird heute der Dresdner Hofarchitekt Johann Friedrich Knöbel (1724–1792) angenommen.

Das seinerzeit noch deutlich von der Stadt entfernt gelegene Gohlis galt im 18. Jahrhundert als beliebter ländlicher Aufenthaltsort für Leipziger Bürger. Das Schlösschen entstand exakt am Endpunkt einer jener Sichtschneisen, die August der Starke im Rosental anlegen ließ. Sofern die sommerliche Belaubung es zulässt, ist der Bau nach wie vor als Blickpunkt am Ende der Achse zu erkennen. Auch an der vierten, der dem Rosental zugewandten Seite ist der Garten abgeschirmt. In einer Mauer befindet sich im Verlauf der Sichtachse jedoch ein transparentes Tor.

Das schmiedeeiserne Tor am Gohliser Schlösschen stammt von Gerhards Garten; hier am früheren Standort an der Lessingstraße, 1903

Am 30. September 1786 wurde der Leipziger Bürger David Winzer als Gärtner angestellt. Zu seinen Aufgaben gehörte es nicht nur, die „Linden, Castanien und Nußbäume behörig zu pflegen", sondern auch das „Verschließen des eisernen Gartentores nach der Wiese zu, das Lüften und Kehren des Souterrains, das Aufziehen der Turmuhr und die Betreuung des Schloßinventars". Am Ende des 18. Jahrhunderts waren Friedrich Schiller und der Freundeskreis um Christian Gottfried Körner einige Male zu Gast. Häufig wechselten die Besitzer; Schlossinneres und Garten unterlagen wiederholten Umgestaltungen und Veränderungen. Als die Hofrätin Johanna Concordia Hetzer, geborene Funckler, das Anwesen 1793 der Stadt Leipzig vererbte, wurden Inventar und Kunstsammlung zum Teil verkauft.

Während der Völkerschlacht 1813 richtete sich ein Militärhospiz ein. Schließlich rettete der Kaufmann Christoph Conrad Georg Nietzsche das Schlösschen vor dem drohenden Abriss. Er ließ es grundlegend renovieren und gestaltete den Oesersaal, in dem heute Kulturveranstaltungen stattfinden. Nach dem Zweiten Weltkrieg erwarb die Stadt Leipzig das durch Bombardements in Mitleidenschaft gezogene Haus erneut. Eine durchgreifende Sanierung erfolgte jedoch erst zwischen 1991 und 1998, verbunden mit der Einrichtung eines Restaurants im Erdgeschoss der Gartenseite. Seit 2003 wird das Schlösschen im Auftrag der Stadt von dem 1991 gegründeten Freun-

Bürgerliche Residenz mit herrschaftlicher Attitüde: das Gohliser Schlösschen von Süden

deskreis Gohliser Schlösschen e. V. betreut. Die Sanierung Ende des 20. Jahrhunderts schloss den Garten ein. Es wurden Wiederherstellungsarbeiten nach Quellen zum Zustand im 18. Jahrhundert durchgeführt, aber auch der Altbaumbestand aus späterer Zeit erhalten. Das Zentrum der symmetrischen Anlage bildet heute ein nach Bodenbefunden rekonstruiertes Springbrunnenbassin. Zu den vorhandenen Plastiken zählen das sogenannte Gellert-Sulzer- und das Friedrich-August-Denkmal, beide nach Entwürfen Adam Friedrich Oesers, jedoch erst 1935 gefertigt. Die Figuren der Pomona und des Vertumnus stammen von Pierre Coudray (1713–1770). Die Feldsteinpflasterung im Hof an der Menckestraße erinnert an die vormalige Nutzung als Wirtschaftshof; ab 1772 gehörte für einige Jahrzehnte ein landwirtschaftlicher Betrieb zum Schlösschen. Das repräsentative schmiedeeiserne Tor gelangte erst 1983 hierher. Es stammt aus Gerhards Garten, einem jener zu ihrer Zeit aufsehenerregenden barocken Bürgergärten Leipzigs.

Größe

0,59 Hektar, davon 0,43 Hektar Garten

Besonders sehenswert

Brunnen, Oesersaal

Der Weg

Tram 4 Haltestellen Stallbaum- oder Menckestraße, Tram 12 Haltestelle Fritz-Seeger-Straße

Parkmöglichkeiten

Poetenweg

Hundewiesen

Weinlig-/Marbachstraße

Adressen

Freundeskreis Gohliser Schlößchen e. V., Menckestraße 23, 04155 Leipzig, Tel. 5 64 26 79, www.gohliser-schloss.de

Gastro-Tipps

Restaurant und Café im Gohliser Schlösschen, Menckestraße 23, 04105 Leipzig, Tel. 5 62 97 68, www.gohliser-schloss.de

Restaurant Passion, Möckernsche Straße 21, 04155 Leipzig, Tel. 5 50 37 45, www.restaurant-passion.de

Zum Gedenken an den großen Dichter

Nördlich der Parthe schließt an der Platnerstraße eine Grünanlage direkt an das Rosental an. Sie unterscheidet sich durch ihre lockeren Gehölzstrukturen deutlich vom waldartigen hinteren Rosental. Es ist der Schillerhain. Ab 1904 wurde er als „Gartenanlage am Gohliser Wehr" neu angelegt und bildet seither ein ansprechendes Entree für die sich nördlich und westlich anschließende, teils gehobene Wohnbebauung. Am 17. April 1905 wurde der Beschluss gefasst, der Anlage zu Ehren des Dichters ihren heutigen Namen zu geben. Friedrich Schiller (1759–1805) hielt sich 1785 in den Sommermonaten auf Einladung Christian Gottfried Körners im nahen Dorf Gohlis auf. Es war seinerzeit eine vor den Toren der Stadt gelegene Sommerfrische. In seinem dortigen Domizil soll der Dichter den Text zur „Ode an die Freude" verfasst haben. Sie ist mit der Vertonung Beethovens als Schlusschor der 9. Sinfonie und als Europahymne weithin bekannt. Das Schillerhaus gilt als die älteste Literaturgedenkstätte Deutschlands und ist dem Stadtgeschichtlichen Museum angeschlossen. Im Mai 1905, im hundertsten Todesjahr Schillers, beantragte der sogenannte „Hauptausschuss für die Schillerfeier" ihm zu Ehren die Pflanzung einer Linde. Als Standort wurde der Schillerhain gewählt. Der Baum ging wie bereits die gesamte Anlage in die Obhut der Stadtgartendirektion über; es entstand eine kleine formale Partie mit einem Wegerondell, welche in die ansonsten landschaftliche Gestaltung eingebunden wurde. Vor der sich nordwestlich anschließenden Bebauung bildeten zwei symmetrisch gepflanzte Silberahorne eine den Gedenkbaum hervorhebende Ku-

BOTANISCHE BESONDERHEITEN

Das Zentrum des Platzes dominiert ein Rotaustreibender Spitzahorn. Besonders im Frühjahr ist er von allen Seiten gut sichtbar. Weitere markante Bäume sind ein weit ausladend gewachsener Silberahorn und starke Stieleichen.

Den Rahmen des Platzes bilden unterschiedliche Linden, wie Sommer- und Krimlinde. Mit einem Stammdurchmesser von 60 beziehungsweise 40 Zentimetern präsentieren sich auch eine Weißbuche und ein kräftiger Feldahorn. Es gibt auch eine alte Robinie mit schwarzer, tiefrissiger Rinde. Im Frühjahr erfreut die weiße Rosskastanie die Besucher, im Sommer sind es blühende Schnurbäume. Doch einer der schönsten Bäume im Schillerhain ist eine Roteiche mit ihrem Stammdurchmesser von einem Meter und weit ausladender Krone. Sie besitzt markant gezacktes Laub und besticht durch ihre Herbstfärbung. *HJS*

Rotaustreibender Spitzahorn

Der Schillerhain erinnert unweit seiner Leipziger Wirkungsstätte an den Dichter.

lisse. Die Aufstellung eines beschrifteten Steins wurde jedoch abgelehnt. Statt dessen kam es noch 1905 zur Installation eines Schutzgitters, in welchem eine Texttafel Platz fand. Der Schillerhain wurde Anfang der 1950er Jahre umgestaltet. Seither bildet er mit einem Spielplatz in erster Linie einen Erholungs- und Rückzugsraum für die benachbarten Wohngebiete. Die formale Gestaltung um die Linde ging bei der Umgestaltung jedoch verloren. Einer der Silberahorne musste später aus Verkehrssicherungsgründen gefällt werden. Der Gedenkbaum selbst war noch bis Anfang der 1990er Jahre vorhanden, bis auch er wohl wegen seines Gesundheitszustands gefällt wurde. Bedeutung und Widmung des Hains gerieten in Vergessenheit. 2005, es war das zweihundertste Todesjahr des Dichters, spendeten Schülerinnen und Schüler des Schiller-Gymnasiums eine neue Linde. Für sie konnte mittels alten Kartenmaterials der exakte Standort des Vorgängerexemplars ermittelt werden. Die Pflanzung erfolgte am 9. Mai, dem Todestag Schillers.

Größe

1,4 Hektar

Besonders sehenswert

Schillerlinde, Schillerhaus in der Menckestraße

Der Weg

Wald-/Platnerstraße bzw. Gohliser Straße/Kickerlingsberg/Poetenweg, Tram 4 Haltestelle Stallbaumstraße

Parkmöglichkeiten

Poetenweg, Weinligstraße

Sport + Spiel

Joggen, Gymnastik; Spielplatz

Adressen

Bürgerverein Gohlis e. V. (im Heinrich-Budde-Haus), Lützowstraße 19, Tel. 9 11 50 28, www.buddehaus.de/buergerverein_gohlis.php

Gastro-Tipps

Restaurant Campus, Schlösschenweg 2, 04155 Leipzig, Tel. 56 29 67 50, www.hotel-michaelis.de

Restaurant Drogerie, Schillerweg 36, 04155 Leipzig, Tel. 22 28 64 66, www.drogerie-leipzig.net

Grünzug im Norden

Westlich des Coppiplatzes befinden sich zwischen der hier verlaufenden S-Bahn-Trasse und der nördlich parallel angeordneten Ludwig-Beck-Straße Grünstrukturen. Westlich der Breitenfelder Straße weiten sie sich zu einer größeren Grünanlage auf. Sie entstand im Zusammenhang mit dem sich nördlich anschließenden gehobenen Wohngebiet. Überwiegend finden sich landschaftlich, d. h. frei angeordnete Gehölzstrukturen und leicht geschwungene Wege. Markantes Element ist eine alte, in einem leichten Bogen angeordnete regelmäßige Lindenpflanzung. Sie schirmt einen mit einer Kletterburg neu ausgestatteten Spielplatz nach Norden ab. Westlich der Breitenfelder Straße gibt es keinen durchgehenden Weg in den Grünstrukturen. Sie besitzen hier aber ein Pendant südlich der S-Bahn- und nördlich einer weiteren Bahntrasse. Dort befand sich lange u. a. ein Schulgarten, jedoch ebenfalls kein öffentlicher Durchgang. Dies änderte sich 2005. In diesem Jahr wurde hier in fünf Monaten Bauzeit die fehlende Verbindung geschaffen. Initiatoren waren das städtische Grünflächenamt, das Amt für Stadterneuerung und Wohnungsbauförderung und der Bürgerverein Gohlis. Um den neu erschlossenen Grünbereich zu erreichen, sind jedoch aus Richtung Lindenthaler Straße zunächst eine Tankstelle und ein weiterer Gewerbebau zu passieren. Dann öffnet sich ein ehemals ruderal geprägter Ort, welcher mit der neuen Wegetrasse, Strauchpflanzungen und Obstgehölzen auf einer Wiesenfläche aufgewertet wurde. Als gestalterischen Akzent gibt es einen über Trittplatten erreichbaren Sitzplatz. Er besitzt einen als Vogeltränke und einen weiteren, als Quellstein bearbeiteten Steinblock. Mit der kleinen Anlage wurde ein Element in einem übergreifenden Grünzug entlang den Bahntrassen geschaffen. Durch sie hindurch verläuft nun auch eine übergeordnete Radwegeverbindung.

Größe
0,5 Hektar

Der Weg
Tram 4, Bus 90, S-Bahn, Haltestelle Coppiplatz

Parkmöglichkeiten
Halberstädter Straße, Sassstraße

Sport + Spiel
Joggen, Nordic Walking

Adressen
ProGohlis e. V., Gohliser Straße 1, 04105 Leipzig, Tel. 5 90 38 12, www.leipzig-gohlis.de/pro-gohlis/

Bürgerverein Gohlis e. V., Tel. 9 11 50 28, www.buddehaus.de

Gastro-Tipps
Restaurant Schaarschmidts, Coppistraße 32, 04157 Leipzig, Tel. 9 12 05 17, www.schaarschmidts.de

Restaurant Ginseng, Stauffenbergstraße 1 / Ecke Landsberger Straße, 04157 Leipzig, Tel. 9 02 28 91, www.ginseng-restaurant.de

Grünanlage an der Ludwig-Beck-Straße

BOTANISCHE BESONDERHEITEN

Der Baumbestand dieses langgestreckten, dreieckigen Parks ist annähernd hundert Jahre alt und arttypisch gewachsen. Wir finden hier Spitz- und Feldahorn, Rotaustreibenden Spitzahorn, Bergahorn, Gemeine Esche, Sommerlinde, eine bemerkenswert große Silberlinde, Weißbuche, Platane und Weißdorn. Auch die nicht einheimischen Schnurbäume, die Weiße Rosskastanie, in Reihe gepflanzte, starke Großblättrige Linden, Hänge- und Moorbirken sind dabei, ebenso wie hochgewachsener Schwarzer Holunder, Robinie, ausladend wachsende Blutbuche, Feldulme, Hausapfel, Rotesche sowie die stark ausgebreitet wachsende Steinweichsel. An Ziersträuchern dominieren Gemeiner Flieder und Kornelkirsche. *HJS*

16 Platz des 20. Juli 1944

Ort der Erinnerung

Mit der Erschließung von Gohlis-Nord um 1905 entstand der Stadtplatz als ein zentraler Bezugspunkt eines gehobenen bürgerlichen Wohnquartiers. 1904 erhielt er seine erste und lange gültige Bezeichnung „Jägerplatz". Wie auch Straßen in der Umgebung war er nach einer militärischen Formation benannt worden. Mit Datum vom 10. Juni 1905 liegt ein Plan der Stadtgartendirektion für eine verhältnismäßig komplexe Gestaltung vor. Eine mittige Hartplatzfläche, nutzbar unter anderem für Bewegungsspiele, besitzt an einer Schmalseite einen apsisartig geformten Abschluss und ist mit kleinkronigen Bäumen umpflanzt. An den Längsseiten der Gesamtanlage befinden sich jeweils Doppelreihen Linden, alle vier Ecken werden durch Rondelle betont, jeweils mit vier regelmäßig angeordneten Bäumen. Mit der Platzanlage oder kurz danach müssen die ebenfalls auf quadratischem Grundriss gepflanzten, noch vorhandenen Silberahorne im zentralen Bereich hinzu gekommen sein. Wie sie sind die Lindenreihen an den äußeren Längsseiten erhalten.

1995 kam es jedoch zu einer Neugestaltung der Anlage durch ein Dresdner Landschaftsarchitekturbüro. Dem war 1994 die Umbenennung in Platz des 20. Juli 1944 vorausgegangen. Damit sollte an das zu diesem Zeitpunkt fünfzig Jahre zurückliegende Attentat auf Hitler gedacht werden. Die den Platz nördlich berührende Stauffenbergstraße hatte ihren Namen an Stelle von „Garnisonstraße" bereits 1947 erhalten.

Die Konzeption von 1995 sah nach wie vor eine streng symmetrische Flächengliederung vor. Mittig befindet sich nunmehr an der Südseite des Platzes eine Sandspielfläche. Parallel zu den Lindenreihen wird die Anlage durch zwei breite, wassergebunden befestigte Gehbahnen erschlossen, welche sich aufgrund ihrer Ausdehnung auch für eine Spielnutzung eignen. An den Platzaußenseiten sind sie jeweils durch Vierergruppen kleinkroniger Bäume betont, die eine Art Torsituation herstellen. Im Platzzentrum sind die beiden Bahnen durch eine Fläche mit aufwändigem und teils geschliffenem Natursteinplattenbelag verbunden. Sie erweckt Assoziationen mit ähnlichen Lösungen im Umfeld von Gedenkstätten der DDR. Ein Mahnmal oder Ähnliches befindet sich auf dem Platz des 20. Juli 1944 jedoch (noch?) nicht.

Quartiersplatz in Gohlis-Nord: Platz des 20. Juli 1944

Größe

0,4 Hektar

BESONDERS SEHENSWERT

Baumgruppen

DER WEG

Breitenfelder Straße/Jägerstraße, Tram 4, S-Bahn, Haltestelle Coppiplatz

PARKMÖGLICHKEITEN

Hans-Oster-Straße/Stauffenberg-/Jägerstraße

SPORT + SPIEL

Joggen, Nordic Walking, Tischtennis, Sandkasten

ADRESSEN:

ProGohlis e. V., Gohliser Straße 1, 04105 Leipzig, Tel. 590 38 12, www.leipzig-gohlis.de/pro-gohlis/

GASTRO-TIPPS:

Restaurant Ginseng, Stauffenbergstraße 1, 04157 Leipzig, Tel. 9 02 28 91, www.ginseng-restaurant.de

Restaurant Schaarschmidts, Coppistraße 32, 04157 Leipzig, Tel. 9 12 05 17, www.schaarschmidts.de

BOTANISCHE BESONDERHEITEN

An diesem quadratischen Platz unterstreichen mehrere geordnete Reihenpflanzungen die Übersichtlichkeit. Der Baumbestand ist sehr unterschiedlichen Alters und schließt die Neupflanzung von Spenderbäumen im Rahmen der Baumspende-Aktion der Stadt Leipzig ein. Wir finden Sommer-, Winter-, Krim- und Holländische Linde. Auffällig symmetrisch angeordnet ist Pflaumenblättriger Weißdorn. Dominant im Zentrumsbereich stehen alte, ausladend gewachsene Silberahorne. *HJS*

Oase im Leipziger Auwald

Es waren bewegte Zeiten, als 1912 die Luna-Park GmbH gegründet wurde, welche Grundstücke rund um eine ehemalige Kiesgrube in Wahren an Wirte und Schausteller verpachtete. Die mit Grundwasser gefüllte Grube, 1910 entstanden, als Baumaterial für den Leipziger Hauptbahnhof gewonnen werden mußte, erhielt wegen des benachbarten Auwalds den Namen Auensee. Bereits 1911 war mit dem Bau des Hauptrestaurants begonnen worden, eines großzügigen Saalbaus im Jugendstil.

Der nun entstehende Luna-Park war ein seinerzeit neuartiger Vergnügungspark mit einer Vielzahl an Fahrgeschäften. Seinen Namen erhielt er wohl in Anlehnung an den kurz zuvor eröffneten Luna-Park in Berlin-Halensee. In Leipzig entstanden bis 1914 eine Achterbahn mit Alpenkulisse, die „Gebirgsszeneriebahn", ein Motodrom und Hippodrom, ein Musikpavillon, Tanzpaläste, mehrere Gastronomieeinrichtungen sowie eine Gondelstation. Bereits 1913 war ein Strandbad eröffnet worden. Rings um den

Erholungsstätte seit über hundert Jahren: Panorama des Auensees

Auensee fuhr schon damals eine Parkeisenbahn, der „Luna-Express". Die Anlage als grün gestalteter Bereich ist erhalten, aber ihr Wandel offensichtlich. Als Anfang 1932 die Luna-Park GmbH aufgelöst wurde, war das Ende des Vergnügungsparks gekommen. In der Weltwirtschaftskrise ab 1929 hatten viele der Amüsierbetriebe und Gasthäuser Kunden verloren. Sie mussten schließen und wurden überwiegend 1934 abgerissen. Das Hauptrestaurant blieb bestehen und erhielt 1936 den bis heute gebräuchlichen Namen „Haus Auensee". 1941 übernahm die Stadt Leipzig als neue Eigentümerin das Gelände. Am 5. August 1951 wurde die Miniaturbahn mit einer Spurweite von 381 Millimeter als „Pioniereisenbahn" wiedereröffnet. Dies stand im Kontext der beabsichtigten Entwicklung des Geländes zu einem von zehn Leipziger „Kulturparks", zu denen beispielsweise auch der Clara-Zetkin-Park gehören sollte. Die Bahn besaß zunächst eine Liliputlokomotive aus dem Baujahr 1925 und vier offene Personenwagen. Auf ihrem Rundkurs um den Auensee legen die kleinen Züge bis heute eine Strecke von 1,9 Kilometern zurück. Es gibt einen Bahnhof und die Haltepunkte Elsteraue, Strandbad und Gustav-Esche-Straße. Auf der kleinen Dampflok und einer in jüngerer Zeit erworbenen Akku-Lokomotive sitzt nach wie vor ein gelernter Lokomotivführer. Den Fahrkartenverkauf, die Abfertigung, ja selbst den Dienst an den Schranken im Park regelte zur Zeit der DDR nicht die Deutsche Reichsbahn. Das übernahmen Mitglieder der Pionierorganisation „Ernst Thälmann", Jungen und Mädchen in vorbildgerechten Eisenbahner-Uniformen – daher der Name „Pioniereisenbahn", 1990 in „Parkeisenbahn" geändert. Vergleichbare Pioniereisenbahnen gab es in vielen größeren Städten der DDR, ihr Pendant in Westdeutschland waren die bei Bundesgartenschauen obligatorischen Parkeisenbahnen. Heute gibt es am Parkbahnhof Auensee einen Fahrrad- und Sportgeräteverleih. Für den See, der die Hälfte der Parkfläche ausmacht, können Boote ausgeliehen werden. Schwimmen ist wegen der mangelhaften Wasserqualität leider nicht mehr möglich. Für viele Leipziger gehören Ausflüge zum Auensee zu den Kindheitserinnerungen, was für die Beliebtheit des Geländes spricht. Nach wie vor lädt das Haus Auensee zu Kulturveranstaltungen ein, zu lauten Rockkonzerten und leisen Liederabenden, zu Festen im und rund um das Haus. Auensee und umgebende Anlagen gehören heute zum Landschaftsschutzgebiet „Leipziger Auenwald".

Die einst von Jungen Pionieren betriebene Parkeisenbahn am Auensee

Übersichtsplan der Anlagen am Auensee

1 Haus Auensee, 2 Parkeisenbahn (gelbe Linie), 3 Bahnhof der Parkeisenbahn, 4 Haltepunkte der Parkeisenbahn, 5 Spielplatz, 6 Imbiss und Bootsverleih, 7 Radweg, 8 Parkplatz, 9 Campingplatz

Größe

14,1 Hektar

Besonders sehenswert

Parkeisenbahn mit historischer Dampflok, Jugendstilarchitektur des Hauses Auensee

Der Weg

B 6 Richtung Norden, Tram 10, 11 Haltestelle Wahren. Von dort etwa 10 Minuten Fußweg oder Bus 80 Haltestelle Auensee

Parkmöglichkeiten

Parkplatz am Haus Auensee

Sport + Spiel

Angeln, Joggen, Nordic Walking, Radfahren, Rudern, Bolzplatz, Holzspielplatz

Hundewiese

nordöstlicher Abschnitt

Adressen

Parkeisenbahn, Gustav-Esche-Straße 8, 04159 Leipzig, Tel. 4 61 11 51, www.parkeisenbahn-auensee-leipzig.de

Haus Auensee, Gustav-Esche-Straße 4, 04159 Leipzig, Tel. c/o MAWI-Concert Tel. 48 40 00, www.haus-auensee-leipzig.de

Camping & Hotel Auensee, Gustav-Esche-Straße 5, 04159 Leipzig, Tel. 4 65 16 00, www.camping-auensee.de

Gastro-Tipps

Restaurant Waldaue, Gustav-Esche-Straße 5, 04159 Leipzig, Tel. 4 65 16 00, www.camping-auensee.de

Gelbe Rosskastanie

BOTANISCHE BESONDERHEITEN

Diesen grünen Bereich dominiert der See mit seinen unregelmäßigen Uferzonen in steilen und flachen Abschnitten. Die umgebenden Wege sind oft alleeartig mit Bäumen bepflanzt. Dominierende Baumarten sind weiße Rosskastanie und Winterlinde, zum Teil als Neupflanzung. Die parkartig angelegten Flächen sind in kleine und größere Räume gegliedert. Die Rahmenpflanzungen bestehen aus stattlichen Exemplaren von Spitz-, Berg- und Feldahorn, Gemeiner Esche, Robinie, Stieleiche, Sommer- und Winterlinde sowie Spätblühender Traubenkirsche. Als Solitäre wurden einzeln und in kleinen Gruppen Kanadische, Berliner Pappel und Balsampappeln gepflanzt, auch Schnurbaum, Götterbaum, Silber- und Bruchweide, Essigbaum, Hängebirke, Walnuss, Schwarz- und Zirbelkiefer, Feldulme sowie Weißdornarten. *HJS*

Sentimentaler Landschaftspark

Am südöstlichen Ortsrand von Lützschena befindet sich, eingebettet in den Auwald, eine lange vergessene, aber bemerkenswerte Landschaftsparkanlage. Sie geht im Wesentlichen auf die Initiative und Geisteshaltung eines Mannes zurück. Maximilian Speck von Sternburg, 1776 geboren in Gröba bei Wurzen, war Sohn einfacher Gastwirte und Hirtenjunge. Der offensichtlich talentierte und ambitionierte Bürgerliche begann seine Laufbahn 1791 mit einer Lehre als Handelsgehilfe. Nach Erwerb fundierter Sprachkenntnisse bereiste er für eine Leipziger Wollhandlung weite Teile Europas und wurde dabei mit den neuesten geistigen und künstlerischen Strömungen vertraut. 1818 gründete er sein erstes Handelshaus, Specks Hof, und erwarb 1822 das in den Befreiungskriegen gegen Napoleon beschädigte Rittergut Lützschena. Er begann auf etwa 19 Hektar in den feuchten Auen einen Park anzulegen. Der Umgang mit den Gewässern war dabei eine zentrale Aufgabe, sowohl ihre Integration als wesentliche stimmungsbildende Elemente als auch Schutzmaßnahmen gegen Hochwasser betreffend. Neben dem vorhandenen Waldbestand bildeten Wasserflächen die eigentliche gestalterische Grundlage für den Park. Bereits 1825 ist er im Wesentlichen fertiggestellt. Entstanden war eine kleinräumig strukturierte Anlage mit wechselnden Szenerien, die unterschiedliche Stimmungen erzeugen sollten. Es gab religiöse Motive ebenso wie klassisch-antikisierende oder romantische, die Verbundenheit mit dem ländlichen Leben oder Vergänglichkeit symbolisieren sollten. Monumentale Gesten oder weite Sichtachsen fehlen von Beginn an. Dagegen sind ruhige, wenig bewegte Wasserspiegel allgegenwärtig. So wird im Zusammenhang mit Lützschena der Begriff eines „sentimentalen Landschaftsparks" gebraucht.

Die Auwaldstation – eine Bildungseinrichtung im Schlosspark Lützschena

Maximilian Speck von Sternburg wurde für seine Verdienste um die landwirtschaftliche Entwicklung in Rußland und Bayern von Zar Alexander I. in den Ritterstand und von König Ludwig I. in den erblichen bayrischen Freiherrnstand erhoben. Nach seinem Tod 1856 veränderten sein Sohn Alexander (1821–1911) und sein Enkel Alexander James (1856–1916) den Park. Kurzlebiges wurde entfernt und teils durch feste Bauwerke ersetzt. Das Schloss erhielt 1862 eine neugotische Umgestaltung durch den Architekten Oskar Mothes.

Nach dem Zweiten Weltkrieg begann mit der Enteignung der Familie Speck von Sternburg der Niedergang des Parks, beschleunigt durch Vandalismus und mangelnde Möglichkeiten des Erhalts. Bis auf wenige Reste gingen die Parkarchitekturen verloren. Versuche, die Anlage noch zur Zeit der DDR zu retten, mussten sich auf kleine partielle Maßnahmen beschränken und konnten keine grundlegende Wende herbeiführen. Erst 1998 bekam der Park wieder eine Chance: Die Familie um Wolf-Dietrich Freiherr Speck von Sternburg kaufte ihren ehemaligen Besitz zurück, behutsam konnte mit der Sanierung begonnen werden. Nun stand wiederum zunächst das Gewässermanagement im Mittelpunkt. Auch unter Berücksichtigung naturschutzfachlicher Belange war das Trockenfallen einzelner Bereiche zurückzunehmen. In enger Zusammenarbeit mit dem städtischen Grünflächenamt, dem Leipziger Landschaftsarchitekturbüro Franz und dem Förderverein Auwaldstation und Schlosspark Lützschena konnten schrittweise weitere Maßnahmen angegangen werden. Hierzu zählten Arbeiten am Gehölzbestand, um eine Annäherung an die ursprünglichen Raumstrukturen zu erreichen, und eine Wiederherstellung der prägenden Parkarchitekturen. Ein Meilenstein in dieser Hinsicht war die Wiedergewinnung

Diana-Tempel im Schlosspark Lützschena

des Diana-Tempels 1999. Weitere Maßnahmen, etwa im Bereich des Familienfriedhofs, folgten. Jüngstes Projekt war die Wiedererrichtung der Weißen Brücke. Selbst ein prägendes Parkmotiv, stellt sie wieder wie zur Zeit Maximilian Speck von Sternburgs den zentralen Zugang der Anlage dar. Der Park ist öffentlich, das Schloss nur zu besonderen Anlässen zugänglich.

Die gelb blühende Wildtulpe tritt unter den vier in Nordwest-Sachsen bekannten Vorkommen im Schlosspark Lützschena am häufigsten auf.

Größe

17,5 Hektar

Besonders sehenswert

Diana-Tempel, Georgenkreuz, Friedhof mit Grüften der Familie Speck von Sternburg, Sagentruhe, Marienaltar, ehemalige Kapelle, Ex voto mit drei Reliefs, Holzskulpturen, Auwaldstation/Naturlehrpfad im Schlosspark, Schlosskirche (erbaut vor 1500), Hundewasserbrücke

Der Weg

B 6 Richtung Halle/Saale. Tram 11 Richtung Schkeuditz, Haltestelle Lützschena

Parkmöglichkeiten

Schlossweg

Sport + Spiel

Joggen, Nordic Walking, Radfahren, Reiten (auf dem benachbarten Reiterhof)

Adressen

Förderverein Auwald und Schlosspark Lützschena/ Auwaldstation, Schlossweg 11, Tel. 4 62 18 95

Bürgeramt Lützschena-Stahmeln, Am Brunnen 4, Tel. 1 23 55 80/81, www.luetzschena-stahmeln.de/park

Gastro-Tipps

Zur Grünen Aue, Lützschena, Quasnitzer Weg 11, Tel. 4 61 63 58

Domholzschänke, Domholz 1, 04435 Schkeuditz, Tel. 034205/4 10 61, www.domholzschaenke.de

Das optische Zusammenspiel von Gewässern und Auwaldgehölzen im Schlosspark Lützschena schafft eine sentimental-romantische Atmosphäre

BOTANISCHE BESONDERHEITEN

Im Lützschenaer Schlosspark ist der ursprüngliche Auwaldcharakter weitgehend erhalten geblieben. Hier findet man fast alle für die Leipziger Hartholzaue typischen Pflanzen. Zwei interessante, in Sachsen nicht heimische Pflanzen sind jedoch besonders hervorzuheben. Eine ist die hübsche, gelb blühende Wildtulpe, die hier das größte der vier in Nordwest-Sachsen bekannten Vorkommen hat. Sie ist ein Neubürger des 16. Jahrhunderts und entstammt dem Mittelmeergebiet. Früher wurde sie um Burgen und in Parks gern gepflanzt. Heute sind Wildtulpen-Vorkommen in starkem Rückgang. Die andere Art ist der dunkel rotbraun blühende Braune Storchschnabel, dessen Blüten sich vom Lichte abwenden. Diese Gebirgspflanze wurde jedoch schon vor 1500 in den Klostergärten kultiviert und war eine beliebte Zierpflanze der Neuromanik und der Zeit der Landschaftsparks Ende des 18. Jahrhunderts. In Teilen des Muldegebiets und des Mittleren Erzgebirges hat sie sich in Siedlungsnähe völlig etabliert. *PG*

19 Park Gundorf

Vom Rittergut zum Reiterhof

Unter vielen Pferdefreunden Leipzigs ist Gundorf eine bekannte Adresse. Seit der Reprivatisierung nach 1990 befindet sich auf dem Schlossgelände ein Reiterhof mit Lipizzanerzucht und Pferdepension. 2006 wurde eine Reithalle mit Pferdeschwimmbad fertiggestellt, inzwischen ergänzt um ein Reiter-Casino. Bei der Annäherung an das Schloss dominieren die diversen Einrichtungen für die Pferdehaltung. Wer sich hiervon und von der unfreundlichen Beschilderung nicht abschrecken lässt, kann auf Umwegen den an der Rückseite des Baus gelegenen Park entdecken. Er befindet sich in der feuchten Aue der Alten Luppe und an den Böschungen des erhöhten Geländeplateaus, auf dem das Dorf Gundorf entstand. Effektvoll exakt an der Geländekante wurde das Schloss errichtet. Es handelt sich um einen im Kern spätbarocken Bau des Baumeisters J. E. Kregel von 1720, der später zahlreiche An- und Umbauten erfuhr. Einen markanten Akzent setzt ein seitlicher Turm mit geschweifter Haube vom Beginn des 20. Jahrhunderts. Von hier erschließt sich das Panorama des Parks mit buchtenreichem Teich. Eine Hauptsichtachse führt über diesen hinweg in einen sich anschließenden langgestreckten Wiesenraum. Es handelt sich um eine Landschaftsparkanlage aus dem 19. Jahrhundert. Die bisweilen zitierte Zuschreibung an Peter Joseph Lenné ist nicht belegt. Charakteristisch für eine Anlage des 19. Jahrhunderts sind jedoch die Anordnung der Einzelbäume und Gehölzgruppen sowie die geschwungene Führung des Rundwegs um den Teich. Von hier bildet das Schloss mit der vorgelagerten, von Gehölzen freien Böschung den Hauptblickpunkt. Die beabsichtigte, durch die Gehölzanordnung hergestellte Raumbildung ist weitgehend erhalten. Die Ausstattung der Anlage und die Wege sind erneuerungsbedürftig. Grobe Betonkanten verweisen auf die Zeit vor 1990. Bereits seit 1938 gehörte das Gut der Stadt Leipzig; 1948 wurde daraus ein „Volksgut". Die Staatliche Forschungsanstalt für Landwirtschaft des Landes Sachsen und die Landwirtschaftsakademie Berlin nutzten es für ihre Zwecke. Aus der Zeit des Lehr- und Versuchsguts stammt auch eine große Freitreppe, die vom Park zu einer Seitenfront des Schlosses führt. Leider ging in dieser Phase aber auch ein Rundtempel als Parkarchitektur am dem Schloss entgegengesetzten Teichufer verloren. Die Gebäude des Schlosses wurden von privater Hand nach 1990 instand gesetzt. In ihnen befinden sich nunmehr Ferienwohnungen für Familien. Attraktiv ist auch das landschaftliche Umfeld des Parks. Es dominieren Auwaldbereiche und Grünland, das teils als Pferdekoppel genutzt wird. Leider ist die dem Gut benachbarte Kirche mit sehenswerten Resten des Friedhofs von hier nur auf Umwegen zu erreichen und nicht immer zugänglich.

BOTANISCHE BESONDERHEITEN

Der alte Baumbestand ist bemerkenswert. Wir finden hier weiße Rosskastanien, starke Stieleichen, eine ausladend wachsende Blutbuche, Gemeine Eschen, Schwarzerlen, großfruchtige Weißdorne, Berg-, Spitz- und Feldahorne, Silber-, Winter-, Sommer- und Europäische Linden, Feldulmen, Platanen, hohe Eiben, Vogelkirschen, Weißbuchen, Silberweiden, zudem Haselnusssträucher, Gewöhnlicher Wacholder sowie Grüne und Blaue Scheinzypressen. *HJS*

Größe

Park 1 Hektar, Stallungen/Koppeln/Wirtschaftsgebäude 27 Hektar

Besonders sehenswert

Raumbildung und Gehölzbestand des Parks mit Teich und Schloss, Dorfkirche

Der Weg

Leipziger Straße in Böhlitz-Ehrenberg, stadtauswärts, Tram 7 Endhaltestelle

Parkmöglichkeiten

Schloss

Sport + Spiel

Reiten, Joggen, Nordic Walking, Radfahren

Adressen

Reiterhof Gut Schloss Gundorf, Leipziger Straße 206–208, 04178 Leipzig, Tel. 35 52 19-0
www.schloss-gundorf.de

Ortschaftsrat Böhlitz-Ehrenberg, Am Markt 10, 04178 Leipzig, Tel. 1 23 65 89
www.boehlitz-ehrenberg.de

Gastro-Tipps

Reiter-Casino, Leipziger Straße 206–208, 04178 Leipzig, Tel. 0178/3 12 69 80
www.schloss-gundorf.de

Schlosskrug Gundorf, Leipziger Straße 204, 04178 Leipzig, Tel. 5 50 18 40
www.schlosskrug-gundorf.de

Wenig bekannt: der Park Gundorf mit seinem landschaftlich geformten Teich

Beginnender Frühling am Wasserschloss Leutzsch

Schlosspark ohne Schloss

Die Anlage erscheint auf den ersten Blick recht eigenwillig. Erhaben sind mehrere Hügel, den größten umschließt ein tiefer Graben. Auf seinem Plateau symbolisiert eine überdimensionale Tafel mit Bänken den Festsaal eines Schlosses. Ein kurzer Blick in die Historie erklärt, wie alles entstand: Die Bezeichnung „Wasserschloss" weckt romantische Assoziationen und Erwartungen. Tatsächlich finden sich im Stadtteilpark noch historische Spuren, überschattet von einem mächtigen Altbaumbestand, der teils auf den ehemaligen Gutsgarten zurückgeht. Das Gebäude an sich wurde jedoch 1973 auf Veranlassung des Stadtbezirksrats West abgerissen. Es verblieben weitgehend das auf mittelalterliche Ursprünge zurückgehende Graben- und Wallsystem sowie die Motte, der Erdhügel innerhalb des Grabens, auf dem das Schloss, eigentlich mehr ein Herrenhaus, stand. Der an der Südseite vorgelagerte Graben wurde allerdings zugeschüttet. Es wird vermutet, dass die Anlage bereits im 11. Jahrhundert, im Zuge der Ansiedlung deutscher Bauern, entstand. Die älteren Wohnbauten wurden Ende des 17. Jahrhunderts abgerissen. Das bis in die jüngere Vergangenheit bestehende Schloss, auch Weißes Haus genannt, entstand. Es handelte sich um einen zweigeschossige rechteckigen Baukörper mit Walmdach, das ihm ein etwas archaisches, aber charaktervolles Aussehen verlieh. Um die Mitte 19. Jahrhunderts gehörte das Haus dem Oberältesten der Leipziger Barbiere und Chirurgen Heinrich Schladitz, Pächter der Ratsbaderei in der Gerberstraße. Seine Witwe verkaufte den Landsitz 1862 an eine Familie Grabau, die bereits den benachbarten Sattelhof, den ehemaligen Wirtschaftshof des Anwesens, besaß. 1910 wurde der Sattelhof wegen Baufälligkeit abgerissen. In den 1960er Jahren stellte das Institut für Denkmalpflege der DDR fest, dass die Architektur des Wasserschlösschens Seltenheitswert besitzt und erhaltungswürdig ist. Vorschläge für die Restaurierung und die Gestaltung des Umfelds folgten. Dies missachtend, veranlassten die lokalen politischen Gremien wenige Jahre später die Beseitigung des Geschichtszeugnisses. Eine lieblose Gestaltung des ehemaligen Standorts mit Betonelementen folgte, die sich letztlich nicht bewährte. Spätestens nach 1990 zeigten sich für Jahre gravierende Verwahrlosungstendenzen. Erst Ende des Jahrzehnts begannen erste Instandsetzungsarbeiten. Nach der Jahrtausendwende stand die langfristige Entwicklung des Areals erneut auf der Tagesordnung. Auch ein „Planungswerkstatt" genannter Abstimmungsprozess mit Leutzscher Bürgern fand statt. Die Ergebnisse legte das Grünflächenamt einer Konzeption zugrunde, die bis 2004 umgesetzt wurde. Auf der Motte erinnert seither der eingangs erwähnte übergroße Tisch mit Bänken an eine „Rittertafel". Sie lädt wegen ihrer Größe weniger zu Banketten ein als zum Klettern und Lagern. Ein stilisiertes Tor in Form eines Metallrahmens markiert den Zugang zum Schlossbereich, eingelassene Schriften informieren über Geschichte und Abriss des Gebäudes. Im Frühjahr blühen im Graben zahllose Blauglöckchen. Ihre Farbe soll an die einstige Wasserfläche erinnern. Von Holzpodesten ist das Graben- und Wallsystem zu überblicken, sofern es nicht im Sommer teils von Laub verdeckt wird. Während der nördliche Teil des Stadtteilparks mit einem dichteren Gehölz- und Altbaumbestand der ruhigen Erholung dient, ist der südliche Bereich eher Sport und Spiel gewidmet. Hier gibt es einen „Dschungelspielplatz", eine an eine Burg erinnernde Spielspirale und einen Basketballplatz.

Größe

2,7 Hektar

Besonders sehenswert

Schlossplateau mit künstlerischen Reminiszenzen an das einstige Wasserschloss, erhaltenes Graben- und Wallsystem, Laurentiuskirche

Der Weg

Georg-Schwarz-Straße, Hans-Driesch-Straße, Straße am Wasserschloss, Tram 7, Bus 68 Haltestelle Rathaus Leutzsch

Parkmöglichkeiten

Straße am Wasserschloss

Sport + Spiel

Joggen, Nordic Walking, Basketball

Adressen

Quartiersmanagement Leipziger Westen, Lützner Straße 17, 04177 Leipzig, Tel. 2 41 94 64
www.leipzigerwesten.de

Blickpunkt Leutzsch BürgerVerein Leutzsch e. V., Georg-Schwarz-Straße 138, Tel. 2 46 24 35
www.blickpunkt-leutzsch.de

Gastro-Tipps

Restaurant Wasserschloss im Lindner Hotel, Hans-Driesch-Straße 27, 04279 Leipzig, Tel. 44 78-0, www.lindner-hotels.de/de/LEI

Leutzscher Bierstube, Rathenaustraße 10, 04279 Leipzig, Tel. 4 42 66 00

Essbare Kastanie

BOTANISCHE BESONDERHEITEN

Die Grünanlage Wasserschloss weist einen wertvollen Baumbestand auf. Zu nennen sind dabei weiße Rosskastanie, Berg- und Feldahorn, Gemeine Esche, Pyramidenpappel, Sommer- und Winterlinde, Robinie, üppige Exemplare der Weichselkirsche, Früh- und Spätblühende Traubenkirsche, Krummholzkiefer, Weißdorn, Hybrid- und Feldulme, Hängebirke, Stiel-, Trauben- und Sumpfeiche, auch Weißbuche, Schwedische Mehlbeere, Christusdorn sowie eine sehr alte Rotbuche. Selbst Essbare Kastanie, eine ausladend wachsende Walnuss und eine neu gepflanzte Zitterpappel wurzeln hier.

Von den Strauchgruppen sind Eibe und Haselnuss, Gemeiner Flieder, Felsenbirne, verschiedene Arten von Goldregen, Schwarzer Hartriegel, Wolliger Schneeball und Erbsenstrauch erwähnenswert. *HJS*

Klassischer Stadtplatz

Auf diesem kleinen Stadtplatz in zentraler Lage hat man das neue Rathaus immer im Blick. Lange Zeit wirkte die stadtnahe Fläche zwischen Brüder- und Leplaystraße leicht vernachlässigt, aber mit der Umgestaltung in den Jahren 2003/04 entstand hier ein hochwertiger attraktiver Raum. Er ist neben zahlreichen neueren Grünanlagen mit unkonventioneller und innovativer Gestaltung in Leipzig durchaus ein Beispiel für eine zeitgenössische Bezugnahme auf ältere Formen der Freiraumgestaltung. Diese werden hier in hohem Maße aber auch aktuellen Gestaltungs- und Nutzungsansprüchen gerecht.

Im Bereich der an der Grünewaldstraße Mitte der 1950er Jahre errichteten repräsentativen Wohn- und Geschäftshauskomplexe blieb zwischen Brüder- und Leplaystraße ein allseits von Straßen gefasster Freiraum bestehen. Die Bebauung stellt eine Fortsetzung derjenigen am Rossplatz dar. Sie ist ein wichtiges Beispiel für die historisierende Architektur der frühen DDR unter dem Schlagwort der nationalen Bautradition – in den alten Bundesländern im Kontrast dazu Zuckerbäcker- oder Stalin-Stil genannt. Anders als am Rossplatz gab es zwischen Leplaystraße und Brüderstraße keine sehr aufwändige Freiflächengestaltung. Der rechteckige Bereich wurde aber mit regelmäßigen Baumreihen eingefasst. Durch die Kriegszerstörung der Bebauung westlich der Grünewaldstraße rückte das Neue Rathaus mit seinem markanten Turm in das Blickfeld. Bis nach der Jahrtausendwende bestand auf der betrachteten Fläche eine nur extensive Begrünung.

Wohl auch zur Aufwertung der für das Zentrum schon peripheren Lage erfolgte 2003/04 die Gestaltung nach Plänen von Sabine Christiansen und Antje Schuhmann vom

Der gelb blühende Sonnenhut zeichnet sich durch eine lange Blütezeit aus.

städtischen Grünflächenamt. Der gegebene städtebauliche und räumliche Rahmen ließ eine formale Gestaltung folgerichtig erscheinen. Das Zentrum der Anlage stellt eine quadratische Fläche mit einem rasterförmigen Muster dar, gebildet aus ebenfalls quadratischen Platten in zwei Farbtönen. Die Zugänge zur Fläche von den Platzaußenseiten werden durch Bänke mit hohen Lehnen gerahmt, so dass eine räumliche Fassung und Betonung entsteht. Im Platzinnern wird der Bereich zweiseitig symmetrisch von in ihrem Aufbau klassischen Schmuckparterres flankiert. Mittige Stauden- und Gräserpflanzungen sind von einem Rasenband umgeben, das wiederum von einem Rabattengeländer eingefasst ist. Ästhetisch ansprechend ist der Formenreichtum der üppigen Pflanzungen mit warmen Blütentönen. Die zwei die Mittelfläche und die Schmuckparterres seitlich passierenden Wege besitzen eine äußere Rahmung durch erhöhte Rasenspiegel und niedrige Eibenhecken an deren Außenseiten. Zusätzliche

Schmuckparterres auf dem Stadtplatz Brüderstraße / Leplaystraße

Sitze auf den Stützmauern der Rasenspiegel laden zum Verweilen ein. Da der Stadtgarten keine Spielflächen im eigentlichen Sinn enthält, steht für die Nutzer die ruhige Erholung im Mittelpunkt. Mit ihrer Gestaltung steht die Anlage in der Tradition klassischer bürgerlicher Schmuckplätze. Die Gliederung mittels der formalen Schmuckparterres wie auch die üppige Verwendung von Stauden erinnern an das Werk des Leipziger Stadtgartendirektors Hampel. Dennoch entsteht dank der Materialverwendung und der gestalterischen Details nicht der Eindruck, dass historisierend gearbeitet worden wäre.

Beim 5. Sächsischen Wettbewerb „Gärten in der Stadt" erhielt der Stadtgarten einen zweiten Platz.

Größe

0,45 Hektar

Besonders sehenswert

Staudenbepflanzung, Raumgliederung, Blickachse Neues Rathaus

Der Weg

Grünewaldstraße/Brüderstraße, Tram 2, 9, 16 Haltestelle Roßplatz

Parkmöglichkeiten

Leplaystraße

Sport + Spiel

Joggen, Nordic Walking

Adressen

Amt für Stadtgrün und Gewässer,
Prager Straße 118–136 (Haus A), 04317 Leipzig,
Tel. 123-6147, www.leipzig.de

Gastro-Tipps

Café Cantona, Windmühlenstraße 29, 04103 Leipzig, Tel. 2 25 43 02, www.cafecantona.com

Café Corso, Brüderstraße 6, 04103 Leipzig, Tel. 9 60 31 11, www.corsoela.de

Holz für Leipzig

Vor mehr als hundertfünfzig Jahren endete das Zeitalter der kommerziellen Flößerei in Leipzig. 1856 wurde zum letzten Mal Holz über den Pleißemühlgraben zum Floßplatz gespült. Es handelte sich um einen Lager- und Umschlagplatz, der bis in den Bereich der heutigen Karl-Liebknecht-Straße reichte. Beiderseits des Floßgrabens konnten 21000 Kubikmeter Holz gestapelt werden, das als Brennstoff und Baumaterial lebenswichtig für Leipzig war. Zu Beginn des 17. Jahrhunderts zeigte sich das Umfeld der Stadt nach ihrem Wachstum weitgehend abgeholzt. Der Rohstoff hätte umständlich und teuer mit Fuhrwerken herangeschafft werden müssen. Als Ausweg bot sich das seit dem 16. Jahrhundert aus dem Vogtland nordwärts führende Elsterfloßgrabensystem an. Von 1608 bis 1610 erfolgte über den sogenannten kleinen Floßgraben der Anschluss Leipzigs daran: Unter Einbeziehung von Teilabschnitten von Elster, Patzschke und Pleiße konnte das Wirtschaftsholz aus noch ergiebigen Waldgebieten über den Pleißemühlgraben zum Floßplatz gelangen. Mehr als zweihundertfünfzig Jahre lang war er ein wichtiger Lebensnerv für die Stadt; vor allem während der Hochwasser im Frühjahr herrschte hier Hochbetrieb. Dann waren mehr als hundert Arbeiter mit dem Holzstapeln beschäftigt. Als Folge des Baus der Zwickau-Schwarzenberger Eisenbahn verlor der Umschlagplatz seine Bedeutung; um 1864 wurde die Flößerei eingestellt. Im Juli 1867 kündigte der Rat die endgültige Zuschüttung des Floßgrabens an. Das Gelände veränderte sich rasant: Das bis heute bestehende Straßennetz entstand, Grundstücke wurden parzelliert und verkauft. Auf dem östlichen Teil der einstigen Holzplatzfläche baute die Stadt 1871 die Petri- sowie eine Fach- und Fortbildungsschule, bis heute architektonische Dominanten. Vorgegeben durch die neuen Straßen verblieben zwei freie rechteckige Flächen, die bis heute durch die Hohe Straße voneinander getrennt werden. Bis 1868 erfolgte die noch bestehende Umpflanzung mit Platanen, nach über hundertvierzig Jahren nunmehr stattlichen Exemplaren. Der Ratsgärtner Carl Otto Wittenberg überreichte im November 1873 Pläne zur gärtnerischen Gestaltung. Danach war eine durchgehende mittlere Längswegeachse vorgesehen, ausgerichtet auf den Turm der Pleißenburg, heute Neues Rathaus. Beide Teilflächen sollten Diagonalwege erhalten und an ihren Schmalseiten jeweils Spielplätze. Auf einen Ratsbeschluss geht die Entscheidung zurück, die Spielbereiche von den Fahrstraßen abzurücken und in die Mitte der Flächen zu verlagern. Dies berücksichtigte Wittenberg bis Anfang 1874 in einer überarbeiteten Planung. Es entstand auf den Teilflächen eine Grundstruktur, wie sie später Vorbild für viele weitere Stadtplätze werden sollte.

Um 1960 erfolgte durch den VEB Garten- und Landschaftsgestaltung eine stark vereinfachende Gestaltung im Stil der Zeit. Mittelwegeachse, Diagonalwege und die alten Spielplätze mit den umgebenden Pflanzstrukturen wurden zugunsten zusammenhängender Rasenflächen aufgegeben. Die nunmehr sparsam vorgesehenen Wege, Sitzplätze und Pflanzungen erhielten eine asymmetrische Anordnung, ergänzt wiederum durch einen Spielplatz.

BOTANISCHE BESONDERHEITEN

Der historische Platz ist heute eine verkehrsumflutete Grünanlage, eingefasst mit Platanen, die auch im westlich anschließenden sogenannten Musikviertel zahlreich verwendet wurden. Da Platanen eine ausladende Krone entwickeln, wurden die Starkäste schon mehrfach eingekürzt und den Raumverhältnissen angepasst. Die Bäume haben eine charakteristische, auffallend abblätternde Rinde, die fleckig-gelb, oliv bis braun gefärbt ist. Die Blätter sind spitzgelappt und wechselständig angeordnet. Hervorzuheben sind ihre kugelförmigen, weichen Früchte, die bis ins folgende Jahr am Baum verbleiben. Weitere bemerkenswerte Gehölze sind eine großkronige, ausladend wachsende Amerikanische Roteiche mit großen, spitzgelappten Blättern sowie ein alter Schnurbaum mit unpaarig gefiederten Blättern und im Sommer mit reichlich schwefelgelben Blüten über dem Blattwerk. Seine Zweige sind ausladend gewachsen und berühren den Rasen. Der nördliche Abschnitt wird mit interessanten Blüten- und Blattschmuckstauden und Gräsern bepflanzt. *HJS*

Der Floßplatz mit seinen Platanen von Süden

Gestalterisch bemerkenswert war lediglich ein Sitzplatz mit Natursteinplattenbelag und Schmuckpflanzung im Norden der Anlage. Wegen einer Verbreiterung der Harkortstraße musste der begleitende Gehweg auf die Innenseite der Platanenreihe verlegt werden. Die 1990er und 2000er Jahre brachten lediglich kleinere Modifikationen. Hierzu gehörte die Aufstellung von Rabattengeländern nach historischem Vorbild am nördlichen Platzabschluss oder die Installation einer Tischtennisplatte als wenigstens geringe Kompensation für die nicht mehr vorhandenen Spielgeräte. In einer 1996 erarbeiteten Denkmalpflegerischen Rahmenzielstellung der Leipziger Landschaftsarchitektin Kathrin Franz wird die Wiederherstellung der Strukturen nach der Planung von Stadtgartendirektor Wittenberg empfohlen.

Größe

0,7 Hektar

Besonders sehenswert

über 140 Jahre alte Platanenreihen, erstes Leipziger E-Werk für Straßenbahnen

Der Weg

Harkortstraße, Tram 10, 11
Haltestelle Hohe Straße/LVB

Parkmöglichkeiten

eingeschränkt am Floßplatz

Sport + Spiel

Joggen, Nordic Walking, Tischtennis

Adressen

Bürgerverein Musikviertel e.V., Schwägrichenstraße 8, 04107 Leipzig, Tel. 9 13 76 15
www.musikviertel.de

Gastro-Tipps

Restaurant Michaelis, Paul-Gruner-Straße 44, 04107 Leipzig, Tel. 2 67 81 00
www.hotel-michaelis.de

Tobagi, Riemannstraße 52, 04109 Leipzig, Tel. 9 62 58 36

Der Floßplatz um 1900

Anlagen am Mendelssohnufer

Dem Gedenken an Felix Mendelssohn Bartholdy

Der dreieckige Platz südlich des Reichsgerichtsgebäudes, heute Bundesverwaltungsgericht, war schon lange ein prominenter Ort. Seit 1884 befand sich westlich das Gewandhaus. Die Fläche der heutigen Anlage am Mendelssohnufer bildete den repräsentativen Vorplatz der Architektur von Martin Gropius. Dem Portikus mittig vorgelagert befand sich seit 1892 das von Werner Stein geschaffene Mendelssohn-Denkmal. Felix Mendelssohn Bartholdy (1809–1847) war seit 1835 Gewandhauskapellmeister, eröffnete das Leipziger Konservatorium als erste Musikhochschule Deutschlands und gilt als Wiederentdecker Johann Sebastian Bachs. Seitlich des Denkmals flankierten Gehölze die Fassade des Gewandhauses symmetrisch. Die eigentliche dreieckige Platzfläche stellte eine reine Schmuckanlage dar. Sie besaß ebenfalls seitlich symmetrisch angeordnete Gehölze. Die Mittelachse vor Gewandhausportikus und Denkmal wurde durch ornamentale Pflanzungen betont. Wegen der jüdischen Herkunft des Komponisten ließen die Nationalsozialisten das Mendelssohn-Denkmal in der Nacht vom 9. zum 10. November 1936 abbauen. Aus Protest dagegen trat der amtierende Oberbürgermeister Carl Goerdeler von seinem Amt zurück (vgl. Text zum Goerdeler-Denkmal, Promenadenring, S. 38). Im Vorfeld des 200. Geburtstags Mendelssohn Bartholdys wurde vor der Thomaskirche 2008 eine Kopie des abgebauten Denkmals aufgestellt. Das Gebäude des Gewandhauses erlitt im Zweiten Weltkrieg zwar Beschädigungen, wäre aber zu restaurieren gewesen. Vor der geplanten Wiederherstellung fanden umfangreiche Sicherungsarbeiten statt. Am alten Standort des Mendelssohn-Denkmals wurde bereits am 2. Oktober 1946 ein Gedenkstein errichtet. Etwa ein Jahr später, am 4. November 1947, erfolgte an seiner Stelle die Einweihung einer von Walter Arnold geschaffenen Bronzebüste auf hohem Kalksteinsockel. Nachdem sich der Wiederaufbau des Konzerthauses hinausgezögert hatte und die baulichen Reste zu verfallen begannen, beschloss der Stadtrat wie in so manch anderem Fall rücksichtslos die Sprengung. Sie geschah am 29. März 1968.

Im gleichen Jahr wurde die Mendelssohn-Büste in die Fritz-von-Harck-Anlage (s. S. 78) umgesetzt. Die Flächen des Gewandhauses und des vorgelagerten Schmuckplatzes verkamen zu ungepflegten Brachen, genutzt lediglich zum Parken, auch wenn sich lange einzelne Gehölze der vormaligen Platzanlage hielten. Bereits mit der Überwölbung des flankierenden Pleißemühlgrabens hatte der ehemalige Schmuckplatz 1951 einen Teil seiner Attraktivität verloren. Der Ort versank in Vergessenheit und Belanglosigkeit. Das Blatt wendete sich erst Ende der 1990er Jahre: 1998 bis 2001 erfolgte die Sanierung des Reichsgerichtsgebäudes für das Bundesverwaltungsgericht, das 2002 einzog. Im gleichen Jahr wurde ein Neubau für die geisteswissenschaftlichen Fakultäten der Universität am alten Standort des Gewandhauses fertiggestellt, außerdem die Wiederherstellung der nördlich benachbarten historischen Universitätsbibliothek Albertina abgeschlossen. Damit entstand sowohl neuer Nutzungs- als auch Gestaltungsbedarf für die Fläche des ehemaligen Schmuckplatzes. Es erfolgten die Unterkellerung für eine Tiefgarage und die Wiederöffnung des Pleißemühlgrabens.
Die künstlerische Gestaltung als Grünanlage geschah 2006/07 nach Plänen des Büros RKW – Rhode, Kellermann, Wawrowsky. Entlang einer Promenade am Mühlgraben führen abgestufte Rasenbänke zur Wasserfläche hinab. Scheinbar unregelmäßig eingestreut finden sich nachts beleuchtbare Holzquader als zusätzliche Sitzgelegenheit. Vom gegenüberliegenden Ufer offenbart sich Notenkundigen der Sinn der Installation: Die Steinkanten der Rasenbänke stellen Notenlinien und die Holzquader Noten dar, auf denen sich ein Thema des e-Moll-Violinkonzerts von Felix Mendelssohn Bartholdy ablesen lässt. Auch die Mendelssohn-Büste von 1947 wurde aus der Fritz-von-Harck-Anlage wieder hierher verbracht und ist nun am südlichen Ende der Uferpromenade aufgestellt. Der Kern der dreieckigen Platzfläche besitzt einen Rasenspiegel, nach Westen und Norden zu den Außenseiten begrenzt durch niedrige Gehölz- und Staudenpflanzungen. An schmalen Wegen finden sich weitere Sitzgelegenheiten. Der westlich angrenzende Abschnitt der Wilhelm-Seyfferth-Straße wurde mit einer Natursteinpflasterung und Bänken als Fußgängerbereich gestaltet. Entstanden ist eine heitere Anlage mit subtilen Hinweisen auf Felix Mendelssohn Bartholdy und sein Werk. Sie besitzt hohe Aufenthaltsqualität, etwa für die sich nun zahlreich in der Nachbarschaft aufhaltenden Studenten. Das Gebäude des Reichsgerichts setzt einen bestimmenden architektonischen Akzent. Bedauerlicherweise ist die markante Fassade der Universitätsbibliothek Albertina nur bedingt einsehbar, trotz Aussparung einer Ecke im Baublock des vorgelagerten neuen Institutsgebäudes, die nur durch ein transparentes Gerüst gefüllt wird.

Mendelssohn-Denkmal von Walter Arnold

Größe
0,2 Hektar

Besonders sehenswert
Uferbezirk mit als Notenzeilen gestalteten Sitzstufen, Büste Felix Mendelssohn Bartholdys von Walter Arnold (1947)

Der Weg
Harkortstraße, Tram 2, 8, 9, Bus 89 Haltestelle Neues Rathaus

Parkmöglichkeiten
Parkhaus Beethovenstraße

Sport + Spiel
Joggen, Nordic Walking, Radfahren

Adressen
Förderverein Neue Ufer e. V., Otto-Schill-Straße 1, 04109 Leipzig, Tel. 9 60 15 31, www.neue-ufer.de

Gastro-Tipps
Ratskeller, Lotterstraße 1, 04109 Leipzig, Tel. 1 23 45 67, www.ratskeller-leipzig.de

24 Fritz-von-Harck-Anlage

Moderne Akzente in traditionsreicher Umgebung

Nachts ziehen die blau leuchtenden Stelen vor dem ehemaligen Reichsgericht entlang der wieder geöffneten Pleiße die Blicke in Richtung Fritz-von-Harck-Anlage. Prominent zwischen Reichsgericht und Neuem Rathaus gelegen, setzt sie einen gestalterischen Kontrapunkt zu der umgebenden historistischen Architektur. Im Jahr 2000 entstand westlich des Gewässers nach Plänen von Hans Schröder und Antje Schuhmann vom Städtischen Grünflächenamt eine Anlage mit moderner Formensprache, aber auf tradiertem Grundriss. Die Allianz-Umweltstiftung nahm das Vorhaben in ihr Förderprogramm auf. Mit der fast parallel vollzogenen Öffnung des Pleiße-Mühlgrabens erhielt der Ort ein völlig neues Gesicht. Seit der Nachkriegszeit war die Anlage eher unscheinbar, wenn auch immerhin mit Brunnen und Staudenbeeten ausgestattet. Entstanden war sie in der Zeit zwischen 1894 und 1900 auf den Grundstücken der 1890 abgebrochenen Nonnenmühle und des ehemaligen Benediktinerinnenklosters St. Georg. Ihren Namen erhielt sie 1917 nach dem Tod des Leipziger Kunstwissenschaftlers Dr. Fritz von Harck. Bis zur Umgestaltung in der Zeit der DDR handelte es sich um eine streng symmetrisch gegliederte Fläche mit rechtwinklig angeordneten, auf einen Brunnen ausgerichteten Wegen. Das Bassin des Wasserspiels befand sich am Endpunkt einer gedachten Diagonalen, die vom Turm des Neuen Rathauses ausgeht und auch in der südwestlichen Rathausfassade begründet ist. Interessanterweise blieb der Standort des Brunnens als eine Konstante bis heute erhalten. Bei der letzten Umgestaltung erfuhr darüber hinaus das ursprüngliche Wegegrundgerüst seine Wiederbelebung. Bewusst wurde auf eine historisierende Rekonstruktion der Anlage verzichtet; eine dezidiert zeitgenössische Gestaltung sollte ermöglicht werden.

Die nord-südliche Hauptwegeachse schließt direkt an den Simsonplatz vor dem ehemaligen Reichs-, heute Bundesverwaltungsgericht an. Blickkontakte zwischen der prägnanten Gerichtsarchitektur und dem Neuen Rathaus werden dadurch ermöglicht, dass in den vorderen Bereichen der Fritz-von-Harck-Anlage auf Gehölze und größere Aufbauten verzichtet wurde – abgesehen von den erwähnten Stelen. Im Westen bildet ein Gehölzstreifen räumlichen Abschluss und grüne Kulisse zugleich. Hauptbezugspunkt bei der Neugestaltung war wiederum das runde Wasserbecken. Gleichermaßen funktionalen wie auch gestalterischen Zwecken dient die es westlich hinterfangende halb-

Die neue Fritz-von-Harck-Anlage mit geöffnetem Pleißemühlgraben, ein Erholungs- und Pausenrefugium in Innenstadtnähe

runde Sitzbank. Durch besonders hohe Lehnen besitzt sie auch die Eigenschaft eines Gliederungselements, welches den runden Brunnenplatz nach Westen abschließt. Das Brunnenbecken und die Wasserachse zwischen ihm und dem Pleißemühlgraben sind mit blauen Glasplatten belegt. Optische Effekte sollen so auch mit einer geringen Menge darüber hinweggeleiteten Wassers erzielt werden. Integrierte Leuchten tauchen Wasserflächen und Fontäne in ein diffuses Licht. Die beleuchtete Wasserrinne stellt eine optische Verbindung zwischen Brunnen und Mühlgraben her. Die großzügig angelegten Wege bedeckt ein Belag in einem warmen Gelbton. Ein besonders auffälliger Akzent sind die in gleichmäßiger Wellenform modellierten Rasenflächen. Sie beleben das Bild der streng geometrisch gestalteten Anlage. Gestattet ist aber auch eine Nutzung zum Lagern und Spielen. Spielerische Elemente sind darüber hinaus die Wasserräder im Pleißemühlgraben und das Geländer an seinem nördlichen Abschluss. Als Negativform auf einer Plexiglasfläche wird das verschlungene historistische Muster des einst hier befindlichen kunstgeschmiedeten Brückengeländers nachgezeichnet. Besonders an warmen Tagen laden das Grün, frei stehende Bänke und die halbrunde Sitzgelegenheit um das Wasserbecken zum Aufenthalt ein. Nicht zuletzt auch durch den großartigen architektonischen Rahmen besitzt die Anlage ausgeprägt urbanen Charme. Im Jahr 2001 wurde die gelungene Gestaltung mit dem Deutschen Landschaftsarchitekturpreis gewürdigt.

Größe

0,45 Hektar

Besonders sehenswert

Fritz-von-Harck-Stein, Brunnenanlage mit Wasserachse, Rasenwellen

Der Weg

Harkortstraße, Tram 2, 8, 9, Bus 89 Haltestelle Neues Rathaus

Parkmöglichkeiten

Parkhaus Beethovenstraße

Sport + Spiel

Joggen, Nordic Walking, Radfahren

Adressen

Förderverein Neue Ufer e. V., Otto-Schill-Straße 1, 04109 Leipzig, Tel. 9 60 15 31, www.neue-ufer.de

Gastro-Tipps

Restaurant Mifune, Münzgasse 18–20, 04107 Leipzig, Tel. 5 29 70 90, www.mifune-leipzig.de

Wer war Johanna?

Eine tragische Geschichte: Johanna Nathalie, die Tochter des Geheimen Kammerrats und Bankiers Wilhelm Theodor Seyfferth, wollte keinen andern zum Mann als Wilhelm von Minckwitz, Gutsbesitzer auf Dornreichenbach. Der Standesunterschied verhinderte die Verbindung – wir befinden uns in der Mitte des 19. Jahrhunderts. 1856 wurde Johanna mit Dr. Fr. Gustav Schulz, einem Bankier aus dem Institut ihres Vaters, verheiratet. Das konnte natürlich nicht gutgehen. Johanna verfiel und starb am 28. April 1858 an „gebrochenem Herzen". Der Vater, von Schuldgefühlen geplagt, schrieb an den Rat: „Die Idee, von einem für meine verstorbene Tochter disponiert gewesenen Kapitale, eine Stiftung zu begründen, die nicht bloß ihren Namen, sondern auch die vorherrschende Richtung ihres Charakters ‚Andern Freude zu machen' verewigen würde, hat mich veranlaßt, die Wiese der Frau Professor Schwägrichen am Kuhstrange zu kaufen. Sie in einen Park zu gestalten und diesen Johannapark zu nennen ist meine Absicht."

Durch seine Arbeiten am Promenadenring muss Seyfferth Peter Joseph Lenné gekannt haben. Er beauftragte ihn und erhielt bereits am 23. Juni 1858 eine Konzeption, verbunden mit der Empfehlung, noch ein der Universität gehörendes Grundstück

Alpengoldregen

hinzuzuerwerben. Erst 1861 stand die Fläche zur Verfügung, weitestgehend beendet waren die Arbeiten 1863. Lenné hatte seinen Schüler Carl Otto Wittenberg nach Leipzig vermittelt, der hier die Stelle des Ratsgärtners einnahm und später zum Stadtgartendirektor aufstieg. Wittenberg fiel die Aufgabe zu, die Planung Lennés umzusetzen und weitere Wünsche Seyfferths zu berücksichtigen. Bei Wahrung der Grundidee variierte er die Anordnung der einzelnen Elemente und der Wegeführung. Im Bereich der heutigen Friedrich-Ebert-Straße befand sich bis zur Zerstörung im Zweiten Weltkrieg die Villa Seyfferths. Am gegenüberliegenden Ende der Anlage entstand ein Teich mit Insel und Brücken. Mit dem Aushubmaterial wurde das übrige Gelände sanft modelliert.

Ähnlich wie in der Lenné-Anlage am Promenadenring entstand eine angedeutete Talsituation, und wie dort war die Hauptsichtachse auf den Turm der Pleißenburg, heute jener des Neuen Rathauses, ausgerichtet. Neben den Teichen waren aufwändige Schmuckpflanzungen – etwa an den Flanken kleiner Geländeerhebungen – ein deutlicher Unterschied. Gleich nach der Fertigstellung öffnete Seyfferth den Johannapark für die Öffentlichkeit. Mit seinem Tod 1881 vermachte er ihn testamentarisch der Stadt Leipzig. Auflage war, dass die Anlage nie bebaut, nichts von der Lennéschen Schöpfung verändert und auch der Name nicht geändert werden dürfe. Gleichwohl wurden Flächen ergänzt und etwa der älteste noch erhaltene Spielplatz Leipzigs angelegt. Die Seyfferth-Büste stiftete 1896 Wilhelm von Minckwitz – die Liebe Johannas.

An der Ecke Griegallee/Karl-Tauchnitz-Straße befand sich seit 1897 ein 8,80 Meter hohes Bismarck-Denkmal. Unberührt hiervon blieben die Kernstrukturen der Anlage

Der Johannapark an einem warmen Frühlingstag

Größe

11 Hektar

Besonders sehenswert

Lutherkirche, Grabmal der Familie Seyfferth, Seyfferth-Denkmal, Clara-Zetkin-Denkmal, Pavillon

Der Weg

Tram 1, 2 Haltestelle Clara-Zetkin-Park, Bus 89 Haltestelle Wächterstraße

Parkmöglichkeiten

Ferdinand-Lassalle-Straße, Karl-Tauchnitz-Straße

Sport + Spiel

Joggen, Nordic Walking, Radfahren, Skaten, Spielplatz

Hundewiesen

Ferdinand-Lassalle-Brücke, Palmengarten (westlicher Abschnitt)

Adressen

Galerie für Zeitgenössische Kunst, Karl-Tauchnitz-Straße 9–11, 04107 Leipzig, Tel. 14 08 10, www.gfzk-online.de

Gastro-Tipps

Apels Garten, Kolonnadenstraße 2, 04109 Leipzig, Tel. 9 60 77 77, www.apels-garten.de

Café in der Galerie für Zeitgenössische Kunst, Karl-Tauchnitz-Straße 9–11, 04107 Leipzig, Tel. 1 40 81 20, www.gfzk-online.de

Klassische Blickperspektive über die Teiche im Johannapark

als Denkmal für Johanna Seyfferth und ihre unerfüllte Liebe erhalten. Erst in der DDR nahm man es mit diesem Gedenken nicht mehr so genau: 1955 erhielt der Park mit den benachbarten Anlagen die gemeinsame Bezeichnung Clara-Zetkin-Park. Seit 1967 findet sich am ehemaligen Standort des Bismarck-Denkmals eine Statue der namengebenden sozialistischen Parlamentarierin. 1998 – die Zeiten hatten sich erneut gewandelt, und der nie ganz verschwundene Name Johannapark war wieder verbreitet – meldete sich ein Nachfahre Wilhelm von Minckwitz' beim Städtischen Grünflächenamt. Er stellte eine Geldsumme für die Sanierung des Parks zur Verfügung, die nach denkmalpflegerischen Gesichtspunkten im anschließenden Jahr erfolgte. Grundlage hierfür waren eine Denkmalpflegerische Rahmenkonzeption und Planungen der Leipziger Landschaftsarchitektin Kathrin Franz.

Ein weiteres Anliegen Seyfferths war, „daß die Verbindung durch den Park direkt nach den Wiesen und Wäldern der Aue [...] dem Publikum erhalten bleibt". Gemeinsam mit Carl Otto Wittenberg betrieb er hierfür eine Öffentlichkeitskampagne und ließ einen Gegenentwurf zu einem Bebauungsplan der Stadt erarbeiten. Seyfferth und Wittenberg setzten sich durch. Ihnen ist es zu danken, dass Besucher noch heute vom Stadtzentrum in den Auwald und weiter bis an den Stadtrand im Norden oder Süden gelangen können, ohne dabei jemals die Grünstrukturen zu verlassen.

Gefülltblühende Vogelkirsche im Johannapark

Weißbuche mit Früchten im Herbst

Luftwurzeln einer Sumpfzypresse

BOTANISCHE BESONDERHEITEN

Beginnen wir an der äußersten Ostseite. Gleich am Pavillon finden wir den Götterbaum, der erst spät austreibt.

Dann folgen die Blutbuche mit dunkelroten Blättern, gut fruchtende Kirschpflaumen, Rote Rosskastanien, Sommerlinde und Krimlinde vergleichbar nebeneinander; die Gemeine Esche und schräg gegenüber die Hängeesche mit ungewöhnlich auffallendem Habitus. Dann kommen ein kleines Rondell mit alten Hängesilberlinden – in Leipzig relativ häufig –, am Weg ein Silberahorn, danach eine 1960 gepflanzte Zelkovie und benachbart der Dornenlose Christusdorn oder Lederhülsenbaum. Dem gegenüber stehen ein Gelbgefleckter Bergahorn und an der Wegegabelung ein stattlicher Schnurbaum, ca. 150 Jahre alt, die Gelbblühende Rosskastanie und die in Europa heimische Platane, die Stieleiche, eine Hängebuche mit überhängenden Zweigen, große Amerikanische Roteichen und dagegen klein – ein Französischer Ahorn mit dreilappigen Blättern. An der Lutherkirche wachsen eine kräftige Sumpfeiche mit leuchtend rotem Laub im Herbst, der Pflaumenblättrige Weißdorn, der Alpengoldregen – eine Augenweide zur Blüte, eine große Silberlinde mit hellgrauer Rinde und als Seltenheit eine Großfrüchtige Eiche.

Am Teich eine alte Sumpfzypresse mit vielen Kniewurzeln; dann, rechts des Weges, eine Hickorynuss, eine Gruppe rotaustreibender Spitzahorn, mehrere Hybridulmen, die Europäische Lärche, gegenüber eine Schwedische Mehlbeere. Danach sehen wir eine Gruppe Blutbuchen im Kontrast mit der Gelbaustreibenden Amerikanischen Roteiche – ein einmaliges Exemplar. Die Edward-Grieg-Allee ist bepflanzt mit Sumpfeichen, am Hauptweg finden wir eine Mispelblättrige Traubeneiche und unweit davon die einfache Traubeneiche; am Weg in Richtung zum Teich eine auffällige Schmalblattesche mit kräftiger Stammwulst, anschließend die weiß Gefülltblühende Vogelkirsche. Gegenüber einer Gruppe von Sumpfzypressen finden wir einen erwähnenswerten Zweifarbigen Weißdorn. Auf der Teichinsel sehen wir ein Kuriosum: eine rot- und weißblühende Rosskastanie als Einzelbaum. Südlich des Teiches wächst ein neugepflanzter schlitzblättriger Silberahorn, auf der Wiese finden wir Pyramideneichen und am Mittelweg einen Korkbaum. Am Denkmal von Clara Zetkin stehen eine Weißesche und eine Tulpenmagnolie. *HJS*

Tulpenmagnolie

Ensemble historischer Parkanlagen

Seit 2011 wird nur noch der ehemalige Albert- bzw. König-Albert-Park offiziell als Clara-Zetkin-Park bezeichnet (S. 90). Seit 1955 wurde unter dem amtlichen Namen „Zentraler Kulturpark Clara Zetkin" jedoch ein weit größeres Ensemble von Parkanlagen zusammengefasst. Diese stellten keine homogene Einheit dar. Sie besitzen sehr unterschiedliche Entstehungsgeschichten und ursprüngliche Bestimmungen. Es handelte sich um den Johannapark, den Albertpark mit dem ehemaligen Volkspark Scheibenholz, den Palmengarten und den Richard-Wagner-Hain. Abweichend von der vermeintlichen bürgerlichen Tradition sollten Parks in erster Linie der arbeitenden Bevölkerung für Erholungszwecke und kulturelle Betätigungen zur Verfügung stehen. Mit dieser Motivation wurden in vielen Städten der DDR im Rahmen eines „Kulturparkprogramms" ältere Gartenanlagen umgestaltet und vor allem um Kultur-, Sport- und Freizeiteinrichtungen ergänzt. Als ein Vorbild gilt der 1927 geschaffene Gorki-Park in Moskau, offiziell „Zentraler Maxim-Gorki-Park für Kultur und Erholung". Er besaß die gleiche Zweckbindung und ist weniger Grünanlage als Freizeit-, inzwischen sogar Vergnügungspark. Für Leipzig vorgesehen war ein ganzes System von zehn Kulturparks. Die zentrale Anlage, in der auch die damit verbundenen Arbeiten am weitesten voranschritten, erhielt den Namen Clara Zetkins (1857–1933). Die Frauenrechtlerin und sozialistische Reichstagsabgeordnete sowie -alterspräsidentin hatte von 1874 bis 1878 das Lehrerseminar in der Stadt besucht und später hier zahlreiche Vorträge vor Arbeitern und Frauen gehalten. Ein Effekt der Neubenennung war die Rückdrängung der Erinnerung an die älteren Traditionen, an einen sächsischen König, eine Bankierstochter und einen teils als reaktionär angesehenen Komponisten. Die konkret durchgeführten Maßnahmen konzentrierten sich im Wesentlichen auf den Albertpark, jedoch ohne seine Grundstruktur zu verändern. Der maßgebliche Garten-

1 Zentrum für aktive Erholung und Minigolfplatz, 2 Musikpavillon, 3 Glashaus – Restaurant und Biergarten, 4 Brahmsplatz, 5 Schachzentrum, 6 Franz-Schubert-Platz, 7 Wilhelm-Wundt-Platz, 8 Parkbühne, 9 Spielplatz, 10 Clara-Zetkin-Denkmal, 11 Grabmonument der Familie Seyfferth an der Lutherkirche, 12 Seyfferth-Denkmal, 13 Pavillon aus Gerhardts Garten, 14 Karl-Heine-Denkmal, 15 Tribüne der Galopprennbahn, 16 Ferdinand-Lassalle-Brücke

Goldener Herbst im Johannapark

architekt Gerhard Scholz verstand es, zahlreiche neu gestaltete Bereiche und Einrichtungen zu integrieren, ohne größere Substanzverluste oder einen grundlegend veränderten Charakter herbeizuführen. Es entstanden bereits 1955 eine Parkbühne (Architekt Martin Weber) und das Parkrestaurant mit seinen zwei pavillonartigen Kopfbauten (Architekt Eckhard Neumann), nach einer Zeit des Leerstands seit Jahren als Glashaus wieder ein beliebter gastronomischer Treffpunkt. An die Kopfbauten des

Clara-Zetkin-Denkmal von Walter Arnold

Glashauses erinnert der Pavillon des ganz im Süden der Anlage geschaffenen großen Spielbereichs. Er sollte ursprünglich zur Aufnahme von Spiel- und Turngeräten dienen. Der Spielbereich selbst wurde in den letzten Jahren schrittweise erweitert und aufgewertet. Andere in den Albertpark integrierte Einrichtungen waren das Schachzentrum am Bassinplatz und ein Verkehrskindergarten auf der westlichen Seite des Elsterflutbeckens. Anspruchsvolle Freiflächengestaltungen entstanden mit den Sitz- und Aussichtsterrassen am Teich, der sogenannten Dahlienterrasse und auch mit dem Staudengarten nordöstlich der Parkgaststätte. Geschwungene Wege aus unregelmäßigen Natursteinplatten mit einzelnen Stufen erschließen einen romantisch anmutenden Rückzugsbereich mit Plastik. Dem benachbarten Altbaumbestand geschuldet, dominieren hier heute Schattenstauden. Auch an weiteren Stellen wurden neue Plastiken in die Anlagen integriert, an der Dahlienterrasse eine metallene Sonnenuhr. Der Namensgeberin Clara Zetkin gewidmet ist eine überlebensgroße Statue am südwestlichen Rand des Johannaparks. Sie nimmt den vormaligen Standort einer monumentalen Bismarck-Statue von 1879 ein, die 1946 endgültig beseitigt wurde. Das Zetkin-Denkmal schuf bis 1967 Walter Arnold. Dem an einem verkehrswichtigen Kreisverkehr befindlichen Standbild war ursprünglich eine für politische Aufzüge geeignete befestigte Fläche vorgelagert. Vor einigen Jahren wurde sie durch zwei Beetflächen

An warmen Tagen sind die innenstadtnahen Rasenflächen des Clara-Zetkin-Parks sehr beliebt.

wieder aufgelöst, welche in dieser Form bereits das Vorfeld des Bismarck-Denkmals gebildet hatten. Abgesehen von dem Denkmalsbereich erfolgten außerhalb des Albertparks keine im Hinblick auf das Kulturparkprogramm spezifischen Maßnahmen. Eine Einrichtung des Ministeriums für Staatssicherheit beanspruchte jedoch Flächen im Johannapark, was eine veränderte Wegeführung mit sich brachte. Dieser Eingriff konnte mit den dort 1999/2000 erfolgten denkmalpflegerischen Instandsetzungsmaßnahmen zurückgenommen werden. Heute genießen in allen ehemaligen vier Anlagen des Clara-Zetkin-Parks die älteren Gestaltungen wieder verstärkte Wertschätzung. Jedoch sollen auch die Errungenschaften des Kulturparkprogramms als teils qualitätvolle Zeitzeugen erhalten bleiben. Gemäß einem Stadtratsbeschluss vom April 2011 gelten nun auch offiziell Palmengarten mit Klingerhain, Richard-Wagner-Hain und Johannapark nicht mehr als Bestandteile des Clara-Zetkin-Parks. Dieser Name steht wegen seiner Popularität jedoch weiterhin für den ehemaligen Albertpark, der nicht rückbenannt werden soll. An den sächsischen König Albert (1828–1902) erinnern in Leipzig noch die König-Albert-Brücke und die Bibliotheca Albertina der Universität.

Das Bismarck-Denkmal auf einer historischen Ansichtskarte, um 1900

Blüte des Tulpenbaums

BOTANISCHE BESONDERHEITEN

Ausgangspunkt ist der Kreisverkehr an der Anton-Bruckner-Allee. Wir sehen fast zusammengebrochene, aber auch schon nachgepflanzte Silberlinden, den Schnurbaum, die Allee bepflanzt mit Linden in den Arten Sommer-, Winter-, Krim-, Hängesilberlinde, Europäische Linde, Stiel-, Traubeneiche und Amerikanische Roteiche, Berg-, Spitz- und Feldahorn, Gemeine Esche und Goldesche und am Fontänenteich die Frühblühende Traubenkirsche „Schloss Tiefurt". Auffällig sind die Hängebuche mit stark überhängenden Zweigen, der Götterbaum, der purpurrote Zierapfel, Säulenhainbuchen, Korkbaum mit weicher Rinde, Einblattesche, Spätblühende Traubenkirsche und am Dahliengarten Ginkgo, Fächerahorn, Aralie mit stachligen Trieben und 1,20 m langen, doppelt gefiederten Blättern, Tulpenbaum mit typisch vierzipfligen Blättern, Sumpfeiche, Alpengoldregen, Eschenahorn und Japanische Zierkirsche. Am westlichen Rand des Parks finden wir den Tatarischen Ahorn, danach Rotaustreibenden Spitzahorn, Robinien, den Eisenholzbaum mit zinnoberroter Herbstfärbung, Stinkesche, Silber- und Trauerweide, Zürgelbaum, Gewöhnliche und Schwedische Mehlbeere, Rot- und Blutbuche, Kanadische Pappel, Balsam-, Zitter- und Weißpappel, weiße und rote Rosskastanie, Kuchenbaum, Tulpenmagnolie, Speierling, Blasenbaum und als besonderen Blickpunkt eine Schlitzblättrige Rotbuche. Auffällige Sträucher im Park sind Chinesischer Flieder, Immergrüner Rhododendron, Freilandazalien und Mandelbäumchen. *HJS*

Größe

125 Hektar

Besonders sehenswert

Clara-Zetkin-Denkmal, Staudengarten, Dahlienterrasse, Parkgaststätte Glashaus, Musikpavillon, Spielpavillon, Plastiken im Parkgelände

Der Weg

Karl-Tauchnitz- bzw. Ferdinand-Lassalle-Straße, Tram 1, 2, 14 Haltestelle Marschnerstraße, Linie 8 und Bus 89 Haltestelle Neues Rathaus

Parkmöglichkeiten

Karl-Tauchnitz-Straße, Ferdinand-Lassalle-Straße

Sport + Spiel

Joggen, Nordic Walking, Skaten,
Spielplatz an der Rennbahn

Hundewiesen

Ferdinand-Lassalle-Brücke
Palmengarten (westlicher Abschnitt)

Adressen

Galerie für Zeitgenössische Kunst, Karl-Tauchnitz-Straße 9–11, 04107 Leipzig, Tel. 14 08 10, www.gfzk-online.de

Gastro-Tipps

Glashaus im Clarapark/Glashaus Gastronomie GmbH, Karl-Tauchnitz-Straße 26, 04107 Leipzig, Tel. 14 99 00 04, www.glashausimclarapark.de

Café am Musikpavillon im Clara-Zetkin-Park, 04107 Leipzig, Tel. 2 30 87 59, www.musikpavillon-leipzig.de

26 Clara-Zetkin-Park
ehem. Albertpark, Scheibenholz

Mit Kind und Kegel zum Galopprennen

Die Bereiche des Auwalds westlich der Innenstadt blieben wegen ihrer feuchten Bodenverhältnisse lange von Bebauung verschont. Im 15. Jahrhundert übereignete die Ratsherrenfamilie Scheibe ihren Besitz der Stadt Leipzig. Seitdem trägt der betreffende Waldbereich ihren Namen. In seinem südlichen Abschnitt entstand 1867 die Galopprennbahn Scheibenholz, Ausdruck bürgerlichen Repräsentationsbedürfnisses und eines gewandelten Freizeitverhaltens, jedoch zunächst noch mit hölzerner Tribüne. Vor allem an den sonntäglichen Renntagen strebten ganze Familien hierher, auch einzelne Herren, Damen mit großen Hüten und Hasardeure, welche mit einem Renngewinn das große Glück suchten. Nach Plänen des Architekten Otto Paul Burghardt erhielt die Anlage 1907 im Zusammenhang mit einer Erweiterung ein massives Tribünengebäude einschließlich Restaurant. Zwei flankierende Türme mit charakteristischen Jugendstilhelmen prägen das Bauwerk, welches z. Z. saniert und um ein neues Restaurant mit Biergärten ergänzt wird. Allen Wandlungen und Einschnitten zum Trotz sind die Renntage bis heute ein Besuchermagnet, blieb das Rennbahnensemble erhalten.

Bereits 1876/77 wurde nach Plänen von Ratsgärtner Carl Otto Wittenberg im nördlichen Anschluss der sogenannte Volksgarten Scheibenholz erstellt. Wohl auch zur Aufwertung des Umfelds der Rennbahn entstand die gehölzreiche, teils waldartige Anlage mit relativ großen runden Plätzen an verschiedenen Verknüpfungspunkten des Wegenetzes. Diese Strukturen, ergänzt z. B. durch inzwischen stattliche Rhododendren, überdauerten die Zeit. Sie bilden nun den südlichen Teil des Clara-Zetkin-Parks. Gegen Ende des 19. Jahrhunderts war sein heute nördlicher Bereich von Parzellierung und Bebauung bedroht. Bis dahin zog sich dort durch feuchte Wiesen und Auengelände lediglich der von einer Allee begleitete Johannaparkweg, der im Norden des Parks noch erhalten ist. Carl Otto Wittenberg und Wilhelm Seyfferth, der Stifter des Johannaparks, erkannten die Gefahr und entwarfen 1870 einen Gegenplan zum bereits verfassten Bebauungsplan der „Süd-West-Vorstadt“. Weit ihrer Zeit voraus, konnten sie mit einer regelrechten Öffentlichkeitskampagne den Verzicht auf eine Bebauung durchsetzen. So blieb von der Innenstadt unter Einschluss des Johannaparks eine durchgehende Grünverbindung zum Auwald erhalten. Zu einer Gestaltung des nordwestlichen Bereichs kam es aber erst im Vorfeld der 1897 hier durchgeführten Sächsisch-Thüringischen Industrie- und Gewerbeausstellung. Für das etwa 60000 Quadratmeter große Ausstellungsgelände entstand ein formales Gerüst mit der heutigen Anton-Bruckner-Allee, der Sachsenbrücke über das Elsterflutbett sowie einem großen Fontänenbecken im östlichen Bereich. Wittenberg konzipierte darum herum landschaftliche Strukturen einschließlich des hinteren Parkteichs mit kleiner Insel. Während der Ausstellung befand sich um ihn herum die Nachbildung eines „Thüringer Dörfchens“. An anderer Stelle gab es ein „Leipziger Messeviertel“

Reiter und Pferde im Scheibenholz

Der Musikpavillon wurde 2012 im 100. Jahr seines Bestehens umfassend instandgesetzt.

und einen verkleinerten Nachbau der Wartburg. Von April bis Oktober 1897 präsentierten rund 3500 Aussteller Attraktionen und technische Neuheiten der Zeit. Nach Ende der Ausstellung wurden die temporären Bauten wieder beseitigt, der Weg zur Weiterentwicklung als Stadtpark war frei. Zu Ehren des 25. Regierungsjubiläums des sächsischen Königs erhielt er 1898 den Namen König-Albert-Park, nach dem Ersten Weltkrieg in Albertpark verkürzt. Die bereits erfolgte Gestaltung konnte verfeinert und ergänzt werden. Mit dem Aushub aus Teich und Bassin waren zwei kleine Hügel entstanden, von den Leipzigern unprätentiös „Warzen“ genannt. Sie erhielten noch unter Wittenberg ihre Bepflanzung und eine Gestaltung als kleine Aussichtspunkte und

Die Rückansicht eines Tribünenturms der Galopprennbahn am Elsterflutbett

BOTANISCHE BESONDERHEITEN

Die Wiese im Gelände der Rennbahn verkörpert einen Grünlandtyp, wie er vor der Intensivierung der Landwirtschaft in unserer Aue weit verbreitet war. Namengebend für diese Auenwiesen sind der durch seine braunroten kugeligen Blütenköpfe ausgezeichnete Große Wiesenknopf und das gelb blühende Doldengewächs Wiesensilau. Mit diesen sind weitere große und zugleich buntblumige Wiesenstauden, wie die Große Pimpinelle (mit weißen Dolden), der tiefblaue Langblättrige Ehrenpreis, das Echte Labkraut mit zarten gelben und das Nordische Labkraut mit weißen Blüten sowie die Färberscharte mit purpurroten Köpfchen, vergesellschaftet. Alle diese Arten sind im Rückgang begriffen, die Färberscharte ist im Leipziger Raum fast ausgestorben. *PG*

Langblättriger Ehrenpreis – eine in Deutschland geschützte Pflanzenart

Rodelhügel. Unter seinem Nachfolger Carl Hampel traten aufwändige Schmuckpflanzungen mit abgesenkten Parterres um das Fontänenbassin hinzu. In vereinfachter Form wurden sie Ende der 1990er Jahre wiederhergestellt. Im Jahr 1908 fand ein Pavillon aus Gerhards Garten westlich des Elsterflutbetts einen neuen Platz und setzt hier nunmehr einen Akzent inmitten großzügiger, inzwischen naturnaher Wiesenbereiche und wurde jüngst instand gesetzt. 1912 kam der aus Mitteln einer Stiftung finanzierte Musikpavillon am heutigen Richard-Strauss-Platz hinzu. Mit seiner markanten Jugendstilarchitektur prägt er bis heute das Umfeld, das seit einigen Jahren von einem Parkrestaurant genutzt wird. Bis 2012 erfolgten die Sanierung des Musikpavillons und seine Ausstattung mit einem neuen Deckengemälde. Ab 1954 wurde das Gelände des Albertparks mit den benachbarten Anlagen zum Zentralen Kulturpark „Clara Zetkin" zusammengefasst. Erst seit 2011 gilt die Bezeichnung Clara-Zetkin-Park offiziell nur noch für den ehemaligen Albertpark mit dem Volkspark Scheibenholz, die beide gemäß einem Stadtratsbeschluss nicht rückbenannt werden sollen. Unterhaltungs- und Instandsetzungsmaßnahmen erfolgen heute auf der Grundlage einer Denkmalpflegerischen Zielstellung des Leipziger Landschaftsarchitekturbüros Franz.

Größe

30 Hektar

Besonders sehenswert

Inselteich, Fontänenbecken, Franz-Schubert-Denkmal, Galopprennbahn, Zentrum für Gesundheitssport, Musikpavillon

Der Weg

Rennbahnweg, Tram 1, 2 Haltestelle Clara-Zetkin-Park, Bus 60 Haltestellen Rennbahn oder Nonnenweg

Parkmöglichkeiten

Rennbahnweg, Karl-Tauchnitz-Straße, Parkplätze Anton-Bruckner-Allee

Sport + Spiel

Joggen, Nordic Walking, Radfahren, Spielplatz, Trimm-dich-Parcours

Hundewiesen

Palmengarten (westlicher Abschnitt)

Adressen

Zentrum für Gesundheitssport, Anton-Bruckner-Allee 1, 04229 Leipzig, Tel. 4 92 60 00, www.aok-leipzig.de

Leipziger Reit- und Rennverein Scheibenholz e. V., Wundtstraße 4, 04275 Leipzig, Tel. 9 60 43 27, www.galoppimscheibenholz.de

Bootsverleih Leipziger Eck/Bootshaus der SG LVB Leipzig, Schleußiger Weg 2a, 04229 Leipzig, Tel. 0163/2 64 20 03, www.kanu-lvb.de

Gastro-Tipps

Café und Bar Grundmann, August-Bebel-Straße 2, 04275 Leipzig, Tel. 2 22 89 62, www.cafe-grundmann.de

Glashaus im Clarapark/Glashaus Gastronomie GmbH, Karl-Tauchnitz-Straße 26, 04107 Leipzig, Tel. 14 99 00 04, www.glashausimclarapark.de

Richard-Wagner-Hain, Ostufer von Süden, Blick vom Standort der ehemaligen Gartenhalle

Projekt Nationaldenkmal

Worin könnten die Ursachen liegen, dass Richard Wagner (1813–1883) oft nicht als gebürtiger Leipziger bekannt ist? Groß angelegte Denkmalsprojekte vor Ort scheiterten jedenfalls mehrmals (vgl. auch den Text zum Promenadenring, Abschnitt an der Matthäikirche). 1932 stand der 50. Todestag des Komponisten bevor, ohne dass bis dahin befriedigende Ergebnisse erzielt worden wären. Ein neuer Anlauf wurde genommen: Die Stadt schrieb einen Wettbewerb für ein Erinnerungsmal in einem großzügigen Denkmalsgelände beiderseits des Elsterflutbeckens zwischen Palmengartenwehr und Zeppelinbrücke aus. Gewinner war der Bildhauer Emil Hipp. Für die Freianlagen wurde Gartenarchitekt Gustav Allinger beauftragt. Unter Hinzuziehung von Architekt Wilhelm Lossow konzipierte er ein durch Terrassen mehrfach gestuftes Terrain mit monumentalen Architekturelementen. Der Anlagenteil östlich des Elsterflutbeckens war mit dem sogenannten Denkmalsplatz für das zentrale Monument vorgesehen. Oberhalb einer Terrasse am Wasser und einer kurzen, breiten Freitreppe sollte sich der von Travertinstützmauern begrenzte rechteckige Denkmalsbereich befinden. Er sollte einen zehn mal zehn mal

Richard-Wagner-Hain beiderseits des Elsterbeckens 1 Ursprünglich geplanter zentraler Denkmalsplatz (Monument nicht aufgestellt), 2 Tennisanlage, 3 Städtische Altenpflegeheime GmbH, 4 Gelände der DHfK und der Handelshochschule Leipzig, 5 Standort der ehemaligen Gartenhalle, 6 Schmuckparterre mit Wasserspielen und rahmenden Pergolen

Schmuckparterre mit Bassin am Westufer des Richard-Wagner-Hains

fünf Meter großen Steinblock mit Reliefs zum Œuvre Wagners aufnehmen, südlich benachbart vom sogenannten Brunnen der Rheintöchter. Die Stützmauern erhielten Aussparungen für weitere Reliefs. An der Westseite der Wasserfläche besitzt der Denkmalsplatz ein räumliches Pendant. Hier entsteigen dem Wasserspiegel großzügige Freitreppen und münden in einen von Travertinstützen gerahmten Bereich. Nach wie vor ist er durch Schmuckpflanzungen und Brunnen heiter gestaltet. Emil Hipp arbeitete in Oberbayern am bildkünstlerischen Werk der Gesamtanlage und stellte es bis in die Zeit des Zweiten Weltkriegs fertig. Mit der Machtübernahme 1933 hatten sich die Nationalsozialisten des Denkmalsvorhabens angenommen und es zum Projekt „Richard-Wagner-Nationaldenkmal" erklärt. Bekannt ist die Vorliebe Hitlers für die Musik des Leipzigers; tatsächlich erschien er am 6. März 1934 zur offiziellen Grundsteinlegung am Elsterflutbecken. Auch wenn die Konzeption bereits 1932 begann, entspricht die Formensprache des

Stängelumfassende Gelbdolde – ein Neubürger aus Südeuropa

Richard-Wagner-Hains ebenso wie diejenige der Reliefs Hipps stilistischen Strömungen, welche der Staatskunst des Dritten Reichs zugrunde lagen. Allerdings wurde vom Leipziger Establishment der nationalsozialistischen Zeit der vermeintlich zu romantische Ausdruck einzelner bildkünstlerischer Werke bemängelt. Dem zentralen Bereich auf beiden Seiten der Wasserfläche südlich vorgelagert sind ausgedehnte Parterres, ursprünglich durch Schmuckpflanzungen an der Innenseite der Uferwege belebt. Von der erhöht gelegenen sogenannten Gartenhalle südlich des östlichen Parterres waren die Gesamtanlage und ein unterhalb gelegener Staudengarten mit „Vogelbrunnen" zu überblicken. Bis Anfang der 1940er Jahre wurden die Anlagen des Richard-Wagner-Hains fertiggestellt. Die Arbeiten Emil Hipps kamen kriegsbedingt nicht mehr zur Aufstellung. Als sie, da bereits bezahlt, nach Kriegsende ausgeliefert werden sollten, hieß es aus Leipzig, es stünden zur „Vollendung nationalsozialistischer Propaganda und Wahnsinnsprojekte weder Zeit noch Mittel zur Verfügung". Statt dessen entstand westlich von 1952 bis 1957 die Deutsche Hochschule für Körperkultur, für die Teile des Denkmalsplatzes verfüllt und überbaut wurden. Ironischerweise wird der Richard-Wagner-Hain wegen stilistischer Parallelen heute

BOTANISCHE BESONDERHEITEN

Die Parkrasen sind botanisch uninteressant. Es empfiehlt sich aber, einen Blick auf das Ufer des Elsterbeckens zu werfen. Hier sind die meisten der in Leipzig vorkommenden Sumpfpflanzen anzutreffen. Stellvertretend werden genannt: rot blühend der Gewöhnliche Blutweiderich und Behaartes Weidenröschen, mit gelben Blüten Wasserschwertlilie und Wasserkresse, von den Gräsern das Schilf, der Wasserschwaden und das Rohrglanzgras sowie der Breitblättrige Rohrkolben.

An versteckter Stelle stehen wenige Exemplare der prächtigen seltenen Schwanenblume. Im Sommer schmücken die roten oder rosafarbenen Blüten des Drüsigen Springkrauts die Ufer. Diese aus Indien stammende Art ist seit den 1970er Jahren in Leipzig eingebürgert. In den Spalten der Mäuerchen gedeihen der Scharfe und der Weiße Mauerpfeffer, Kaukasische Fetthenne, Mauerraute (ein kleiner Farn), der Gelbe Lerchensporn und das Filzige Hornkraut. *PG*

Gewöhnlicher Blutweiderich – eine häufige und schöne Uferpflanze

Das Palmengartenwehr

nicht selten für eine Freiraumgestaltung im Zusammenhang mit dem Hochschulbau gehalten. Die Reste des Denkmalsplatzes wurden provisorisch begrünt, die Schmuckpflanzungen aufgegeben und die hölzernen Dachkonstruktionen der Gartenhalle abgetragen. Die übrigen Grundstrukturen blieben weitgehend erhalten. Allerdings verhindert Wildwuchs in den Uferzonen die Wahrnehmung der beabsichtigten monumentalen Raumwirkung. Seit den 1990er Jahren liegt eine denkmalpflegerische Konzeption eines Berliner Landschaftsarchitekturbüros vor. In den letzten Jahren erwogen wird eine kritische Präsentation einzelner Werke Hipps. Eine Instandsetzung von Pergolen und Freitreppen erfolgte in den 1990er Jahren. Unbefangen von der Vergangenheit des Geländes findet in seinem östlichen Bereich unter freiem Himmel alljährlich der sogenannte Hörspielsommer statt. Dem auf den Rasenflächen verweilenden Publikum werden neben aufgezeichneten Produktionen auch Live-Darbietungen, Lesungen oder Märchenerzählungen für Kinder geboten.

Größe

2,8 Hektar

Besonders sehenswert

Gartenhalle, Denkmalsplatz, Reste der Pergola mit Springbrunnenbassin am Westufer

Der Weg

Tram 3, 8, 13, 15 Haltestelle Sportforum,
Tram 14 Haltestelle Nonnenstraße

Parkmöglichkeiten

Parkplatz Zeppelinbrücke/Jahnallee

Sport + Spiel

Joggen, Nordic Walking, Radfahren

Hundewiesen

Palmengarten (westlicher Abschnitt)

Adressen

Leipziger Notenspur, Tel. 97 33 74,
www.notenspur-leipzig.de

Richard-Wagner-Verband Leipzig e. V., Richard-Wagner-Platz 1, 04109 Leipzig, Tel. 30 86 89 33,
www.wagner-verband-leipzig.de

Hörspielsommer e. V., Karl-Liebknecht-Straße 48,
04275 Leipzig, Tel. 22 53 67 44,
www.hoerspielsommer.de

Gastro-Tipps

Restaurant Heine, Karl-Heine-Straße 20,
04229 Leipzig, Tel. 8 70 99 66,
www.restaurant-heine.de

Restaurant Safari, Nonnenstraße 5e,
04229 Leipzig, Tel. 3 37 54 70,
www.restaurant-safari.de

Treffpunkt der feinen Gesellschaft

Der Name Palmengarten weckt romantische Assoziationen und lässt an eine aufwändig gestaltete botanische Anlage denken. Vor Ort findet der Besucher einen verhältnismäßig weitläufigen Landschaftspark mit einer interessanten Teichlandschaft und durchaus vielfältigem Altbaumbestand, jedoch keine Palmen. Nicht mehr! Tatsächlich entsprach der Palmengarten über Jahrzehnte dem mit seiner Bezeichnung verbundenen Bild. Zugleich war er ein wichtiger Treffpunkt der Leipziger Gesellschaft. Dem kundigen Betrachter erschließen sich noch heute aussagekräftige Spuren der Vergangenheit, die auf den ersten Blick oft nicht erkennbar sind.

Bis 1893 wurde das Gelände aus Anlass des fünfzigjährigen Bestehens des Leipziger Gärtnervereins erstmals landschaftsarchitektonisch gestaltet. Otto Moßdorf konzipierte das Areal der hier auf 200000 Quadratmetern durchgeführten Internationalen Jubiläumsgartenbauausstellung. Neben den klassischen Ausstellungsflächen entstanden Teiche und ein Hügel mit künstlicher Grotte und Wasserfall. Im Eingangsbereich befand sich der sogenannte Kuhturm, eine mittelalterliche Befestigungsanlage, die den Übergang über die Elster-Luppe-Niederung sicherte. Mit im Anbau integriertem Restaurant wurde er in das Ausstellungsgelände einbezogen. Anlässlich der Veranstaltungseröffnung regte Oberbürgermeister Otto Georgi an, das Terrain dauerhaft als Parkanlage zu nutzen und auch Palmen zu präsentieren. Als Vorbild sollte der 1871 eröffnete Palmengarten in Frankfurt am Main dienen. Von dort stammte dann auch der Sieger eines für Leipzig ausgeschriebenen Wettbewerbs, der Gartentechniker Eduard May. Den zweiten Preis erlangte Otto Moßdorf. Da er bereits das Ausstellungsgelände geschaffen hatte und mit Vorbereitungen für den endgültigen Park

Frühlingsgrün im Palmengarten

Rhododendron im Palmengarten

befasst war, erhielt er den Auftrag für die Arbeiten. Als neuen Mittelpunkt konzipierten die Architekten August Hermann Schmidt und Arthur Johlige 1898 ein Gesellschafts- und Palmenhaus. Die aufwändige und raumgreifende Stahl-Glas-Konstruktion mit vier Rundtürmen am mittigen Saalbau dominierte die Anlage. Sie war von üppig bepflanzten Restaurantterrassen umgeben. Im Sommer fanden hier haushohe Palmen in Kübeln Aufstellung, die sonst im Palmenhaus verwahrt wurden. Am 29. April 1899 erfolgte die feierliche Eröffnung des Palmengartens. Das gegenüber der Gartenbauausstellung erweiterte Gelände war nur gegen Eintritt zu betreten und als Treffpunkt vornehmlich für gehobene Kreise gedacht. Es handelte sich um eine Kombination aus Freizeitpark und botanischer Anlage. Der noch vorhandene Baumbestand geht überwiegend darauf zurück. Daneben gab es aufwändige wechselnde Schmuckpflanzungen, ein Dahlienversuchsfeld und temporäre Blumenausstellungen. Der Unterhaltung dienten zahlreiche Veranstaltungen im Gesellschaftshaus und Freiluftkonzerte im benachbarten Konzertpavillon. Es gab „Kinderbelustigungen", einen Kanuverleih auf den Teichen, weitere Restaurants in separaten Bauten und teils illuminierte Wasserspiele, darunter den von der Gartenbauausstellung erhaltenen Wasserfall mit Grotte. Der integrierte südliche Teil, einst Ritterwerder genannt, bekam 1917 den Namen Klingerhain, benannt nach dem 1857 in Leipzig geborenen Bildhauer, Maler und Grafiker Max Klinger, der ganz in der Nähe sein Atelierhaus hatte. Hier kam 1924 der von ihm geschaffene Sockel für das für die Matthäikirchhoftreppe vorgesehene Richard-Wagner-Denkmal zur Aufstellung (beschrieben im Kapitel über den Promenadenring). Mit der Weltwirtschaftskrise bekam auch der Palmengarten finanzielle Probleme. Im Jahre 1936 wurde der Klingerhain ausgegliedert und für eine freie Nutzung geöffnet. Für das übrige Gelände gab es an bestimmten Tagen Ermäßigungen, um auch weniger zahlungskräftige Besucher anzulocken. Trotzdem waren die Tage des Ensembles gezählt – die Nationalsozialisten hatten ihre eigenen Pläne: Aus Anlass des vierundfünfzig Jahre zuvor erfundenen Buchdrucks sollte auf dem Terrain des Palmengartens eine große „Gutenberg-Reichsausstellung" stattfinden. Für monumentale Ausstellungshallen wurden 1939 Palmen- und Gesellschaftshaus, Kuhturm und die übrigen Bauten gesprengt oder abgerissen. Im gleichen Jahr begann der Zweite Weltkrieg; die Ausstellung fand nie statt. Zurück blieb ein um die herausragenden Attraktionen beraubtes Gelände.

BOTANISCHE BESONDERHEITEN

Die ungedüngten Wiesen im Klingerhain beherbergen mehrere seltene oder rückläufige Pflanzen, z. B. Wiesenmargerite, Rauen Löwenzahn, Knöllchensteinbrech, Rundblättrige Glockenblume, Wiesenglockenblume, Wiesenschaumkraut, Scharfen Hahnenfuß und die Süßgräser Gewöhnlicher Goldhafer und Gewöhnliches Ruchgras. Im Frühling schmückt die hier nicht seltene Hohe Schlüsselblume mit ihren gelben Blüten den Hain. Die Art kommt zwar im Auwald recht häufig vor, als Wiesenpflanze ist sie aber um Leipzig fast erloschen. Weitab von seiner Hauptverbreitung im Gebirge besitzt das Gebirgshellerkraut ein Vorkommen. Als weitere Besonderheit gilt die in Sachsen fast ausgestorbene Kugelteufelskralle, doch ist sie hier wahrscheinlich nicht ursprünglich. Unter den Bäumen blühen im Frühling Goldschopfhahnenfuß, Buschwindröschen, Märzveilchen und (verwildert) der Dunkle Schneestolz, im Sommer u. a. die Nesselblättrige Glockenblume mit ihren brennnesselartigen Blättern und großen violetten Blütenglocken. *PG*

Kugelteufelskralle, eine Art der Roten Liste Sachsens, ist in Leipzig nur noch im Klingerhain anzutreffen

Dieser Parkabschnitt wirkt als Grünverbindung im Stil des Auwalds entlang der Weißen Elster und des Elsterflutbetts. Hier finden wir typische Auwaldgehölze, wie Stieleiche, Gemeine Esche, Bergahorn, Sommer- und Winterlinde. Darüber hinaus ziehen eingestreut Amerikanische Roteiche, Schnurbaum, Robinie, Spitzahorn und Silberweide die Blicke auf sich. Den Parkeingang an der Käthe-Kollwitz-Straße kennzeichnet eine große Gruppe von Magnolien, die ihren Höhepunkt im Frühjahr erreichten, wenn mehr als tausend kelchgroße, rosa Blüten vor dem Blattaustrieb die neue Saison ankündigen. An den Sitzgruppen am Eingang finden wir noch im Herbst unter dem Blattwerk reich gelbblühende Zaubernusssträucher. Erwähnenswert sind zudem Gruppen von Feuerdorn. Ihre zahlreichen, orangeroten Früchte bezaubern wochenlang. *HJS*

In den Nachkriegsjahren erfolgte aber die noch heute vorhandene Gestaltung als öffentliche Parkanlage. Versteckt im südlichen Bereich hat sich der Hügel mit Grotte erhalten. Der ehemals vorgelagerte Teich zeichnet sich noch deutlich im Gelände ab, ist aber trocken gefallen. Pläne zur erneuten Flutung und zur Wiederinbetriebnahme des künstlichen Wasserfalls konnten noch nicht umgesetzt werden. Ein weiterer historischer Bezugspunkt ist ein gusseiserner Jugendstil-Pavillon. 1897 entstand er anlässlich der Sächsisch-Thüringischen Industrie- und Gewerbe-Ausstellung im benachbarten heutigen Clara-Zetkin-Park und wurde unmittelbar nach der Veranstaltung hierher versetzt. Im Sommer 2008 erfuhr ein dem Palmengarten benachbarter Ort an der Jahnallee eine Wiederbelebung. In der ehemaligen, 1944 errichteten Gastankstelle wurde ein Veranstaltungsort einschließlich Gastronomiebetrieb eröffnet. Mit Biergarten und Sommerbühne will der Leipziger Theaterleiter Matthias Bremke an alte Traditionen anknüpfen: Nach Abschluss der Bauarbeiten sollen hier „Restaurant und Theater Am Palmengarten" das ganze Jahr über für Unterhaltung sorgen, Wintergärten und eine Lichtkuppel entfernt an das einstige Gesellschaftshaus erinnern.

Größe

22,5 Hektar

Besonders sehenswert

Putten, Pavillon, Palmengartenwehr, Teiche mit Inseln und Brücken

Der Weg

Käthe-Kollwitz-/Karl-Heine-Straße, Tram 14 Haltestelle Nonnenstraße, Jahnallee Tram 3, 8, 13, 14, 15, Bus 130, 131 Haltestelle Straßenbahnhof Angerbrücke

Parkmöglichkeiten

Cottaweg, Parkplatz an der Zeppelinbrücke in der Jahnallee

Sport + Spiel

Joggen, Nordic Walking, Radfahren

Hundewiesen

Palmengarten, westlicher Abschnitt

Adressen

Verein Goetz-Haus e. V., Lützner Straße 11, 04177 Leipzig, Tel. 4 80 81 25, www.goetz-haus.de

Gastro-Tipps

Restaurant Heine, Karl-Heine-Straße 20, 04229 Leipzig, Tel. 8 70 99 66, www.restaurant-heine.de

Gefülltblühende Vogelkirsche

BOTANISCHE BESONDERHEITEN

Der Palmengarten ist bezüglich der Baumarten der inhaltsreichste Park in Leipzig. Beginnen wir am nordwestlichen Zugang mit einem Rundgang: Winterlinde, Pyramideneichen, die größte Platane des Parks, gegenüber Purpurblättriger Bergahorn, Feuerahorn, Dornenloser Christusdorn, Trompetenbaum, Stieleiche, Robinie, Zürgelbaum, Götterbaum, Bergahorn, im Park älteste, Gefülltblühende Vogelkirsche, Schwarznuss, Japanische Walnuss, Mandschurische Walnuss, die Herzfrüchtige Walnuss mit langen Fruchttrauben, Haselstrauch, Vielblütiger Zierapfel mit erbsengroßen gelben Früchten, Eschenahorn, Amberbaum mit attraktiver Herbstfärbung, Strauchkastanie, Tulpenmagnolie, am Teich die Trauerweide, Glanzmispel, Kleeulme, Sternmagnolie, eine Blutbuche mit rosa-weiß gezeichneten Blättern, Gelbholz mit langen, weißen Blütentrauben, Geweihbaum, Schnurbaum – ein Sommerblüher –, Gelbbirke mit rötlichbrauner Rinde, Sumpfzypresse, Urweltmammutbaum, Rotesche, Schlitzblättrige Sommerlinde, Amerikanische Roteiche, Zaubernuss, Hybrideiche als Kreuzung von Stiel- und Traubeneiche, Eibe, Goldlärche mit besonderer goldgelber Herbstfärbung, Silberahorn, Gelbgesprenkelter Bergahorn, Trauerweide mit brauner Rinde, Lacksumach, Japanische Lärche, Kaukasische Flügelnuss, eine Krimlinde mit überhängenden Zweigen, Holländische Linden, Rotbuche, Gurkenmagnolie, verschiedene Zieräpfel, Blutpflaume, Kornelkirsche, Fliederspiere, Rotblühende Rosskastanie, Korkbäume, Kuchenbaum, schlitzblättriger Haselstrauch, Spindelbaum, Weißer Maulbeerbaum, Einblattesche, Schwedische Mehlbeere, Japanische Zierkirsche, Ginkgo, Weymouthskiefern, Silberlinde mit wulstigem Stamm, Purpurblättrige Weißesche, Täuschende Stachelesche mit großen Stacheln an den Zweigen, Hängerotbuche, Essbare Kastanie, Hängesilberlinde, Feldahorn, Gewöhnliche Mehlbeere mit flaschenartigem Stamm und Schneeballblättriger Ahorn. *HJS*

Kunstambitionen der 1980er Jahre

Der Bereich des heutigen Plastikgartens war durch den Pleißemühlgraben lange Zeit von der heutigen Innenstadt abgeschnitten. Hier, gegenüber der Pleißenburg, befand sich bis Mitte des 19. Jahrhunderts die sogenannte Schlosswiese. Nördlich benachbart lag seit Beginn des 18. Jahrhunderts der prächtige Barockgarten des Kaufmanns Andreas Dietrich Apel. Eine weitergehende städtebauliche Erschließung des feuchten Geländes konnte erst auf Initiative des Rechtsanwalts Karl Heine Mitte des 19. Jahrhunderts erfolgen. 1844 ließ er gegenüber der heutigen Lotterstraße auf eigene Kosten die Weststraßenbrücke errichten. Die Weststraße selbst entstand exakt auf dem Gelände des heutigen Plastikgartens und stellte bis in die Nachkriegszeit eine wichtige Hauptverkehrsachse dar. Südlich der Weststraße wurden einzeln stehende Villenbauten errichtet, jeweils mit Gärten an ihrer Rückseite. Am westlichen Brückenkopf entstand auf einer nördlich von der Rudolphstraße begrenzten dreieckigen Fläche ab 1845 die erste katholische Kirche Leipzigs der Neuzeit, gleichzeitig das erste neugotische Gotteshaus der Stadt (Architekt: Carl Alexander von Heideloff). Am 4. Dezember 1943 fiel die Propsteikirche zur Heiligen Dreifaltigkeit einem Bombenangriff zum Opfer. Nach 1945 wurden ihre baulichen Reste ebenso beseitigt wie diejenigen der benachbarten, komplett zerstörten Gebäude an der vorderen Weststraße. Weitere einschneidende Veränderungen erfolgten Mitte der 1950er Jahre mit der Überwölbung des Pleißemühlgrabens und 1962 mit einer Veränderung der Verkehrsführung. Damit war die vordere Weststraße zu einer Nebenstraße degradiert worden. Weiterhin unterblieb eine Neubebauung, und auch an der nördlich benachbarten Rudolphstraße erfolgte sie erst in den 1980er Jahren. In diesem Zusammenhang wurde jedoch die vordere Weststraße entwidmet und nach Plänen von Hans-Jürgen Schwarz und Dieter Dippmann zu einer Grünanlage umgestaltet, in die auch einige Gehölze aus den vormals hier vorhandenen Villengärten einbezogen wurden. 1987 erfolgte die Eröffnung als „Plastikpark", dessen künstlerische Konzeption Bernd Sikora oblag. In aufgelockerter Weise wurden anfangs unter jährlich wechselndem Motto temporäre Ausstellungen von Plastiken durchgeführt. Dies kam zwar nach der Wiedervereinigung zum Erliegen, jedoch werden auch heute einige wenige Kunstwerke dauerhaft präsentiert. Darunter ist die 1991 in Auftrag gegebene Plastik „Erinnerung an die Leipziger Barockgärten" von Bernd Sikora (Konzept) und Markus Gläser (Ausführung). Stilisiert dargestellt sind Grundstrukturen eines archetypischen Barockgartens. Als konkrete Erinnerungen finden sich auch die Schriftzüge „Apels Garten", „Rosental", „Kleinbosescher Garten" und „Großbosescher Garten". In den 1990er Jahren war die nun Plastikgarten genannte Anlage vorübergehend als künftiger Standort des Leipziger Bildermuseums im Gespräch.

Plastik „Erinnerung an die Leipziger Barockgärten" von Bernd Sikora und Markus Gläser

Größe
ca. 3 Hektar

Der Weg
Tram 2, 8, Haltestelle Karl-Tauchnitz-Straße

Parkmöglichkeiten
Rudolphstraße, Alter Amtshof (begrenzt), Parkhaus Zentralstraße

Adressen
Theodor-Körner-Haus, Wöllnerstraße 12, 04249 Leipzig, Tel. 4 25 18 33, www.leipzig1813.com

Gastro-Tipps
Apels Garten, Kolonnadenstraße 2, Tel. 9 60 77 77, www.apels-garten.de

BOTANISCHE BESONDERHEITEN

Bergahorn (über 100 Jahre alt), Vogelkirsche mit roter Herbstfärbung, Japanische Zierkirsche, Trompetenbaum mit auffällig großen Blättern, Robinien, Platanen mit ausladender Krone, Baumhasel, Gemeiner Flieder, weiße Rosskastanie, Götterbaum, Spitzahorn, Amerikanische Roteiche, Sommerlinde, Ranunkelstrauch, Weißer Hartriegel, Gemeiner Hartriegel, Schmuckmahonie mit großen Blättern und langen gelbüberhängenden Blüten, Weiße Forsythie, Eschenahorn, Silberweiden und der seltene Gelapptblättrige Flieder. *HJS*

Die Spielgeräte in der Kleingartenanlage Dr. Schreber sind historischen Modellen nachempfunden.

Paradies für Gartenfreunde

Nordwestlich der Innenstadt befindet sich der heute älteste Schreberplatz. Benachbart wird er seit 1996 vom Deutschen Kleingärtnermuseum in einem villenartigen Vereinshaus. Der Traum vom eigenen Garten mag so alt sein, wie die Menschen sesshaft sind. In Leipzig gab es schon seit dem Mittelalter Bürgergärten vor den Toren der Stadt. Das Bedürfnis nach solchen Anlagen stieg mit der Industrialisierung und dem folgenden Bevölkerungswachstum. Insbesondere für ärmere Schichten mit beengten Wohnverhältnissen in Mehrfamilienhäusern waren Gärten eine soziale Errungenschaft. Seit dem 19. Jahrhundert entwickelten sich Gartenkolonien mit ausgeprägtem Gemeinschaftsleben, in denen lange auch der Aspekt der Selbstversorgung eine Rolle spielte. Der erste Verein mit dieser Zweckbindung wurde schon 1814 in Kappeln an der Schlei gegründet; in Leipzig gab es im Johannistal seit 1832 erste Kleingärten. Allgemein verbunden wird die entsprechende Bewegung heute mit dem Namen des Leipziger Arztes Daniel Gottlob Schreber (1808–1861). Dieser beschäftigte sich mit Fragen der Volksgesundheit und Erziehung. Mit den gleichen Interessen war es aber erst sein Schwiegersohn, Dr. Ernst Innocenz Hauschild, der am 10. Mai 1864 den ersten Schreberverein gründete. Um dem Mangel an Spielmöglichkeiten entgegenzuwirken, legte der Verein einen Spielplatz nördlich des Johannaparks an, 1869 auf Initiative des Arztes Dr. Gesell ergänzt um sogenannte Familienbeete. Bereits im Folgejahr hatten sich daraus Kleingärten mit Lauben entwickelt; vermutlich waren auch seinerzeit die Eltern mehr am Gärtnern interessiert als ihre Kinder. Der große gemeinschaftliche Spielplatz im Zentrum der Anlage verblieb aber.

Gänseblümchen – eine charakteristische Pflanze der Parkrasen

Historische Lauben am Deutschen Kleingärtnermuseum

Quitte mit Früchten

Wegen des Baus der Ferdinand-Lassalle-Straße musste der erste Schreberplatz 1875 aufgegeben werden. Im Mai 1876 eröffnete er am heutigen Standort neu. Das Charakteristikum der Schreberplätze im Unterschied zu „gewöhnlichen" Kleingartenkolonien bildete der zentrale Gemeinschaftsbereich mit Spielmöglichkeiten. Er und die häufig errichteten Vereinsbauten bildeten den Rahmen für ein umfangreiches Vereinsleben und eine entsprechende Gruppenarbeit. Bei der betrachteten Anlage wurde der zentrale Platz vor einigen Jahren nach einer Konzeption der Leipziger Landschaftsarchitektin Kathrin Franz denkmalgerecht instand gesetzt und dabei mit Nachbauten historischer Spielgeräte ausgestattet. Ferner finden sich auf dem Gelände ein Kleingarten im Stil der Zeit um 1900 und vier historische Lauben, die aus Großenhain hierher transportiert wurden. In Leipzig gibt es heute 278 Kleingartenanlagen mit mehr als 39000 Parzellen. Trotz ihres bisweilen kleinbürgerlichen Rufs erfüllen sie sicher Funktionen zur Steigerung der Volksgesundheit im Sinne des Dr. Schreber. Daneben stehen auch soziale Aspekte im Fokus.

Größe

35,9 Hektar

Besonders sehenswert

Deutsches Kleingärtnermuseum im Vereinshaus, historische Lauben

Der Weg

Käthe-Kollwitz-Straße bis Marschner Straße/ Aachener Straße bzw. Jahnallee bis Coblenzer/ Aachener Straße, Tram 1, 2, 14 Haltestelle Marschner Straße, Tram 3, 4, 7, 8, 13, 15 Haltestelle Waldplatz

Parkmöglichkeiten

Aachener Straße, Willmar-Schwabe-Straße, Parkplatz Schreberbrücke

Sport + Spiel

Spielplatz, Spielwiese

Adressen

Deutsches Kleingärtnermuseum und Förderverein Deutsches Museum der Kleingärtnerbewegung, Aachener Straße 7, 04109 Leipzig, Tel. 2 11 11 94, www.kleingarten-museum.de

Gastro-Tipps

Dr. Schrebers Restaurant und Biergarten, Aachener Straße 7, 04109 Leipzig , Tel. 9 61 13 24

Wo einst die Alte Elster floss

In unmittelbarer Nachbarschaft der diversen Einrichtungen des Sportforums Leipzig entstand 2002 und 2003 eine durch Kinder und Jugendliche vielfältig nutzbare Grünanlage mit interessanten optisch-grafischen Effekten. Für die Planung verantwortlich zeichnet das Hannoveraner Landschaftsarchitekturbüro Prof. Nagel, Schonhoff + Partner. Die sich nach Süden öffnende Anlage besitzt nach Westen, zur

Wellenartige Wegebahnen des Robert-Koch-Platzes

viel befahrenen Friedrich-Ebert-Straße, eine klare Abgrenzung in Form einer Hainbuchenhecke, begleitet von einer dreireihigen Silberlindenpflanzung. Im Raster der Bäume finden sich an mehreren Stellen Aussparungen für Bänke. Auch nach Norden und Osten erhielt die Anlage eine allerdings optisch transparente äußere Abgrenzung durch Baumreihen. Deren regelmäßige Struktur ist zum Innenbereich des Platzes durch freier angeordnete Gehölze aufgelöst. Hier finden sich auch einige attraktive Altbäume. Die gesamte innere Fläche erfuhr eine vielgestaltige und bewegte Geländemodellierung. Mit Hilfe einer kleinen Stützmauer ist sie über das Niveau der umgebenden Flächen hinausgehoben. Durch die variierende Höhe der Mauer und damit der äußeren Kanten wirkt die Fläche insgesamt leicht gekippt. In sich erhielt sie zudem eine gewellte, an eine Hügellandschaft erinnernde, mit Rasen begrünte Oberfläche. Auf einer der Anhöhen befinden sich, optisch geschickt platziert, Schaukeln, auf einer anderen skulpturale Installationen aus roten Balken, die auch zum Klettern oder Turnen einladen. Wie in die Hüggellandschaft hineingefräst erscheinen drei west-östliche Wegeachsen und der Spielbereich. Sie stoßen außerdem durch die östliche Randpflanzung hindurch und bilden somit Öffnungen zum sich hier anschließenden Waldstraßenviertel. Die Wege und die Spielfläche setzen auf dem Niveau des umliegenden Geländes an und besitzen im Bereich der inneren Hügelfläche seitliche Stützmauern zum Abfangen des Niveauunterschieds. Die mit Asphalt belegten Wege dienen auch dem Skaterfahren; einer von ihnen ist als rot eingefärbte Wellenbahn ausgebildet. Auf dem mit Kies belegten Spielbereich finden sich Klettermöglichkeiten auf abstrakten tierähnlichen Figuren und Edelstahlgeräten. Der Robert-Koch-Platz ist Bestandteil des Freiraumverbunds „Alte Elster", die hier einst ihr Bett hatte. Für das benachbarte Waldstraßenviertel stellt er einen wichtigen Spielbereich dar. Das westlich benachbarte Sportforum mit seinen weiten, monumentalen, aber auch leeren Flächen erhielt durch die Anlage einen verspielten Kontrapunkt.

Größe
0,9 Hektar

Besonders sehenswert
Geländemodellierung mit Rasenhügeln und eingetieften Wegebahnen, skulpturale Kletter- und Spielinstallationen

Der Weg
Tram 4, Haltestellen Am Sportforum,
Am Mückenschlösschen

Parkmöglichkeiten
Parkplätze am Sportforum

Sport + Spiel
Joggen, Nordic Walking, Inlineskating,
Radfahren, Spielplatz

Hundewiese
vorderes Rosental (nördlich Blindenpark)

Adressen
Bürgerverein Waldstraßenviertel e. V., Hinrichsenstraße 10, 04105 Leipzig, Tel. 9 80 38 83,
www.waldstrassenviertel.de

Gastro-Tipps
Restaurant und Biergarten Mückenschlösschen, Waldstraße 86, 04105 Leipzig, Tel. 9 83 20 51,
www.mueckenschloesschen-leipzig.de

Nin Hao, Jahnallee 20, 04105 Leipzig,
Tel. 9 11 08 53

Der „Knochenplatz" von Lindenau

Der Platz mitten im Häusermeer von Lindenau begann seine belegte Geschichte als landwirtschaftliche Nutzfläche. Später betteten die Anwohner hier ihre Toten zur letzten Ruhe: Bis Ende des 19. Jahrhunderts lag der Bereich des heutigen Platzes weit außerhalb jeglicher städtischer Bebauung. In dieser Zeit befand sich hier für einige Jahrzehnte der zweite Friedhof der Gemeinde Lindenau. Der vorherige Begräbnisplatz an der damaligen Dorfkirche war 1844 aufgelöst und an den südlichen Rand der Siedlung verlegt worden. Mit dem weiteren Wachstum Lindenaus und einer einsetzenden Verstädterung musste eine dritte Anlage eingerichtet werden. Dies geschah 1866. Damit war der Weg frei, den zweiten Friedhof stillzulegen und erstmals eine Platzgestaltung vorzunehmen. Hierfür brachten die Gemeindeväter nach Ablauf der Ruhezeit in den 1890er Jahren 15000 Goldmark auf. Den Namen Karl Heine trägt der Platz an der gleichnamigen Straße seit dem 31. Dezember 1904, einem Beschluss der Kommune vom November des gleichen Jahres folgend. Damit wurden die Verdienste des Leipziger Rechtsanwalts und Unternehmers Carl Heine (1819–1888) gewürdigt. Er initiierte den Ausbau der Industriegebiete und der Infrastruktur im Westen Leipzigs und leistete einen Teil der Finanzierung.

Trotz des offiziellen Namens hält bei den Lindenauer Bewohnern die drastische Bezeichnung „Knochenplatz" die Erinnerung an den Friedhof wach. Aufgewertet wurde die Anlage durch die Einrichtung eines öffentlichen Brausebads noch vor dem Ersten Weltkrieg. Die ursprüngliche Gestaltung und auch Hinweise auf die Vergangenheit als Begräbnisplatz sind heute nicht mehr erkennbar, vorhanden sind aber noch einzelne Altbäume und Natursteinpflasterbahnen im Bereich der Hauptwegeverbindung. Die Umgestaltungen der letzten Jahre ließen eine zeitgenössische Anlage mit großen, modern ausgestatteten Spielbereichen entstehen. Diese konzentrieren sich auf die ruhigere nördliche Hälfte. Zur viel befahrenen Karl-Heine-Straße gibt es Abpflanzungen und eine torartige Konstruktion, die den Eingang betont. Das Zentrum der Anlage bildet ein mit modernen Materialien gestalteter Platz- und Sitzbereich. Obwohl in der Gemarkung Lindenau gelegen, wurde der Karl-Heine-Platz 1995 dem Sanierungsgebiet Plagwitz zugeordnet, wodurch Fördermittel für die Instandsetzung erschlossen werden konnten. 1996 erfolgte der Umbau zu einer „Stadtteilpark" genannten Anlage, welche später noch aufwertende Maßnahmen erfuhr. Für die mit Grünstrukturen unterversorgten ehemaligen Industrie- und Arbeiterwohnquartiere Plagwitz und Lindenau besitzt die Anlage Bedeutung für die wohnungsnahe Erholung.

Plastik auf dem Karl-Heine-Platz

Größe

0,8 Hektar

Besonders sehenswert

Apelstein, Granit-Kopie des ursprünglich am Eingang des (alten) Felsenkellers befindlichen Apelsteins 23, aufgestellt 1908

Der Weg

Karl-Heine-Straße, Tram 14 Haltestelle Felsenkeller

Parkmöglichkeiten

Karl-Heine-Straße

Sport + Spiel

Joggen, Nordic Walking, Radfahren, Bolzplatz, Tischtennis, Spielplatz

Adressen

Quartiersmanagement Leipziger Westen, Westbesuch e. V., Quartiersladen Leipziger Westen, Lützner Straße 17, 04177 Leipzig, Tel. 2 41 94 64, www.westbesuch.com, www.leipzigerwesten.de

Gastro-Tipps

Nora Roman, Karl-Heine-Straße 50, 04229 Leipzig, Tel. 4 84 62 16

Reuschels Weineck, Aurelienstraße 32, 04177 Leipzig, Tel. 4 80 47 03, www.reuschels-weineck.de

33 Henriettenpark

Überwundene Tristesse

Auf einer Industriebrache zwischen Lützner Straße, Enders-, Henrietten- und GutsMuthsstraße entstand von 1998 bis 2005 eine grüne Oase in einem bis dahin eher tristen Umfeld. Der Henriettenpark in Lindenau gehört zu jenen neueren Anlagen, mit welchen die vormals maroden Industrie- und Arbeiterwohnquartiere Leipzigs aufgewertet werden sollen.

Das Dorf Lindenau wuchs in der zweiten Hälfte des 19. Jahrhunderts ähnlich wie das benachbarte Plagwitz zu einem gewerblich dominierten Vorort mit großstädtischen Strukturen heran, beinahe ohne Grünflächen.

In der Zeit der DDR verfiel die Bausubstanz, beschleunigt durch die starke Luftverschmutzung, ohne dass nennenswerte Sanierungen erfolgten. Spätestens nach 1990 und der Schließung der meisten Industrie- und Gewerbebetriebe schien das Schicksal des Stadtteils besiegelt, nahm die längst begonnene Abwanderung bedrohlich zu. Nur die Luftverschmutzung gehörte schon bald der Vergangenheit an. Die Wende begann hier 1998. Nach einer Konzeption des Städtischen Grünflächenamts entstand bis 2005 eine innovative und vielgestaltige Grünanlage. Der ursprüngliche Charakter des Orts scheint in der Wiederverwendung von Altmaterialien und gestalterischen Zitaten auf. Die annähernd gerade Wegeachse, die den Raum an seiner Südseite auf ganzer Länge durchmisst, erinnert an eine Gleistrasse. Diese Assoziation wird unterstützt durch in regelmäßigen Abständen verlegte Betonplattenstreifen mit Markierungen, welche Schienenspuren andeuten. Die größeren Zwischenräume zwischen den Streifen sind ausgefüllt mit unregelmäßigem Feldsteinpflaster, charakteristisch für viele Gewerbehöfe. Weitere Altmaterialien, etwa Klinker, kamen in Gabionen (Drahtkästen) an der Nord- und Ostseite zum Einsatz, die hier Stützmauern für Rampenwege bilden. Die Rampen treffen in der Nordostecke auf ein erhöhtes Plateau, das im Eckzwickel auch über eine großzügige Freitreppe zugänglich ist. Mit einem Pavillon bildet dieses Arrangement einen auffälligen Blickpunkt und einen gestalterischen Höhepunkt der Anlage. Auch sonst steigert sich die gestalterische Intensität von West nach Ost. Der zunächst nur

Henriettenpark, Wegeverlauf als Reminiszenz an eine Eisenbahntrasse

Größe
1,7 Hektar

Besonders sehenswert
Plateau mit Pavillon, Rampenwegen und Freitreppe, Kiesbeet, Gleisreminiszenzen

Der Weg
Lützner Straße, Tram 8, 15 Haltestelle Henriettenstraße

Parkmöglichkeiten
Endersstraße, Henriettenstraße (eingeschränkt)

Sport + Spiel
Joggen, Nordic Walking, Streetball, Skaten, Spielplatz

Adressen
Wege e. V., Lützner Straße 75, 04177 Leipzig, Tel. 9 12 83 17, www.wege-ev.de

Gastro-Tipps
Café Westen, Demmeringstraße 32, 04177 Leipzig, Tel. 4 92 76 04, www.cafe-westen.com

Reuschels Weineck, Aurelienstraße 32, 04177 Leipzig, Tel. 4 80 47 03, www.reuschels-weineck.de

Roteiche im Herbst

von einer einfachen Baumreihe gesäumte Hauptweg mündet schließlich in einer Ahornallee mit Bänken, die Betonstreifen mit den Gleismarkierungen enden davor. So besitzt der letzte Wegeabschnitt den Charakter einer südländischen Promenade und lässt nichts mehr vom ursprünglich spröden Charakter des Bereichs erkennen. Locker angeordnete Gehölze sowie Pflanzflächen und in Wellenform geführte Wege setzen weitere Kontraste zur allseitigen Blockbebauung.

Auf Höhe eines zur Lützner Straße abzweigenden Grünzugs befindet sich ein mit Dränwasser gespeistes größeres Kiesbeet für feuchtigkeitsverträgliche Gräser und Stauden. Bei starkem Niederschlag kann sich hier ein kleiner Teich bilden.

Den Bedürfnissen von Kindern und Jugendlichen dienen Spielgeräte und Ballspielflächen.

Um die Pflege der Anlage macht sich der Wege e. V. verdient, ein Verein, der die Interessen psychisch Kranker und ihrer Angehörigen vertritt. Zum Euro Cities Award 2007 in Porto wurde die Anlage mit einem zweiten Platz ausgezeichnet.

BOTANISCHE BESONDERHEITEN

Baumreihen und Baumgruppen setzen Akzente und bilden Räume, die von Jahr zu Jahr deutlicher werden. An markanten Gehölzen ist der Kugelahorn zu nennen, als kleine Allee an beiden Seiten des Rundwegs gepflanzt. Der Baum ist eine kugelförmig wachsende Form des Spitzahorns. Außerdem wachsen hier mehrere Eichenarten, wie Stieleiche und Amerikanische Roteiche, der Schnurbaum, Robinie, Baumhasel, Schwedische Mehlbeere, Vogelbeere, Vogelkirsche, Kirschpflaume, Blutpflaume, Japanische Kirsche, Lederblättriger und Pflaumenblättriger Weißdorn, Blasenbaum, Sumpfzypresse, Urweltmammutbaum, Pyramidenhainbuche (sie wächst kegelförmig), Silber-, Salweide und Zitterpappel. An dominanten Sträuchern sind zu nennen Haselstrauch, Sommerflieder, Kirschlorbeer mit schmalen, lanzettförmigen, glänzend lederartigen Blättern sowie Weißer Hartriegel, Immergrüne Berberitze und Eibe. *HJS*

Das Erbe des Carl Heine

Carl Erdmann Heine (1819–1888) hat den Leipziger Westen entscheidend mitgeprägt. Der Unternehmer und weitsichtige Industriepionier begründete mit seinen Ansiedlungen und den von ihm initiierten Infrastrukturmaßnahmen die industrielle Basis von Plagwitz und Lindenau, Grundlage für das rasante Wachstum der zunächst noch selbstständigen Orte im 19. Jahrhundert. Eine bedeutende, bereits ab 1856 von Carl Heine angestoßene Maßnahme war der Bau des heute nach ihm benannten Kanals. Er sollte Elster und Saale miteinander verbinden und damit die Erreichbarkeit des Leipziger Westens über den Wasserweg gewährleisten. Das Vorhaben blieb unvollendet.

Heine selbst setzte bald auf das neue Transportmittel der Eisenbahn. Fächerartig wird insbesondere Plagwitz von ehemaligen Güterbahntrassen durchzogen.

In der DDR begann der Niedergang der einst prosperierenden Industriequartiere, und nach 1990, mit der Einstellung nahezu jeder Produktion, schien der Verfall nicht mehr aufzuhalten. Doch ab 1993 entstand bereits eine neue Rad- und Fußwegeverbindung entlang dem Karl-Heine-Kanal, die die imposante, teils stark in das Gelände eingeschnittene Trasse mit den sie überspannenden Brücken und Viadukten neu erschloss. Dadurch wurde eine revitalisierende Lebensader für die angrenzenden Quartiere gewonnen. Dies gilt ebenso für die Gestaltung der „Grünen Gleise Plagwitz", also der ehemaligen Industriegleistrassen. Hier entstanden Wege und zurückhaltende Begrünungen. Bis 1990 lag auf dem Grundstücksstreifen zwischen Industriestraße und Karl-Heine-Kanal ein Verladebahnhof für die angrenzenden Betriebe. Er bestand etwa seit der Eröffnung des Plagwitzer Bahnhofs 1873, der hier den Anschluss von Gleisen ermöglichte. Nach dem Zusammenbruch der Produktion fiel auch dieses Gelände brach – bis zum Ende des Jahrtausends. Im Vorfeld der EXPO 2000 wurde hier der erste Bauabschnitt eines Stadtteilparks als Außenstandort der Weltausstellung in Hannover abgeschlossen. Verantwortliche Planer waren die Berliner Landschaftsarchitekten Cornelia Müller und Jan Wehberg (Büro Lützow 7). Mit dem zweiten Bauabschnitt 2006 nach einer Planung von Antje Schuhmann, Grünflächenamt Leipzig, wurde die Anlage fertiggestellt. Es war ein Bereich mit zahlreichen gestalterischen Anspielungen auf die industrielle Vergangenheit entstanden. Gleistrassen und feldsteingepflasterte Wege wurden erhalten. Parallel zu diesen alten horizontal-linearen Strukturen finden sich heute neue Baumreihen, ein Weg entlang der Kanaluferkante und bläulich gefärbte bandartige Betonmauern. Sie setzen sozusagen grafische Akzente, können aber aufgrund ihrer Höhe auch als Sitzgelegenheit dienen. Spielmöglichkeiten und auch freier angeordnete Gehölze komplettieren das Gelände. Beson-

Kletterplastik im Stadtteilpark Plagwitz

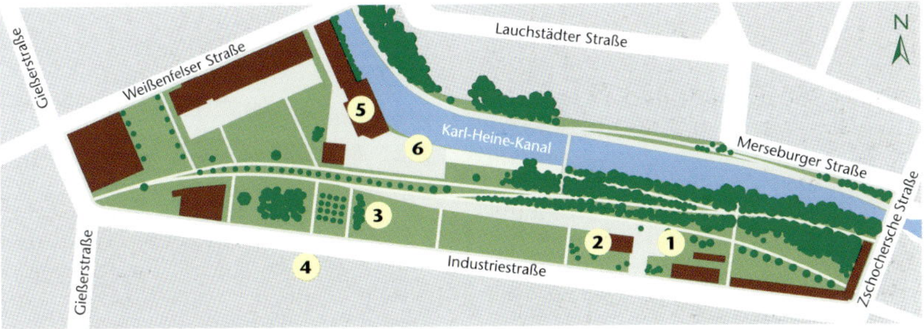

Übersichtsplan des Stadtteilparks Plagwitz: 1 Spielplatz, 2 ehemalige Bahnstation, heute Wasser-Stadt-Leipzig e. V., 3 Kletterplastik, 4 Konsumzentrale, 5 Stelzenhaus, 6 Bootsanlegestelle

dere Attraktivität gewinnt es auch durch die Einbindung des Kanals mittels zu ihm hinabführender Treppen und eine Aussichtsplattform aus Schienenelementen – eine weitere Reminiszenz an die Vergangenheit. Im Umfeld erhalten blieben teils bedeutende Industrie- und Gewerbearchitekturen, so die 1929 bis 1931 errichtete Leipziger Konsumzentrale des Architekten Fritz Höger. Heute als Bestandteil des Stadtteilparks begriffen wird das sogenannte Stelzenhaus direkt am Ufer des Karl-Heine-Kanals. Es handelt sich um ein 1937–1939 für eine Wellblechfabrik errichtetes Gebäude, dessen Uferseite überwiegend auf freistehenden Pfeilern ruht. In dem Bau befindet sich nunmehr ein Restaurant.

BOTANISCHE BESONDERHEITEN

Eine Zierde des Kanals ist die Große Teichrose, die im Juni überall ihre gelben Blüten über das Wasser hebt. Schönste Pflanzen der Ufervegetation sind zweifelsohne die Wasserschwertlilie und die in und um Leipzig sehr seltene Schwanenblume, deren rötlichweiße Blüten in Dolden angeordnet sind. An einer Stelle hat sich eine weitere Schwertlilie etabliert: die aus Nordamerika stammende Verschiedenfarbige Schwertlilie mit blauvioletten Blüten. Die roten Blütenkerzen des Blutweiderichs und die gelben Blütenstände des Gewöhnlichen Gilbweiderichs schmücken das Kanalufer im Sommer. Weitere Uferpflanzen sind der Gewöhnliche Froschlöffel, der Schmalblättrige Rohrkolben und der Ästige Igelkolben. Eine interessante Pflanze, die wir am Ufer recht häufig sehen können, ist der Kalmus. Er ist daran zu erkennen, dass seine Blätter quer gerunzelt sind und beim Reiben einen würzigen Geruch verströmen. Die Art ist eine alte Heilpflanze, die sich nur noch durch ihre Wurzelstöcke verbreitet, weil sie aufgrund eines genetischen Defekts ihre Sexualität verloren hat. *PG*

Größe

3,5 Hektar

Besonders sehenswert

Reminiszenzen an die industrielle und verkehrstechnische Vergangenheit, Karl-Heine-Kanal mit Aussichtsterrasse, Stelzenhaus und Konsumzentrale

Der Weg

Zugänge Industriestraße, Zschochersche Straße, Gießerstraße, Tram 3, 14, Bus 60 Haltestelle S-Bahnhof Plagwitz

Parkmöglichkeiten

Industriestraße

Sport + Spiel

Joggen, Nordic Walking, Radfahren, Kanu- und Bootfahren, mehrere Spielplätze

Adressen

Interessengemeinschaft Plagwitzer Geschäftsstraßen e. V., c/o PWD GmbH, Weißenfelser Straße 24, 04229 Leipzig, Tel. 4 85 31 22, www.plagwitz-ig.de

Quartiersmanagement Leipziger Westen, Lützner Straße 17, 04177 Leipzig, Tel. 2 41 94 64, www.leipziger-westen.de

Leipziger Kinderbüro, Rietschelstraße 2, 04177 Leipzig Tel. 3 37 56 66, Tel. 3 37 56 66, www.leipziger-kinderbuero.de

Gastro-Tipps

Restaurant Stelzenhaus, Weißenfelser Straße 65, 04229 Leipzig, Tel. 4 92 44 45, www.stelzenhaus-restaurant.de

Der Karl-Heine-Kanal mit charakteristischer Brücke und Stelzenhaus (links), nach industrieller Vergangenheit heute ein Ort mit Aufenthaltsqualitäten

Spielplatz und Tummelwiesen

Der heutige Schwartzeplatz in Kleinzschocher gibt sich durch seinen Altbaumbestand als historische Grünanlage zu erkennen. Etwas eigenartig muten die langgezogene Struktur und die in der gesamten Anlage rasterförmig angeordneten Baumreihen an. Es handelt sich um den ursprünglichen Friedhof des Ortsteils, dessen orthogonale Aufteilung in Gräberfelder bis heute erkennbar ist. Zu einer Umnutzung als öffentliche Grünanlage kam es bereits 1928 bis 1930. Dies stand im Zusammenhang mit der Errichtung der Wohnbebauung an der südlich gelegenen Schwartzestraße. Die Gestaltungsabsichten der Stadtgartendirektion unter Nikolaus Molzen gibt ein Plan vom 29. Februar 1928 wieder. Mit Hilfe der größtenteils zu erhaltenden Baumreihen sollten funktional unterschiedliche Bereiche abgegrenzt werden und die Anlage in ihrer gesamten Länge von der Schwartzestraße aus zugänglich sein. Eine ebenfalls aus der Zeit des Friedhofs überkommene Allee an der Nordseite war als verbindendes und die Erschließung verbesserndes Element vorgesehen. Konzipiert wurden „Tummelwiesen" mit einem runden Planschbecken, östlich flankiert von einem Spielplatz mit Sandkästen. Westlich entstand symmetrisch beiderseits der Knauthainer Straße ein von Flieder gesäumter Eingangs- und Ruhebereich. Die pragmatische, an den

Gehölzkulisse und Spielplatz des Schwartzeplatzes im Sommer und im Spätherbst (unten)

Nutzerbedürfnissen orientierte Planung der Stadtgartendirektion entsprach stilistischen und sozialreformerischen Strömungen der 1920er Jahre; weitgehend wurde sie umgesetzt. Die zunächst an der östlich gelegenen Dieskaustraße vorgesehene Wohnbebauung unterblieb. Sie hätte eine Abschirmung der Anlage gewährleistet und ihr insgesamt einen hofartigen Charakter verliehen. Statt dessen erfolgte hier in der Zeit der DDR eine einfache Freiflächengestaltung, die aber vom übrigen Platz räumlich getrennt ist. 1993 wurde eine Instandsetzung des Schwartzeplatzes bei gleichzeitigem Erhalt des Altbaumbestands vorgenommen. Auf den früheren Flächen der Tummelwiesen befindet sich heute ein Spielbereich mit großem Klettergerät. Rautenförmig angeordnete Wege stehen im Kontrast zu den beschriebenen Raumstrukturen. Leider wurde auch die westliche Hälfte des Eingangs- und Ruhebereichs an der Knauthainer Straße bebaut, so dass dieser heute in der ursprünglichen Form nicht mehr vorhanden ist. In den letzten Jahren erfolgte aber eine Komplettierung der historischen Baumreihen aus Robinien durch Nachpflanzungen in durch natürlichen Abgang entstandenen Lücken.

Größe

1,4 Hektar

Besonders sehenswert

Raumstrukturen aus der Zeit als Friedhof und der Gestaltungsphase Ende der 1920er Jahre

Der Weg

über die Zschochersche Straße oder die Antonienstraße zur Dieskaustraße, dort im Bereich der Taborkirche westlich in die Schwartzestraße abbiegen, Tram 3, 13 Haltestelle Schwartzestraße

Parkmöglichkeiten

Schwartzestraße

Sport + Spiel

Joggen, Gymnastik, Spielplatz

Adressen

Quartiersmanagement Leipziger Westen, Lützner Straße 17, 04177 Leipzig, Tel. 2 41 94 64, www.leipzigerwesten.de

Leipziger Sportverein Südwest, Windorfer Straße 63, 042329 Leipzig, Tel. 4 25 06 54, www.lsvsw.de

Gastro-Tipps

Hotel-Ristorante Don Giovanni, Schwartzestraße 1–3, 04229 Leipzig, Tel. 3 08 88 80, www.don-giovanni-leipzig.de

Früher Vorläufer des sozialen Wohnungsbaus

Herrmann Julius Meyer (1826–1909) hatte 1856 nach dem Tod seines Vaters das Bibliographische Institut in Gotha übernommen und verlegte das bekannte, nach der Familie benannte Konversationslexikon. 1874 übersiedelte er mit dem Institut nach Leipzig. In der aufblühenden, rasant wachsenden Stadt wurde er unweigerlich auch mit sozialen Missständen und der Wohnungsnot von Geringverdienenden konfrontiert. Bald beschloss er, diesen Problemen mit zukunftsweisenden, für die Zeit ungewöhnlichen Schritten zu begegnen. 1888 gründete Meyer den Verein zur Erbauung billiger Wohnungen. Ohne kommerzielles Interesse sollten qualitativ hochwertige und hygienisch einwandfreie Quartiere für die unteren Bevölkerungsschichten entstehen. Von Beginn an zum Konzept gehörte nicht nur eine ansprechende Architektur im Stil des Historismus, sondern auch eine reiche Grünausstattung in sehr großen Höfen. Im Gegensatz zum kommerziellen Wohnungsbau konnten so optimale Lichtverhältnisse und eine gute Durchlüftung gewährleistet werden. Vor allem ermöglichten die Höfe die Anlage sowohl von privaten Mietergärten als auch von Gemeinschaftsbereichen mit Spielplätzen und Ruhezonen. Das Konzept Meyers und seines mit ihm befreundeten Architekten Max Pommer (1847–1915) war der allgemeinen Entwicklung um Jahrzehnte voraus. Anderenorts entstanden vergleichbare Anlagen erst seit den 1920er Jahren. In Leipzig war es Ende des 19. Jahrhunderts soweit. Die ersten „Meyerschen Höfe" wurden 1888/89 in Lindenau errichtet, 1899 bis 1901 folgten diejenigen in Eutritzsch und 1903 bis 1908 der Komplex in Reudnitz. Am 3. April 1900 wandelte sich der Wohnungsbauverein in eine bis heute bestehende Stiftung um. Mit ihren laut Statut festgelegten geringen Mieten waren die Meyerschen Höfe bei gleichzeitig hoher Wohnqualität konkurrenzlos. 1907 kam es zu einer Protestaktion kommerziell orientierter Leipziger Hausbesitzer, die aber erfolglos blieb. Statt dessen begann ab dem gleichen Jahr die Errichtung der größten Meyerschen Wohnanlage in Kleinzschocher. Insgesamt 136 Mietshäuser wurden großzügig um Freibereiche herum konzipiert, welche wegen ihrer Weite eher den Charakter von Parkanlagen als von begrünten Höfen besitzen. Die die Anlage querende Herrmann-Meyer-Straße weist eine zentrale Aufweitung zu einem größeren, lindengesäumten Platz auf. Neubarock anmutende Schmuckparterres waren vor zurückgesetzten Gebäudepartien an den umlaufenden Straßen vorgesehen. Hier befinden sich heute leider Parkplätze. Die von den Bauten umgebenen Großhöfe erhielten überwiegend landschaftlichen Charakter. In Kleinzschocher waren vergleichsweise wenige privat zu nutzende Mietergärten vorgesehen, statt dessen zahlreiche Gemeinschaftseinrichtungen,

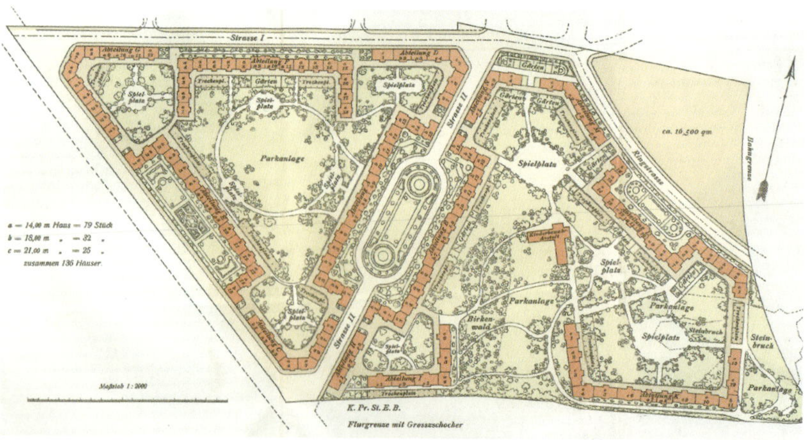

Entwurfsplan des Geländes der Meyerschen Häuser mit Grünflächen in Kleinzschocher

Luftbild der Meyerschen Häuser in Kleinzschocher, links die Schönauer Straße

wie Spielplätze, Trockenplätze und sogar eine „Kinderbewahranstalt". Ihre Anordnung, die Wegeführungen und ausgedehnte Gehölzpartien waren maßgeblich für den parkartigen Charakter. Abgesehen von den Mietergärten und den Schmuckpartien entspricht die Gestaltung der Grünbereiche bis heute dem Konzept der Entstehungszeit. Auch in der DDR vermochte die weiterbestehende private Stiftung Meyersche Häuser die Komplexe in einem verhältnismäßig guten Zustand zu erhalten. Noch immer dienen sie Geringverdienenden als Domizile mit hoher Lebensqualität.

Größe

25 Hektar, davon 17,1 Hektar in Kleinzschocher und je 2,6 Hektar in Reudnitz, Eutritzsch und Lindenau

Besonders sehenswert

Architektur und städtebauliche Anordnung der Meyerschen Häuser mit den erhaltenen Freiflächenstrukturen der Entstehungszeit

Der Weg

B 87 (Lützner Straße), dann über die Schönauer Straße nach Südosten oder über die Antonienstraße stadtauswärts nach Westen, dann über die Brünner Straße nach Süden, Tram 1 und 2 Haltestelle Herrmann-Meyer-Straße

Parkmöglichkeiten

Herrmann-Meyer-Straße

Sport + Spiel

zahlreiche Spielplätze und Spielwiesen, Gymnastik, Joggen, Nordic Walking

Adressen

Stiftung Meyersche Häuser,
Kurt-Kresse-Straße 91, 04207 Leipzig,
Tel. 42 60 20, www.meyersche-haeuser.de

Gastro-Tipp

Gartenrestaurant Neu-Brasilien,
Kurt-Kresse-Straße 135 B, 04207 Leipzig,
Tel. 477 79 60

Mietergarten im Hof der Meyerschen Häuser in Eutritzsch

Vom Privatpark zum Klinikgelände

Der Robert-Koch-Park ist eine romantisch anmutende Anlage mitten in der Plattenbausiedlung Grünau, wobei die Gemarkung eigentlich noch zu Kleinzschocher gehört. Natürlich steckt auch dahinter eine Geschichte. Das gesamte Areal, also der Park und seine Gebäude, wurde zwischen 1910 und 1913 als Sommersitz für die Familie des Leipziger Landmaschinen-Fabrikanten Paul Sack (1863–1923) geschaffen. Die Familie selbst lebte in der schlossartigen Villa, die anspruchsvollen Landhäuser waren höheren Angestellten des Unternehmens vorbehalten. Inzwischen stehen leider auch weit weniger attraktive Baracken, Garagen und Wirtschaftsgebäude im Park.

Für die heutige Funktion eines Klinikparks ist der Robert-Koch-Park ungewöhnlich weitläufig und reich ausgestattet. Jenseits der Zufahrtsallee findet sich eine Landschaftsparkanlage mit diversen Teichen, Brücken, Pavillons und Resten anderer Einbauten. Erhalten über weite Abschnitte ist auch die Einfriedung mit Torbauten an der Nikolai-Rumjanzew-Straße. Gestalterische Mittelpunkte und Blickpunkte sind die erwähnten herrschaftlichen Jugendstilbauten im Landhausstil einschließlich eines abgesonderten, erhöhten und architektonisch behandelten Hausgartenbereichs. Die Parkvilla, ebenfalls in Formen des Jugendstils, besitzt den gestalterischen Anspruch eines Adelssitzes, entsprechend optisch effektvoll ist ihre Lage am Ende von Sichtachsen. Das gesamte Areal, also der Park und seine Gebäude, geht maßgeblich auf eine Planung des Architekturbüros Schmidt & Johlige zurück, das auch das ehemalige Palmen- und Gesellschaftshaus im Palmengarten konzipierte. Familie Sack residierte bis zur Enteignung 1947 in der Parkvilla. Zu ihrer Unterhaltung gab es Turn- und Tennisplätze, eine Kegelbahn, ein Schwimmbassin und Tiergehege. 1948 wurde in der Parkvilla ein Tuberkuloseheim mit 40 Betten eingerichtet. Offensichtlich erachtete man die Umgebung mit dem Park als förderlich für die Heilung der Lungenkrankheit. Das Ambiente dürfte seinerzeit durchaus in der Lage gewesen sein, eine ähnlich dichte Atmosphäre zu erzeugen wie in Thomas Manns Roman „Der Zauberberg". Leider gilt das nicht mehr für die eher nüchternen Ergänzungsbauten, die zwischen 1951 und 1954 an anderer Stelle im Park entstanden. Ab 1955 erfolgte der Ausbau zu einem Bezirkskrankenhaus für Lungenkranke, das seit 1960 den Namen Robert-Koch-Klinik trägt. Auch der Park heißt seitdem wie der Entdecker des Tuberkulosebakteriums.

Sollte Erholung und Gesundung fördern: Park der Robert-Koch-Klinik, hier mit Teich und Bootshaus

Nachdem in unmittelbarer Nachbarschaft ab 1978 die Wohnhauskomplexe des Neubaugebiets Grünau entstanden, entschied die Stadt Leipzig 1982, den bis dahin nicht öffentlichen Park für die Allgemeinheit zu öffnen. Ohne wesentliche bauliche Ergänzungen geschah dies dann im Oktober 1984. Geplant war weiterhin die Instandsetzung der vernachlässigten Parkstrukturen. Für eine bessere Anbindung zum Grünauer Wohnkomplex 4 wurde ein Teil der ursprünglichen Zaunanlage niedergerissen. Die neueren Plastiken im Park stammen aus der Folgezeit. Unter dem Motto Mensch – Natur – Stadt – Umwelt fand 1985 das 3. Internationale Bildhauerpleinair unter der künstlerischen Leitung von Otto Berndt Steffen auf dem Markkleeberger Agra-Gelände statt. Die dort geschaffenen Plastiken von Bildhauern aus Bulgarien, der ČSSR, Polen, Rumänien, Ungarn und der DDR erhielten später ihren Platz im Robert-Koch-Park. Ebendort hatte bereits vom 3. bis 30. September 1979 das erste „Bildhauer-Pleinair" stattgefunden.

Seit 2000 gehört die Robert-Koch-Klinik zum Klinikum St. Georg. In jüngster Zeit entstanden im nordwestlichen Bereich umfangreiche Erweiterungsbauten. Der Großteil des Parks ist heute weitgehend mit den Strukturen der Entstehungszeit erhalten. Außerhalb des Geländes gehört zum Ensemble die aus Linden bestehende vierreihige Parkallee. Die heutige Fußgängerpromenade, unterbrochen durch die Grünauer S-Bahn-Trasse, stellte ursprünglich eine direkte Verbindung mit dem Schönauer Park dar.

Musikpavillon im Robert-Koch-Park

BOTANISCHE BESONDERHEITEN

Dicht mit Bäumen bestandene Partien enthalten mehrere Waldpflanzen, von denen der Bärlauch die auffallendste ist. Er ist außerhalb der Elster-Luppe-Aue und des Stötteritzer Wäldchens relativ selten anzutreffen. Auch Buschwindröschen, Waldvergissmeinnicht, Vielblütige Weißwurz, Maiglöckchen, Scharbockskraut und Waldziest sind nicht selten. Zum Teil wachsen sie gemeinsam mit verwilderten Zierpflanzen, beispielsweise dem Kleinen Immergrün, der Silberblättrigen Goldnessel, dem Sibirischen Blaustern und dem Spanischen Hasenglöckchen. Wie in vielen Parks, so ist auch hier der Efeu verhältnismäßig häufig anzutreffen. Auf kleinen Wiesenflächen setzen Scharfer und Knolliger Hahnenfuß, Gewöhnliche Margerite, Kriechender Günsel und Wiesenschaumkraut farbige Tupfen. *PG*

Neben den häufig vorkommenden Baumarten, wie Linden, Eichen, Ahorn, Eschen, Rosskastanien, Birken, Rotbuchen und Götterbäumen, gibt es seltene Gehölze, die gesondert genannt werden sollten:
Weidenblättrige Eiche mit schmalem, lanzettlichem Blattwerk, Weißeiche, Rotesche mit unregelmäßig gelbgefleckten Blättern, Krallenblattahorn mit gekrümmten Blättern, Geweihbaum mit geweihartiger Verästelung, Ginkgo mit bizarrem Wuchs, Trauerweiden, Blutpflaumen mit dunkelroten Blättern und Früchten, Essbare Kastanien, Trompetenbaum mit großen, runden Blättern und großen Blütenkerzen, Tulpenbaum mit vierzipfligen Blättern und Schwarzkiefer. *HJS*

Größe

15 Hektar

Besonders sehenswert

Parkvilla mit ihrer Einbindung in den Landschaftspark, Jugendstilbauten im Landhausstil mit formalen hausnahen Gärten, Denkmal für Paul Sack und seine Frau Helene Maria Laura, diverse Parkarchitekturen und Pavillons, Parkteich mit Bootshaus

Der Weg

Grünauer Allee/Nikolai-Rumjanzew-Straße, S-Bahn-Haltestellen Allee-Center oder Grünauer Allee

Parkmöglichkeiten

Straße am Park, Parkhaus Grünauer Allee 37

Sport + Spiel

Nordic Walking

Hundewiesen

Straße am Park WK 1

Adressen

Stadtteilladen Grünau, Stuttgarter Allee 19, 04209 Leipzig, Tel. 4 29 00 49

Quartiersmanagement Grünau, Stuttgarter Allee 19, 04209 Leipzig , Tel. 4 12 97 31, www.qm-gruenau.de

Gastro-Tipps

Eiscafé & Cafeteria im Robert-Koch-Park, Robert-Koch-Park/Nikolai-Rumjanzew-Straße, 04207 Leipzig

Das Scharbockskraut, eine alte Heilpflanze mit hohem Vitamin-C-Gehalt gegen Skorbut

38 Schönauer Park

Zwischen Plattenbauten und „Niemandsland“

Grünau besteht nicht nur aus riesigen Plattenbausiedlungen. Im Nordosten, am „Wohnkomplex 5.1“, setzt der Schönauer Park einen deutlichen Kontrast zu den Ergebnissen des DDR-Wohnungsbauprogramms der 1970er und 1980er Jahre. Die landschaftliche Anlage entstand nach 1860 als Rittergutspark. 1787 hatte der Leipziger Kaufmann Caspar Dietrich Reinhard Schmidt ein Herrenhaus mit Nebengebäuden errichten lassen. Zunächst befand sich auf dem späteren Parkgelände ein Weidenwald. 1823 werden zwar bereits „schöne Gärten“ erwähnt, der Park entstand jedoch erst Ende des Jahrhunderts. Sein Charakteristikum war der Artenreichtum. Neben einheimischen Gehölzen sprechen Ginkgo, Hängesilberlinde, Gelbkiefer und auch Edelkastanie bis heute für den Trend um 1900, exotischere Gewächse zu sammeln. 1922 wird der Gutsbezirk mit der Gemeinde Schönau vereinigt; 1930 erfolgt die Eingemeindung nach Leipzig. 1976 beginnt für Schönau eine neue Ära, die Errichtung des Neubaugebiets. Auf die gewachsenen Strukturen von Dorf und Gut wird dabei kaum Rücksicht genommen, und 1979 kommt es zum Abbruch des Gutshauses, ersetzt durch eine provisorische Kaufhalle mit Ziehharmonika-Dach. Damit hat auch der Park seinen räumlichen Bezugspunkt verloren. Er wird jedoch erhalten und von nun an als „Erholungspark“ für die neuen Wohnquartiere behandelt. 1982 findet hier ein Volksfest anlässlich des „Tages des Bauarbeiters“ statt. 1988/89 erhält die Trilogie „Erinnerung an einen Sonnentag“ ihren Platz in der Anlage. Die Plastiken aus Naturstein stammen von den Künstlern Peter Makolies und Klaus-Dieter Köhler.

Im Jahr 2002 erfuhr der Westeingang des ehemaligen Gutsparks eine komplette Neugestaltung. Seitdem werden zwei parallele Wege jeweils von einer Pergola überfangen. Sie flankieren einen reich bepflanzten Staudengarten in der Mitte. Das an den gartenarchitektonischen Reformstil nach 1900 erinnernde Arrangement der Leipziger Landschaftsarchitektin Almuth Krause markiert den Standort des ehemaligen Gutshauses. Zugleich stellt es ein Scharnier zu neuen Grünstrukturen im westlichen Anschluss dar. Zunächst befindet sich hier eine Festwiese. An ihrem östlichen Ende setzt der sogenannte Grüne Keil an, ein Grünzug, der eine Verbindung zur Grünauer Fußgängerzone Stuttgarter Allee herstellt. Das nördliche Ende besitzt in der Tat einen keilförmigen Grundriss, der durch Bodenmodellierung auch vertikal in Erscheinung tritt. Im Gegensatz zum Pergolenbereich findet sich hier eine Pflanzung vergleichsweise spröde anmutender, Trockenheit bevorzugender Pflanzen. Südwestlich an die Festwiese schließt sich der nach dem dortigen Wohnkomplex benannte Park 5.1 an. Er ist weniger durch eine klassische Gartengestaltung und Pflanzenverwendung geprägt als durch nutzungsbestimmte Elemente, wie eine Ballsportanlage, und ein eher kühles Design.

Nipponahorn

Größe

12,2 Hektar

Besonders sehenswert

Trilogie „Erinnerung an einen Sonnentag“ von Peter Makolies und Klaus-Dieter Köhler, Eingangsbereich mit Pergolen und Staudenpflanzung von Almuth Krause

Der Weg

Eingänge Lützner und Schönauer Straße, Tram 8, 15, Bus 61, 65, 161,166 Haltestelle Allee-Center

Parkmöglichkeiten

Schönauer Straße/Garskestraße

Sport + Spiel

Spielgeräte, Holzgerüst mit Rutsche, Seilbahn, Sandkasten, Kleinkindkletteranlage mit Rutsche, Joggen, Nordic Walking, Radfahren, Ballsportarten, Hockey (Sport- und Spielfeld Park 5.1)

Hundewiesen

Schönauer Lachen, nördlich vom Schönauer Park

Adressen

Aktuelles, Infos: www.gruenau-online.de
NABU – Regionalverband Leipzig, Zollikoferstraße 21, 04315 Leipzig, Tel. 6 88 44 77, www.leipzig-gruenau.de
Aktionsbündnis: www.gruenau-move.de

Neue Strukturen im Schönauer Park

BOTANISCHE BESONDERHEITEN

Kleine Rasenflächen beherbergen allgegenwärtige Wiesenpflanzen, wie den Scharfen Hahnenfuß, der Ende Mai hier einen gelben Aspekt bildet. Andere erwähnenswerte Arten sind Wiesenschaumkraut, Wiesenflockenblume, Gewöhnlicher Frauenmantel und Großer Sauerampfer, an trockeneren Stellen Gewöhnliche Hainsimse, Knolliger Hahnenfuß und Gewöhnliches Ruchgras. Die für Leipzig seltene Gebirgspflanze, das Gebirgshellerkraut, ist mehrfach im Park nachgewiesen worden. Am Rande von Hecken sieht man hin und wieder das Behaarte Johanniskraut, eine Art, die in Sachsen in starkem Rückgang, in Leipzig aber noch ungefährdet ist. *PG*

Am Haupteingang Garskestraße beginnend, finden wir eine unter Schutz gestellte Gruppe seltener Großblättriger Linden – eine Kreuzung aus Amerikanischer Linde und Sommerlinde. Es folgen auffällige Pyramideneichen – eine Zuchtform der Stieleiche, neugepflanzt der Amberbaum mit zinnoberroter Herbstfärbung, die Felsenbirne; am Hauptweg die Wintergrüne Eiche, sehr selten; Geweihbaum mit doppelt gefiederten großen Blättern, Korkbaum mit weicher Rinde; sehr groß eine Schwarznuss; am Gehölzrand der Nipponahorn mit gelber Herbstfärbung, Christusdorn mit großen, dreigeteilten Dornen, Breitblättrige Mehlbeere, Schwedische Mehlbeere mit gelappten Blättern, Sumpfeiche, Amerikanische Roteiche, die seltene Schindeleiche mit ganzrandigen, länglich ovalen Blättern; Weißeiche mit ausladender Krone, mehr strauchartig ausgebreitet eine Quitte, gegenüber die Gelbkiefer deren Nadeln zu dritt zusammenstehen; und eine dickstämmige Blutbuche mit rosaweißem Blattrand. *HJS*

Szenerie im Schönauer Park

Sommer am Kulkwitzer See

Sommer, Sonne, Wasserski

Im Winter ruht hier still der See, ganz anders als in der warmen Jahreszeit. Der Kulkwitzer See ist ein Tummelplatz für Dauer-Camper, Tagesgäste und Wassersportler aller Art. Vom planschenden Kleinkind bis zum verwegenen Wakeboarder finden hier viele ihren Spaß.

Als das Erholungsgebiet am Kulkwitzer See Mitte der 1970er Jahre fertiggestellt war, handelte es sich um eine der wenigen zum Baden und Bootfahren nutzbaren Gewässerlandschaften im Großraum Leipzig. Der ehemalige Braunkohletagebau wurde nach Betriebsende 1963 geflutet. Eine bis zu 36 Meter tiefe Wasserfläche entstand. Bereits seit 1953 hatte es im Umfeld Aufforstungen gegeben. Das Planungskollektiv Horst Walter erarbeitete eine erste Konzeption für das Gelände. Konkrete Entwürfe steuerte 1974/75 das Kollektiv Siegfried Pluta bei.

Damit handelte es sich um einen frühen Vorboten der heutigen Rekultivierungsmaßnahmen im Südraum Leipzigs. Die Arbeiten in Kulkwitz standen auch im Zusammenhang mit dem östlich errichteten größten Leipziger Neubaugebiet Grünau, dessen Wohnumfeld verbessert werden sollte. Eine Vielzahl von Betätigungsmöglichkeiten entstand. Heute reicht das Spektrum von Minigolf über Tauchkurse in zwei Schulen bis hin zu Wasserski. Auch Segelregatten finden auf dem maximal 2700 x 1000 Meter großen See regelmäßig statt.

Neben Kinderspielplätzen gibt es einen Hochseilgarten. Für die Verpflegung wurden bereits in den 1970er Jahren zwei „Versorgungszentren" konzipiert, in deren Tradition die heutigen Cafés und Kioske stehen. Ebenfalls von Beginn an gab es drei Bungalowsiedlungen. Neben diesen finden sich heute Ferienhäuser im skandinavischen Stil oder Finnhütten.

Auf der Hochkippe aus dem im Tagebau angefallenem Abraum entstanden Gehölzpflanzungen. Von hier sind weite Ausblicke möglich. Eine Attraktion ist seit 1972 ein ausgedienter Saale-Lastkahn von 53 Metern Länge. Er liegt außerhalb des Wassers am nordöstlichen Ufer und dient als Schiffsgaststätte.

BOTANISCHE BESONDERHEITEN

Am Ufer des Sees findet man die gesamte Palette an Uferpflanzen der Leipziger Gewässer. Hinzu kommen einige im Gebiet seltene Arten. So galt die bis 2,5 Meter hohe Sumpfgänsedistel in Sachsen bereits als ausgestorben. Am Westufer ist sie jetzt wieder jährlich zu beobachten. Den einzigen Fundort in Sachsen hat dort auch das Hohe Zypergras,

Farbspiele am Kulkwitzer See

ein Neubürger aus Südeuropa. Eine weitere seltene Uferpflanze ist das Große Flohkraut, ein Korbblütler mit gelben Blütenköpfen, der im Elster-Luppe-Gebiet mehrere Vorkommen hat, sonst aber in Sachsen fehlt. Überregional von Bedeutung sind wegen ihrer Seltenheit, nicht nur für Sachsen, die im See vorkommenden Wasserpflanzen. Das betrifft besonders Großes und Kleines Nixkraut sowie einige Laichkrautarten, vor allem das Durchwachsene Laichkraut. Durch die allmählich zunehmende Wasserverschmutzung sind diese Arten gefährdet. An den angrenzenden Böschungen hat das Raukenblättrige Greiskraut einen der ganz wenigen Fundorte im Gebiet. *PG*

Kriechender Günsel – in Parkwiesen oft zu Hause

Größe

450 Hektar/150 Hektar Wasserfläche

Besonders sehenswert

Restaurantschiff

Hochseilgarten

Der Weg

Lützner Straße/Seestraße,
Tram 1, 2 Endhaltestelle Lausen,
Bus 129, 166 Haltestelle Straße am See

Parkmöglichkeiten

Parkplätze Seestraße und am Campingplatz

Sport + Spiel

Joggen, Nordic Walking, Radfahren, Schwimmen, Surfen, Wasserski, Wakebording, Volleyball, Tischtennis, Minigolf, Spielplätze

Adressen

Tourismusverein Leipziger Neuseenland e. V., Markt 2, 04552 Borna, Tel. 0343/3 87 31 97, www.leipzigerneuseenland.de

Zweckverband Erholungsgebiet Kulkwitzer See, www.kulkwitzer-see.de, www.kulkwitzersee.com

Leipzig Seen GmbH, Seestraße 1, 04207 Leipzig, Tel. 071 07 70, www.leipzigseen.de

Gastro-Tipps

Rotes Haus, Staffelsteinstraße/Straße am See, 04207 Leipzig, Tel. 7 10 76 48

Heuernte in der Großstadt

„Die Seele wird vom Pflastertreten krumm. Mit einem Baum kann man wie mit einem Bruder reden. Und tauscht die Seele einfach um." Dieses Zitat von Erich Kästner ist das Motto für den „Hain der Jahresbäume" auf der Küchenholzwiese. Seit 1989 wird hier jährlich ein Beispielexemplar der vom deutschen „Kuratorium Baum des Jahres" ausgewählten Gehölze gepflanzt, ergänzt durch Beschreibungen auf Holzstelen. Der Volkspark Kleinzschocher ist eine weitläufige Anlage mit landschaftlichen, teils naturbelassenen Partien, umfasst aber auch den historischen Schlosspark Kleinzschocher und aufwändig gestaltete formale Bereiche der 1920er/1930er Jahre. Ein Sommerbad und Sportplätze sind integriert. Als „Schmuckkästchen für den Westen Leipzigs" kündigte die Neue Leipziger Zeitung den Volkspark am 9. September 1928 an. In diesem Jahr legte Stadtgartendirektor Molzen einen Entwurfsplan vor. Vorausgegangen waren langwierige Bemühungen der Stadt um den Erwerb der Flächen, welche zuvor zum Rittergut Kleinzschocher gehörten. Schritt für Schritt war von Plänen einer Bebauung Abstand genommen worden. Nun gab es Raum für eine großzügige Anlage gemäß den neuesten sozial ambitionierten Ansätzen der Zeit, stilistisch verwandt mit dem ebenfalls von Molzen ausgeführten Mariannenpark. In überwiegend symmetrischer

Anordnung sah er für Kleinzschocher eine große Tummelwiese, eine „Planschwiese" und ein Kulturtheater vor, in eher freieren Formen einen Teich und eine Promenade entlang der Elster. Bereits 1928 begannen die Arbeiten, zu welchen nach Ausbruch der Weltwirtschaftskrise auch Arbeitslose herangezogen wurden. Parallel ergaben sich schrittweise Modifikationen der Konzeption. Nach Konsultation der Städtischen Theater wurde 1931 auf das geplante Naturtheater verzichtet. Ein Jahr darauf schaltete sich Oberbürgermeister Goerdeler persönlich ein und bewirkte einen Verzicht auf die geometrische Gestaltung in den südlichen Parkteilen zugunsten landschaft-

Volkspark Kleinzschocher, formale Gärten im Norden der Anlage

Im Südteil des Volksparks Kleinzschocher weitet sich die Optik.

licher Formen. Als Gutachter zog er den mit dem Richard-Wagner-Hain befassten Landschaftsarchitekten Gustav Allinger hinzu. Wenig später erfolgte als Ergebnis einer gemeinsamen Besprechung überraschend der Beschluss, auf den Parkteich zu verzichten. Bis 1936 wurden die geometrischen Sondergärten südlich der Antonienstraße mit ihren Terrassierungen auf unterschiedlichem Niveau fertiggestellt; Trockenmauern, kleine Freitreppen, Hecken, Rosen- und Staudenpflanzungen entstanden, ergänzt durch Formschnittgehölze und Pyramidenpappeln als vertikale Akzente. Im Zweiten Weltkrieg wurde das Schloss Kleinzschocher zerstört und später abgetragen, womit der vormalige Gutspark seinen Bezugspunkt verlor. In den 1950er und 1960er Jahren wurde das übrige Parkgelände wieder instand gesetzt, jedoch auch leicht verändert. Noch immer ist die unterschiedliche Geschichte der Gartenteile ablesbar. Zur Vergangenheit des Bereichs gehört auch Johann Sebastian Bach: Am noch vorhandenen, aber ruinösen Eingangstor des Guts erinnert eine verwitterte Gedenktafel daran, dass er hier am 30. August 1742 die Bauernkantate uraufführte. Anlass war die Übernahme des Adelssitzes durch den Kammerherrn Carl Heinrich von Dieskau. An ein weiteres Kapitel erinnert seit 1913 das Österreicher-Denkmal an der Antonienstraße. In der Völkerschlacht 1813 fanden in Lindenau, Schleußig und Kleinzschocher Gefechte unter Beteiligung österreichischer Truppen statt. Ihnen ist der Doppeladler auf obeliskartigem Unterbau gewidmet, welcher heute das nördliche Entree des Volksparks betont.

BOTANISCHE BESONDERHEITEN

In den Wiesen des Parks gedeihen mehrere in Leipzig nicht häufige Arten. Auf trockeneren Stellen finden sich u. a. Raues Veilchen, Echtes Labkraut, Wiesenflockenblume, Flaumhafer, Gewöhnliche Hainsimse und der im Gebiet seltene Bastardfrauenmantel. Feuchtere Wiesenpartien enthalten die typischen Auenwiesenarten Wiesenfuchsschwanz, Großen Wiesenknopf, Kümmelsilge und Wiesensilau sowie den Wiesengoldhafer, eine vorwiegend im Gebirge verbreitete Süßgrasart. *PG*

Größe:
39,2 Hektar

Besonders sehenswert
Rosen-Parterre, Stauden-Rondell, Hain der Jahresbäume, Freundschaftsdenkmal, Österreicher-Denkmal

Der Weg
Antonienstraße, Windorfer Straße, Kantatenweg, Bus Linie 60, Tram Linien 1, 2 Haltestelle Antonienstraße, Linie 3 Kötzschauer Straße

Parkmöglichkeiten
Parkplatz Schleußiger Weg, Kantatenweg, Windorfer Straße

Sport + Spiel
Joggen, Nordic Walking, Radfahren

Hundewiesen
Volkspark Kleinzschocher (nördlicher Abschnitt)

Adressen
Quartiersmanagement Leipziger Westen, Lützner Straße 17, 04177 Leipzig, Tel. 2 41 94 64, www.leipzigerwesten.de

Gastro-Tipps
Bikers Inn, Windorfer Straße 63, 04229 Leipzig, Tel. 4 77 28 65, www.bowling-pub.de

Weinstube am Brunnen, Dieskaustraße 222, 04249 Leipzig, Tel. 4 15 05 66, www.weinstubeambrunnen.de

BOTANISCHE BESONDERHEITEN

Der Park ist geprägt durch alten Baumbestand, großzügige Rasenflächen, Sondergärten wie Stauden- und Rosengarten, Spielplätze und aus jüngster Zeit den Hain der Jahresbäume. Alle Flächen, verbunden durch zahlreiche Spazierwege, sind kennzeichnend für einen großzügigen Erholungspark.

Ein interessanter Parkteil ist der „Hain der Jahresbäume" Hier wird jährlich der von einem Kuratorium für ganz Deutschland festgelegte „Baum des Jahres" gepflanzt. So ist im Laufe der Zeit seit 1998 bereits ein stattliches Wäldchen entstanden. Durch Stelen mit kleinen Hinweistafeln werden die Jahresbäume benannt und beschrieben. *HJS*

Im „Hain der Jahresbäume" finden wir folgende Bäume in der Reihenfolge des Pflanzjahrs:

1989	Stieleiche
1990	Rotbuche
1991	Sommerlinde
1992	Bergulme
1993	Speierling
1994	Eibe
1995	Spitzahorn
1996	Hainbuche
1997	Eberesche
1998	Wildbirne
1999	Silberweide
2000	Hängebirke
2001	Esche
2002	Wacholder
2003	Schwarzerle
2004	Weißtanne
2005	Rosskastanie
2006	Schwarzpappel
2007	Waldkiefer
2008	Walnuss
2009	Bergahorn
2010	Vogelkirsche
2011	Elsbeere
2012	Europäische Lärche
2013	Holzapfel

Übersichtsplan des Volksparks Kleinzschocher

41 Gutspark Großzschocher

Spuren vergangener Pracht

Wenig erinnert in Großzschocher heute an das herrschaftliche Anwesen mit Schloss und gepflegtem Gutspark, wie es bis in den Zweiten Weltkrieg bestand. Es finden sich noch die ehemalige Zufahrt – die östliche Huttenstraße – mit Lindenallee und altem Pflaster sowie der teils ruinöse Wirtschaftshof. Hier sorgt ein Reitverein für neues Leben. Der sich westlich und nördlich an die Wirtschaftsgebäude anschließende vormalige Gutspark wirkt verwunschen und unterscheidet sich erst auf den zweiten Blick vom Leipziger Auwald. Erkennbar werden die Wege etwas aufwändiger gepflegt und besitzen seitliche Bankette. Eine neuere Findlingsgruppe im nördlichen Bereich setzt einen zurückhaltenden gestalterischen Akzent. Zwar gibt es kleine gehölzfreie Wiesenbereiche, jedoch erinnern sie nur noch schemenhaft an den Charakter des einstigen Landschaftsgartens. Durchaus sind einzelne Altbäume erhalten. Aber Wildwuchs und der neuere Gehölzbestand lassen den Besucher vormalige Raumstrukturen nicht mehr erkennen.

Die Geschichte des Guts begann bereits im Mittelalter. Mitte des 16. Jahrhunderts erfolgte ein aufwändiger Umbau des Schlosses im Stil der Renaissance. Der auffällig hohe Bau wurde fortan durch allseitige Ziergiebel und einen kleinen Eckturm geprägt. Diese charakteristischen Elemente

Historische Aufnahme von Schloss Großzschocher mit umgebenden Park- und Gartenstrukturen

überstanden einen Umbau zur Zeit des Barock und prägten die Architektur bis zu ihrem Ende. Mit sich wandelndem stilistischen Empfinden erhielt der Park eine landschaftliche Gestaltung mit geschwungener Wegeführung. Alten Abbildungen gemäß war dem Schloss eine erhöhte Terrasse vorgelagert. Um 1910 verband sie eine breite Freitreppe mit dem Park; in die vorgelagerte Rasenfläche eingestreut fanden sich kleine Zierbeete. Das Verhängnis nahm am 4. Dezember 1943 seinen Lauf: Bei einem alliierten Bombardement wurde das Schloss schwer beschädigt. Nach Kriegsende erfolgte die Enteignung der letzten Besitzer, der Grafen von Wedel.

Das endgültige Aus für das brandgeschädigte Schloss kam in den 1960er Jahren, als die verbliebenen Reste abgerissen wurden. Damit hatte der Park seinen Mittelpunkt verloren, lediglich ein Hügel mit

Gehölzkulisse im Gutspark Großzschocher

Größe
5,6 Hektar

Besonders sehenswert
Theodor-Körner-Haus

Der Weg
Dieskau-/Brauereistraße/Buttergasse, Tram 3, 13, Bus 61, 65 Haltestelle Huttenstraße

Parkmöglichkeiten
Huttenstraße, Buttergasse

Sport + Spiel
Joggen, Gymnastik, Nordic Walking, Spielplatz

Adressen
Theodor-Körner-Haus, Wöllnerstraße 12, 04249 Leipzig, Tel. 4 25 1833, www.leipzig1813.com

Gastro-Tipps
Weinstube am Brunnen, Dieskaustraße 222, 04249 Leipzig. Tel. 4 15 05 66, www.weinstubeambrunnen.de

Wie im gesamten Auwald ist der Bärlauch auch im Gutspark Großzschocher heimisch.

Gebäudetrümmern westlich des Wirtschaftshofs erinnert heute noch an das Schloss. Als markantester historischer Zeuge bis heute erhalten ist das ehemalige Gutsgärtnerhaus an der Huttenstraße. Verantwortlich dafür mag seine Geschichte sein. Am 17. Juni 1813 erlitt der Dichter Theodor Körner in der Völkerschlacht eine schwere Verwundung. Zunächst nach Großzschocher gebracht, wurde er im Gärtnerhaus versorgt und verbrachte hier die Nacht. An dem nunmehr Theodor-Körner-Haus genannten Gebäude informiert eine Tafel über diese Ereignisse.

Nachgestellte Unterkunft des in der Völkerschlacht verwundeten Dichters Theodor Körner

BOTANISCHE BESONDERHEITEN

Entsprechend seiner Lage treffen wir hier die meisten Arten des Auwalds an, besonders Bärlauch, Gefleckter Aronstab, Gelbes Windröschen und Buschwindröschen sowie Waldgoldstern. Mehr als 25 Zierpflanzen, vor allem Zwiebelpflanzen, sind aus den nahen Kleingärten in den Park gewandert und besitzen zum Teil größere Bestände. Von diesen haben der Italienische Aronstab und der Wunderlauch nur wenige Vorkommen im Stadtgebiet, die Kriechende Gämswurz gar nur einen einzigen. Der Efeu überwuchert große Flächen des Parks und verhindert stellenweise das Aufkommen einer Bodenflora. *PG*

42 Zickmantelscher Mühlenpark

Anlage eines Privatunternehmers

Etwas abgelegen und nur über einen kaum befestigten Fahrweg zu erreichen findet sich südöstlich des Ortskerns von Großzschocher der Zickmantelsche Mühlenpark. Zu seiner Abgeschiedenheit trägt der Verlauf der benachbarten Gewässer bei; im Süden und Westen bildet ein Nebenarm des Elstermühlgrabens die Begrenzung der Anlage, unweit östlich verläuft die Weiße Elster. Bemerkenswert ist der artenreiche Altgehölzbestand, der farben- und formenreiche Kulissen bildet. Anton Zickmantel (1838–1901) gehört zu jenen rührigen Unternehmerpersönlichkeiten des 19. Jahrhunderts, deren Engagement sich nicht nur auf ihre eigentliche Profession beschränkte. Seit 1865 ist er Mitbesitzer der Mühle in Großzschocher. Es handelt sich um einen traditionsreichen Standort; bereits seit 1712 gibt es eine Mühle an dem 1627 von Profen bis hierher gebauten Elstermühlgraben. Ab 1869 lässt Zickmantel die Einrichtung mit seinem Partner Friedrich Schmidt auf den neuesten Stand der Technik bringen, wofür er gebührende öffentliche Anerkennung erntet. Der Unternehmer ist darüber hinaus vielfach für seine Gemeinde Großzschocher engagiert. Die Anlage des Mühlenparks dürfte auch seinem bürgerlichen Repräsentationsbedürfnis entsprochen haben. Beispiele für Gärten an Fabriken und Produktionsstätten sind durchaus keine Einzelfälle. Mitunter dienten sie auch sozialreformerischen Anliegen und waren von Arbeitern sowie Angestellten nutzbar. In Großzschocher entstand südöstlich im Anschluss an den Mühlenkomplex eine landschaftliche Anlage mit Teich einschließlich bepflanzter Insel.

Nach dem Zweiten Weltkrieg wurde die öffentliche Nutzung intensiviert. Überliefert ist, dass im Januar 1958 auf dem Parkteich eine kostenlos nutzbare Eisbahn eingerichtet wurde. Die heute im Park zu findenden Korniferen, darunter seltene Arten, aber auch zahlreiche raumgreifende Wacholder stammen aus der nachfolgenden Zeit. Leider ist die Zugehörigkeit zum Mühlenkomplex durch verschiedene Grundstücksabtrennungen gegenwärtig räumlich nicht mehr nachzuvollziehen. Die beeindruckenden technikgeschichtlich bedeutsamen Bauten sind vom Park aus kaum einzusehen und harren nach geraumer Zeit des Leerstands einer ungewissen Zukunft.

Szenerie mit Teich im Zickmantelschen Mühlenpark

BOTANISCHE BESONDERHEITEN

Im kleinen Teich des Parks wurden das Raue und das Zarte Hornblatt nachgewiesen, zwei untergetauchte Wasserpflanzen von unscheinbarem Aussehen. Vom Zarten Hornblatt gibt es nur wenige Funde im Leipziger Raum. Im Parkrasen kommt neben einigen verwilderten Frühlingspflanzen, wie Sibirischem Blaustern, Frühlingskrokus und Tommasinikrokus und Doldigem Milchstern, für botanisch Interessierte eine Pflanze vor, die hier einen vom Gebirge weit entfernten Vorposten innehat: der Stumpfzähnige Frauenmantel. *PG*

Beeindruckend ist der über 100 Jahre alte Baumbestand. Markant sind: Gemeine Esche, Gemeine Kiefer, ein ausladender Silberahorn, Stieleiche mit typisch knorrigem Wuchs, eine Gruppe bizarr gewachsener Ginkgos, Sommerlinde, ein kräftiger Tulpenbaum, Hängebirken, Kuchenbäume mit runden Blättern, starke Rotbuchen mit typisch glattgrauer Rinde, Tulpenmagnolien, eine im Herbst gelb blühende Zaubernuss, hochkronige

Zaubernuss mit Früchten

Schwarznuss, Weymouthskiefer, Schwarzkiefern, Europäische Lärche, Blutbuche, Platane, Kaukasische Flügelnuss mit kleinen geflügelten Nüsschen, Weißbuchen, Weißdorn, Walnuss, weiße Rosskastanie, Urweltmammutbaum mit hellgrünen, weichen Nadeln, Essbare Kastanie. *HJS*

Doldiger Milchstern – wegen seiner grün-weißen Streifung der Unterseite der Blütenblätter auch Sachsenstern genannt

Größe

1,9 Hektar

Besonders sehenswert

Altgehölzbestand, historische Mühlenbauten (abgesperrt, nur von der Straße Zur Alten Bäckerei aus einsehbar)

Der Weg

Dieskau-, Brückenstraße, Mühlparkweg, Tram 3 Haltestelle Gerhard-Ellrodt-Straße

Parkmöglichkeiten

Mühlparkweg (begrenzt)

Sport + Spiel

Joggen, Nordic Walking, Radfahren

Adressen

Bürger- und Förderverein Körnerhaus Großzschocher e. V., Huttenstraße 2a, 04294 Leipzig, www.koernerhaus-leipzig.de

Gastro-Tipps

Don Giovanni, Schwartzestraße 1, 04229, Tel. 4 24 66 30, www.don-giovanni-leipzig.de

Weinstube am Brunnen, Dieskaustraße 222, 04249 Leipzig, Tel. 4 15 05 66, www.weinstubeambrunnen.de

Ein Frühwerk des David Schatz

Schloss Knauthain ist das einzige komplett erhaltene herrschaftliche Anwesen der Leipziger Elsteraue. Die lange, wechselvolle Geschichte hinterließ vielfältige Spuren, die sich oft aber nur dem genauen Beobachter erschließen. Der jetzige Schlossbau ist das Erstlingswerk des Sächsischen Landbaumeisters David Schatz (1667–1750) aus Leipzig. Die Architektur im norddeutsch-klassischen Barockstil entstand zwischen 1698 und 1703 unter Carl Hildebrand von Dieskau. Teile des Vorgängerbaus aus der Renaissance wurden jedoch einbezogen, etwa ein Sandsteinrelief an der Parkseite. Dem vormaligen Gärtner Schatz wird auch der zeitgleich mit dem Schloss an dessen Ost- und Südseite entstandene Park zugeschrieben. Von seiner barocken Gartengestaltung ist jedoch nur eine Tierskulptur erhalten. Böschungsflanken um das Schloss stammen wohl noch von der wehrhaften mittelalterlichen Anlage, die von Verteidigungsgräben umgeben war. Heute befinden sich an ihrer Stelle Teiche mit einer kleinen Insel. Sie gehen auf die Umgestaltung des Parks im landschaftlichen Stil zurück, welche zwischen 1854 und 1856 unter Karl Adolph von Hohenthal begann. Mit kleinen Abweichungen bis heute überkommen sind das geschwungene Wegesystem und die im Wechsel mit Wiesenräumen angeordneten Gehölzzonen sowie einige markante Solitärbäume. Leichte Geländeerhöhungen deuten wohl auf vormalige Sitzplätze hin. Ein erhaltener Gedenkstein für Adolph von Hohenthal stammt von 1875, ein weiterer für seine Gattin von 1877. Nach der Überlieferung soll sie maßgeblich für die landschaftliche Gestaltung gewesen sein. In zeitgenössischen Beschreibungen ist von „prächtige[n] Ausblicken, als ging es in schier unendliche Wälder hinaus" die Rede. Dies bezog sich wohl auf bewusst gestaltete Sichtbeziehungen in die umgebende Landschaft, wie das benachbarte Hainholz. Sie gingen mit den einschneidenden Veränderungen, etwa im Zusammenhang mit den Tagebauen, seit der Nachkriegszeit verloren.

Weniger spektakulär als spätere Besuche des persischen Schahs in Deutschland verlief jener 1902. Im Zuge einer Europareise war er mit seinem Gefolge auch im Schloss Knauthain zu Gast. 1936 erwirbt die Stadt Leipzig das Anwesen mit dem Gut von Karl Albert Leo von Hohenthal und Bergen, dem letzten Grafen zu Knauthain. Das Schloss wird nach kleineren Umbauten ab 1937 als Volksschule genutzt. Stadtgartendirektor Nikolaus Molzen nimmt im Park leichte Veränderungen vor, so dass dieser fortan als „Freiluftunterrichtsraum" dienen

BOTANISCHE BESONDERHEITEN

In den waldähnlichen Bereichen blühen im Frühling die im Auwald von Leipzig weit verbreiteten Arten, z. B. Bärlauch, Buschwindröschen und Gelbes Windröschen, Waldgoldstern, Echte Sternmiere, Dunkles Lungenkraut und am Rande auch das Märzveilchen. In der Nähe des Teichs sieht man dichte Bestände des übermannshohen Japanischen Staudenknöterichs. Hier und auch am Ufer der Weißen Elster, wo die Art ebenfalls massenhaft vorkommt, kann man sehr gut studieren, wie diese aggressive Art die einheimische Vegetation fast völlig verdrängt. *PG*

Der Japanische Knöterich stellt durch seine Wuchsfreude ein Problem für die einheimische Vegetation dar.

Im Schloss befindet sich heute der Firmensitz von FIO SYSTEMS AG.

konnte. 1996/97 erfolgte eine Sanierung des auch in der DDR als Schule genutzten Schlosses und des benachbarten, zeitgleich unter „Volksgut Knauthain" firmierenden Wirtschaftshofs. Im Jahr 2000 wurde das „ökologische Stadtgut" als Expo-Teilprojekt gefördert. Knauthain ist heute einem weiteren Expo-Projekt unmittelbar benachbart: der Cospudener Seenlandschaft. 2003 erfolgte die Privatisierung des Guts, das Schloss wird mittlerweile durch ein Wirtschaftsunternehmen genutzt.

Für den Park liegt seit 2001 eine Denkmalpflegerische Zielstellung des Leipziger Landschaftsarchitekturbüros Franz vor. Umfangreichere Instandsetzungsmaßnahmen stehen jedoch noch aus. In westlicher Richtung, am Mühlgraben entlang, dehnen sich die Pferdekoppeln des Gestüts aus. Wer mag, kann reiten oder an Kremserfahrten teilnehmen. Weiter östlich befindet sich die Knauthainer Mühle.

Der noch kommunale Park Knauthain wird weniger intensiv gepflegt, als innerstädtische Anlagen. Er besitzt einen leicht verwunschenen und melancholischen Charakter. Sich der entsprechenden romantischen Stimmung hingeben kann, wer einen kleinen, 1987 hierher verbrachten Gedenkstein aus dem Wald Lauer entdeckt. Er erinnert an Paul und Marie, ein Liebespaar, das dort 1908 in den Freitod ging.

Größe

ca. 9,6 Hektar

Besonders sehenswert

landschaftliche Parkstrukturen mit Teichen, Elsterbrücke in der Ritter-Pflugk-Straße, Knauthainer Schloss, Theodor-Körner-Gedenkstein, Karoline-von-Hohenthal- sowie Adolph-von-Hohenthal-Stein, Stein für Paul und Marie, Tierskulptur (wahrscheinlich Löwin mit Schlange)

Der Weg

Tram 3, 13 Haltestellen Gerhard-Ellrodt-Straße oder Bahnhof Knautkleeberg, Bus 118, 119, 120 Bahnhof Knautkleeberg

Parkmöglichkeiten

Parkplatz am Elsterstausee

Sport + Spiel

Joggen, Nordic Walking, Radfahren, Reiten

Adressen:

Bürgerverein Knauthain-Knautkleeberg e. V.
Eberpfad 9, 04249 Leipzig, Tel. 4 25 38 59

Gastro-Tipps

Ratskeller Knauthain, Schönbergstraße 11, 04249 Leipzig, Tel. 4 28 30 94

Weinstube am Brunnen, Dieskaustraße 222, 04249 Leipzig, Tel. 4 15 05 66, www.weinstubeambrunnen.de

Neu gestaltete Seen- und Strandlandschaft am Nordufer des Cospudener Sees

Gewürzstrauch mit Blüten

Sächsisches Neuseenland

Selbst kühne Visionäre konnten einst beim Blick auf die trostlose Tagebaulandschaft um Leipzig ihre Skepsis darüber nicht verbergen, was aus ihr werden solle. Dort, wo heute der Cospudener See als bekanntestes Gewässer des Leipziger Neuseenlands Erholungsuchende anzieht, fraßen sich bis 1990 Großbagger in die Erde, um wenig ergiebige, aber bei der Verfeuerung stark luftverschmutzende Rohbraunkohle abzubauen – insgesamt 87 Millionen Tonnen. Erst massive Proteste der Bevölkerung und die Bürgerinitiative „Stoppt Cospuden" erzwangen das Aus der Förderung. 1993 begann ein neuer Zeitabschnitt. Nach der statischen Sicherung von Ufern und Seegrund wurde die Flutung als See mit abgepumptem Wasser aus den Tagebauen Zwenkau, Profen und Schleenhain beschleunigt. Im Vorfeld des Jahres 2000 flossen Fördermittel zur Gestaltung der Ufer und des Umfelds. Cospuden war als Außenprojekt der EXPO 2000 in Hannover vorgesehen.

Die Bezeichnung des Sees erinnert an den gleichnamigen Ort, welcher sich vor Beginn des Tagebaus im Bereich der heutigen Wasserfläche befand. Bis auf 65 Meter unter der Oberfläche sinkt der Seegrund ab. Das bis zu 4 Kilometer lange und 2 Kilometer breite Gewässer fasst annähernd 103 Millionen Kubikmeter Wasser. Seine insgesamt 430 Hektar Fläche sind groß genug für Surfer, Segler und Motorboote – abgesehen von den vielen Badegästen im Sommer. Den teils asphaltierten Rundweg teilen sich Spaziergänger, Jogger, Radler, Rikschafahrer und Inlineskater. Räder oder Ruderboote können ausgeliehen werden. Am Ostufer wird der Rundweg streckenweise über eine Ufermauer geführt, wie sie etwa von den Seebädern auf den Nordseeinseln bekannt ist; vorgelagert ist ein Restaurant. Bei der Annäherung von Norden durch den Auwald erblickt der Besucher die über-

Übersichtsplan Nordufer des Cospudener Sees
1 Parkplatz, 2 Neue Linie mit Erlebnisbereichen, 3 Waldsee Lauer, 4 Schleuse, 5 Spielplatz, 6 Minigolfanlage, 7 Bistro Strandblick, 8 Bistro Hacienda und Tauchschule, 9 Keesscher Park, 10 Fähranleger, H Bushaltestelle der Linien 66, 79

Größe

430 Hektar

Besonders sehenswert

Aussichtsturm Bistumshöhe, Landschaftspark mit Erlebnisachse, Hafen Zöbigker, Nordufer mit Dünen und Strandhäusern

Der Weg

Bus 65 Haltestellen Cospudener See-Erlebnisachse/Nordstrand/Expo-Pavillon, Bus 107 Haltestelle Zöbigker-Holunderweg

Parkmöglichkeiten

Parkplätze Cospudener See-Nord (Brückenstraße), Cospudener See-Süd (Markkleeberg-Hafen/ Zöbigkerwinkel, Koburger Straße), Cospudener See-Ost (Mühlweg)

Sport + Spiel

Joggen, Nordic Walking, Radfahren, Skaten, Schwimmen, Rudern, Segeln, Surfen, Kitesurfen, Beachvolleyball, Spielinseln, Sportfelder, Golfen

Hundewiesen

nein, aber kein Leinenzwang an der Erweiterung des Sees hinter dem Hafen Zöbigker, da das Terrain hinter dem Leipziger Stadtgebiet liegt.

Hundestrand

westlicher Nordstrand zwischen Markkleeberg und Knauthain

Adressen

Tourismusverein Leipziger Neuseenland e. V., Markt 2, 04552 Borna, Tel. 0343/3 87 31 97, www.leipzigerneuseenland.de

Gastro-Tipps

Café Kandler, Hafenstraße 23, 04416 Markkleeberg, Tel. 3 50 24 69

Seeterrasse Cospuden, Hafenstraße 23, 04416 Markkleeberg, Tel. 3 54 26 83

Wasserwirtschaft am Pier 1, Hafenstraße 21, 04416 Markkleeberg, Tel. 3 50 32 32

Hacienda am Nordstrand, Lauerscher Weg, 04249 Leipzig, Tel. 3 54 17 21 (Hüttentelefon)

Restaurant Seeteufel, Ostuferweg 1, 04410 Markkleeberg, Tel. 3 50 29 99, www.seeteufel.cc

raschend große Wasserfläche über eine Dünenzone hinweg. Diese Szenerie wurde ebenso künstlich gestaltet wie die amphibische Zone zwischen ihr und dem nördlich gelegenen, älteren Waldbad Lauer. Unweit befindet sich ein Arboretum mit Baumarten, welche einst hier gediehen und Grundlage der Kohlebildung waren. Bohlenwege führen zu aufgeständerten hölzernen Strandhäusern und verbinden diese untereinander. Die Bauten beherbergen Imbissbetriebe und Umkleidekabinen. Davor entfaltet sich im Sommer ein lebendiges Strandleben, nur wenige Kilometer Luftlinie vom Leipziger Stadtzentrum entfernt. Nach Süden, jenseits des Sees, zeichnen sich pittoreske Silhouetten ab – die des Kraftwerks Böhlen mit seiner Wasserdampffahne, der Pyramide im Freizeitpark Belantis und eines hohen zylindrischen Körpers oberhalb des Südufers. Es handelt sich um einen 35 Meter hohen Aussichtsturm auf der sogenannten Bistumshöhe, von dem aus sich auch weitere Seen in gefluteten Tagebauen im neuen Seenland erblicken lassen. Am Nordstrand finden sich noch zwei Inseln mit nachgebautem Schiffswrack und Palme sowie ein Bootssteg für eine Fähre. Mit ihr lässt sich zum Südostufer mit dem Zöbigkerhafen gelangen. Dort, auf Markkleeberger Gebiet, gibt es vor bunten Strandhäusern mit Café, Restaurant, Imbissbuden, Geschäften, Surf-Schule, Sauna und Marina oft ein reges Treiben wie in belebten Seebädern. Wer dem entfliehen will, findet in den naturnäheren Zonen am West- und Südufer oder im sogenannten Landschaftspark mit Empfangsgebäude Kontraste hierzu. Durch die 2011 eröffnete Schleuse in Connewitz kann man von Leipzig aus bis zum Cospudener See paddeln. Bereits jetzt spricht der dichte Fahrradverkehr auf den Zufahrtswegen durch den Auwald für die magische Anziehungskraft der Urlaubslandschaft am Südrand Leipzigs.

BOTANISCHE BESONDERHEITEN

Besonders interessant ist der Abschnitt Tertiärwald. Dort finden wir Gehölze, denen man sonst selten begegnet: Tupelobaum mit leuchtend roter Herbstfärbung, Riesenmammutbaum mit Schuppenblättern, Urweltmammutbaum mit hellgrünen, weichen Nadeln; Schlitzblättriger Essigbaum, eine dekorative Zuchtform; Gewürzstrauch mit rötlich braunen, würzig duftenden Blüten; Schmalblattesche, Blauschotenstrauch mit hellblauen Früchten, Blumenhartriegel mit großen, weißen Blüten; Tulpenbaum mit vierzipfligen Blättern, Sumpfzypresse mit kleinen Zapfen, Roter Ahorn, Amberbaum, Amerikanische Roteiche, Großblattpappel mit über 30 cm großen Blättern, Kobushimagnolie mit weißen Blüten. *HJS*

Historischer Akzent in der Freizeitlandschaft

In Gautzsch, einem „vergessenen" Ort zwischen Markkleeberg und Leipzig, liegt am Ufer des Cospudener Sees ein ehemaliges Kleinod: der Keessche Park. Die Stadt Markkleeberg nahm sich 2007 der Anlage an und begann Abriss- und Aufräumarbeiten sowie eine grundlegende Parkinstandsetzung. Ab 2007 wurde hier ein Neubau für das Kinderhospiz „Bärenherz" errichtet.
In Gautzsch, ursprünglich ein slawisches Dorf und schon über tausend Jahre alt, ließ Kaiser Heinrich I. als Teil eines Netzes von Befestigungen in der Region eine Wasserburg anlegen. In späterer Zeit entwickelte sie sich zum Kern eines Ritterguts. Der Leipziger Kaufmann und Ratsherr Wolfgang Jöcher kaufte es 1713. In seinem Auftrag war der sächsische Landbaumeister David Schatz aus Leipzig (1668–1750) mit Aus- und Umbaumaßnahmen im Stil des Barock befasst. Der ehemalige Gärtner und Schöpfer von Apels Garten dürfte nicht zuletzt den Parkanlagen Aufmerksamkeit geschenkt haben. Neben dem Herrenhaus, das ein Wassergraben umgab, gehörten auch Kirche, Gasthof und Brauerei zum Ensemble. Selbst eine Siedlung für besitzlose Häusler entstand. Der Prunk rief schnell Neider auf den Plan, z. B. den sächsischen Oberpostmeister Johann Jacob Kees den Jüngeren, der 1714 das nahe gelegene verschuldete Rittergut Zöbigker von August dem Starken erhalten hatte. Auch Kees ließ von David Schatz bauen: ebenfalls ein Herrenhaus mit Kirche, Gut, Brauerei und Ausspanne. Als Jöcher fünfzehn Jahre später sein Gautzscher Landgut aufgeben musste, erwarb es über Umwege die Familie Kees. Seit 1885 war Walter Kees Gutsherr auf Gautzsch. Damit endete die Ära als landwirtschaftlich geprägter Ort: Kees erklärte angrenzende Äcker zu Bauland und entsprach damit der Nachfrage im zu dieser Zeit expandierenden Großraum Leipzig. Er nahm Einfluss auf die Führung einer Straßenbahnlinie, die fortan seine Grundstücke erschloss. Sowohl die Schokoladenfabrik Riquet als auch die Baumwollspinnerei Stöhr fanden hier ihren Sitz. Das Rittergut ließ er parallel im Stil des Neobarock repräsentativ umgestalten. Die Wirtschaftsgebäude am Schloss wurden abgetragen und in größerer Entfernung neu errichtet. Ein hundert Meter langer, geschwungener Wintergarten mit mittigem, noch erhaltenem Palmenhaus, Orangerie, Mausoleum, Brücken und Pavillons wurde gebaut. Alte Aufnahmen zeigen aufwändige formale Schmuckpflanzungen. Eingebettet waren sie in landschaftlich gestaltete Strukturen mit bis heute erhaltenem älteren Baumbestand. Insgesamt entstand eine Anlage im zeittypischen sogenannten gemischten Stil. Einen besonderen Akzent an der nördlichen Zufahrt setzt bis heute das 1895 errichtete neobarocke Adlertor. Der hier mündende Equipagenweg war ehemals eine Privatstraße des Guts in Richtung Leipzig. Als Kees 1906 starb, ging es mit dem Anwesen bergab; seine Familie konnte die hohen Unterhaltungskosten nicht aufbringen. 1940 verkaufte sie es an die Stadt Leipzig, obwohl Markkleeberg die Nutzungshoheit besaß. Während des Zweiten Weltkriegs

Keesscher Park mit frühlingshafter Gehölzkulisse

Adlertor mit Blick zum Equipagenweg

hat die Wehrmacht hier einen Sitz, danach funktionieren die US-Truppen die Gebäude zum Krankenhaus um. Diese Nutzung dauert bis 1992 an. Bis dahin führen zahlreiche rein funktionale Um- und Anbauten zu einer weitgehenden Überformung des Erscheinungsbilds; der Charakter des herrschaftlichen Anwesens schwand, das charakteristische Grabensystem wurde verfüllt. Den Tiefpunkt leiten Leerstand und Verwahrlosung nach Auszug des Krankenhauses ein; Verfall und mutwillige Zerstörungen hinterlassen ihre Spuren. Erst 2006 fand sich ein erster seriöser Investor, der mit gärtnerischen Maßnahmen die alten Parkstrukturen instand zu setzen begann. Die Randbereiche sind durch fortgeschrittenen Wildwuchs jedoch de facto zu Wald geworden, so dass weitgehende Wiederherstellungsmaßnahmen hier schwierig sind. Das Herrenhaus ist inzwischen abgetragen. Bereits seit längerem saniert ist aber das Adlertor. Geplant sind weitere behutsame Sanierungen, um dem Park seinen Charakter zurückzugeben; eine sinnvolle Nutzung scheint mit dem Kinderhospiz gefunden. Gleichzeitig sind die Besucherzahlen mit der seit 2000 unmittelbar benachbarten Erholungslandschaft des Cospudener Sees gewachsen. Gestalterische Verknüpfungen zwischen der Wasserfläche und der historischen Anlage gibt es aber nicht. Funktional wird der Park künftig jedoch stärker in die Seenlandschaft einzubinden sein.

BOTANISCHE BESONDERHEITEN

Wie in allen auwaldnahen Parks, so begegnet man auch hier den meisten Auwaldpflanzen. Der Bärlauch z. B. bildet stellenweise große Bestände. Weniger als anderswo sind Zierpflanzen verwildert. Bemerkenswert ist der Dunkle Schneestolz, dessen tiefblaue Blütensterne im März an verschiedenen Stellen den Park schmücken. *PG*

Größe

11,6 Hektar

Besonders sehenswert

Rotbuchenallee, Adlertor, Mittelbau des ehemaligen Wintergartens (sogenanntes Palmenhaus)

Der Weg

Tram Linie 9 Haltestelle Markkleeberg-West/Endstelle, Bus 65 (LVB), 107 (RVL), Haltestelle Ärztehaus/Gautzscher Platz

Parkmöglichkeiten

Parkplatz Lauersche Straße/Equipagenweg, kleiner Parkplatz Kirschallee/Equipagenweg, Koburger Straße/Gautzscher Platz

Sport + Spiel

Joggen, Nordic Walking

Adressen

Fagus – FachGesellschaft für Umwelt- und Stadtplanung, Hauptstraße 9, 04416 Markkleeberg, Tel. 3 56 79 44, www.seelemann.de

Stadtverwaltung Markkleeberg, 04416 Markkleeberg, Tel. 3 53 30, www.markkleeberg.de

Kinderhospiz Bärenherz Leipzig e. V., Keesscher Park 3, 04416 Markkleeberg, Tel. 3 50 16 30, www.baerenherz-leipzig.de

Gastro-Tipps

Forsthaus Raschwitz, Koburger Straße 31, 04416 Markkleeberg, Tel. 3 56 88 80, www.forsthaus-raschwitz.de

Café Brot & Kees, Keesscher Park 1, 04416 Markkleeberg, Tel. 26 45 11 81, www.brotundkees.de

Wildschwein, Frettchen & Co.

Der Wildpark im südlichen Auwald, genauer im Connewitzer Holz, ist ein weitläufiges, tierparkähnliches Gelände. Auf ungefähr 42 Hektar hat die Tierwelt der Wälder Mitteleuropas eine Heimstatt gefunden – in artgerechter Haltung und gut versorgt. In die angrenzenden Waldgebiete ist das Areal beinahe nahtlos eingebunden. Neben den Gehegeumzäunungen gibt es auf den Besucherwegen keine Barrieren; Eintrittsgelder werden nicht verlangt. Auf waldbestandenem Gelände und in Offenlandbereichen werden über dreißig potentiell einheimische Wildtierarten gezeigt, insgesamt mehr als zweihundertfünfzig Individuen. Einige der Arten sind in der freien Natur Mitteleuropas ausgestorben. So werden im Wildpark Wisente oder der Europäische Nerz gezüchtet. Zum Spektrum gehören neben den sonst noch häufigen Wildschweinen Muffel- und Rehwild, auch Greifvögel, wie Mäusebussarde und Schneeeulen.

Die Gründung der Anlage geht auf den Beginn des 20. Jahrhunderts zurück. 1904 schenkte der Leipziger Mühlenbesitzer Jacob der Stadt vier Stück Damwild. Sie vermehrten sich stetig, wurden 1906 eingegattert und bald um Schwarz- und Rotwild ergänzt. Zum Schutz der Tiere vor Übergriffen in Anbetracht der Nahrungsknappheit wurden gegen Ende des Zweiten Weltkriegs die Gatter geöffnet.

Für einige Zeit bestand der Wildpark in der überkommenen Form nicht mehr. Erst 1972 fasste die Stadt Leipzig den Beschluss, die Einrichtung wiederaufleben zu lassen, wofür noch weitere sieben Jahre benötigt wurden. Nach Plänen der Architekten Winfried Sziegoleit und Volker Sieg entstand die Wildpark-Gaststätte mit großzügigem Freigelände. Ihr Pendant erhielt sie in der Gaststätte Teehaus im sogenannten Hexenhaus, einem kleinen Gebäude im russischen Blockhausstil im südlichen Wildpark. Die Gehege sind großzügig bemessen und sollen ein dem natürlichen Umfeld der Arten angenähertes Ambiente bieten. Ziel sind möglichst naturnahe Lebensbedingungen. Anders als in zoologischen Gärten scheinen die menschlichen Besucher jenseits der Zäune für die Tiere kaum eine Rolle zu spielen. Der Besucherdidaktik

Übersichtsplan des Wildparks: 1 Parkplatz, 2 Spielplatz, 3 Ponyreitbahn und Imbiss, 4 Gaststätte, 5 Unterstellpilz, 6 Wirtschaftshof, 7 Teehaus und Spielplatz, 8 Gehege

Ländlich inspirierte Architektur: die Wildpark-Gaststätte

dienen Informationstafeln, ein Ausstellungsraum und das sogenannte Grüne Klassenzimmer als Versammlungsmöglichkeit für Gruppen, etwa von Kindergarten- oder Schulkindern. Stadtkinder können im Wildpark ihre erste hautnahe Begegnung mit Ponys erleben oder mit Kremsern fahren. Der 2002 gegründete Verein der Freunde und Förderer des Wildparks e. V. nimmt Spenden entgegen, die unmittelbar den Tieren zugute kommen. Möglich sind auch Tierpatenschaften.

Romantischer Aspekt: das auch als „Hexenhaus" bezeichnete Teehaus im südlichen Wildpark mit dem Märchenspielplatz

Rotwild

Größe

42 Hektar

Besonders sehenswert

Tiergehege, Grünes Klassenzimmer, original russisches Holzblockhaus, russischer Märchenspielplatz

Der Weg

Koburger Straße, Tram 9 Haltestelle Wildpark

Parkmöglichkeiten

Parkplatz Koburger Straße gegenüber Haupteingang

Sport + Spiel

Joggen, Nordic Walking, Radfahren, Reiten, 3 gestaltete Spielplätze

Adressen

Verein der Freunde und Förderer des Wildparks Leipzig e. V., c/o Hotel Leonardo, Windscheidstraße 21–23, 04277 Leipzig, Tel. 3 03 30, www.wildparkverein-leipzig.de

Gastro-Tipps

Teehaus im Wildpark, 04277 Leipzig, Koburger Straße 12, Tel. 3 06 99 51, www.teehaus-wildpark.de

Wildparkgaststätte, Koburger Straße 12, 04277 Leipzig, 3 91 33 34, www.wildparkgaststaette.de

Spreewaldschänke, Goethesteig 2, 04277 Leipzig, Tel. 3 38 35 70

Leipziger „Hausberg" im Süden

Seifenkistenrennen und Fockeberg-Zeitfahren, Winterrodeln und Sommerspaß: Der Fockeberg am Auwald ist vielleicht Leipzigs bekanntester „Berg". Wer ihn erklimmt, wird mit einem ausgezeichneten Panoramablick belohnt. Dabei gab es diesen markanten Ort vor dem Zweiten Weltkrieg noch nicht. An seiner Stelle fand der Besucher lediglich die feuchten sogenannten Bauernwiesen, die Mitte des 19. Jahrhunderts teilweise aufgeforstet worden waren. Benachbart entstand 1908 die Fockestraße, benannt nach dem Leipziger Kaufmann August Adolf Focke (1817–1885). Er hatte eine beträchtliche Geldsumme für wohltätige Zwecke gespendet und eine Stiftung für „verschämte Arme" gegründet.
Der heute zweithöchste Geländepunkt im Leipziger Stadtgebiet hat eine Entstehungsgeschichte vor dramatischem Hintergrund. Nach den verheerenden Bombardierungen im Zweiten Weltkrieg mussten große Schuttmengen aus der Stadt gebracht werden. Quer durch die Südvorstadt verliefen die Gleise einer Trümmerbahn zu den Bauernwiesen. Am 1. Oktober 1947 wurden hier die ersten Aufschüttungen vorgenommen. Bis 1950 zogen sich die Beräumungen hin. Der entstehende Berg erhielt den Namen der benachbarten Straße. Bis er seine heutige Gestalt erhielt, verging jedoch noch einige Zeit. Zunächst kam es 1956 wieder zu umfangreichen Abtragungen, um Material für die Tribünenwälle des neuen Zentralstadions zu gewinnen. Fortan diente der Kegel als gewöhnlicher Schuttabladeplatz. Wild wuchsen Büsche und Bäume und begrünten die Hänge.
Erst Anfang der 1980er Jahre begann die offizielle Gestaltung für die öffentliche Nutzung. So entstanden die den Berg in Serpentinen erschließenden befestigten Wege und die Rasenfläche auf dem Gipfelplateau. Künstlerische Akzente setzen die kubistischen Holzskulpturen der Leipziger Brüder Jürgen und Rainer Strege. Noch zur Zeit der DDR gab es nie verwirklichte Pläne zur Errichtung einer Rodelbahn und einer Gaststätte.
Am Fuß des Bergs legte das Grünflächenamt 1994 einen Spielplatz an, der in den letzten Jahren erweitert und aufgewertet wurde. Wiederum die Gebrüder Strege gestalteten den Hauptzugangsbereich einladend mit einer Holzskulptur, die der Geschichte des Orts entsprechend Assozia-

BOTANISCHE BESONDERHEITEN

Seit etwa 1960 hat sich die Flora auf dem Fockeberg weitgehend spontan entwickelt. Inzwischen hat sich, landschaftsgärtnerisch bearbeitete Flächen ausgenommen, ein dichter Wald gebildet. Es dominieren Robinie, Berg-, Spitz- und Eschenahorn und Esche, seltener Kanadische Pappel, Schwarzerle, Feldulme, Götterbaum, Hängebirke und Weichselkirsche, während die auwaldtypische Stieleiche noch fehlt. Auffallend sind die großen Bestände der Gewöhnlichen Waldrebe, einer Liane, deren weiße Fruchtstände besonders im Winter auffallen. Der weiß blühende Silberregen, eine weitere Kletterpflanze, hat einen großen Bestand im oberen Teil, wo er als dichter „Vorhang" von den Bäumen herabhängt. Von den Sträuchern ist der Schwarze Holunder häufig, seltener Essigbaum und Hasel. An der Westseite gedeiht der Chinesische Bocksdorn. Seine Früchte sind neuerdings als Gojibeeren im Handel. An lichten Stellen hat sich die Armenische Brombeere eingestellt, deren schmackhafte Früchte begehrt sind. *PG*

Blick vom Fockeberg Richtung Osten mit Völkerschlachtdenkmal

Plateau des Fockebergs mit Durchblicken in Richtung Innenstadt

tionen mit Kriegstrümmern weckte. Leider wurde die Installation zwischenzeitlich abgebaut. Reale Trümmerteile und selbst Architekturfragmente ragen an manchen Stellen noch aus der Oberfläche.
Neben dem bekannten Seifenkistenrennen „Prix de Tacot", auch Fockebergrennen genannt, finden weitere nicht professionelle Sportveranstaltungen statt, wie das Radrennen „Fockeberg-Zeitfahren". Und alljährlich in der Passionszeit begehen die benachbarte evangelische Bethlehemgemeinde und die katholische Hedwigsgemeinde einen ökumenischen Kreuzweg auf den Fockeberg. Im Vorfeld des 200. Geburtstags des gebürtigen Leipzigers Richard Wagner wurde die Erhebung mit ironischem Unterton in „Grüner Hügel Leipzig" umgetauft. Vor der imaginären Errichtung eines Festspielhauses zum Jubiläumsjahr 2013 fanden alljährlich humoristische Aktionen statt. Aber auch die durch die Gehölze führenden Sichtschneisen bieten interessante Szenerien: verschiedene Blicke auf die Stadt und das „grüne Meer" des südlichen Auwalds.

Höhe

153 m ü. NN

Besonders sehenswert

Ausblicke vom Gipfelplateau, Holzskulpturen der Brüder Jürgen und Reiner Strege

Der Weg

B 2, Abfahrten Kurt-Eisner-Straße oder Richard-Lehmann-Straße, Tram 10 und 11 Haltestellen Karl-Liebknecht-/Kurt-Eisner-Straße oder Karl-Liebknecht-/Richard-Lehmann-Straße

Parkmöglichkeiten

Fockestraße

Sport + Spiel

Joggen, Mountainbiking, Abenteuerspielplatz

Adressen

Kultur- und Kommunikationsverein die naTo e. V., Karl-Liebknecht-Straße 48, 04275 Leipzig, Tel. 3 01 43 97, www.nato-leipzig.de

Gastro-Tipps

Gaststätte Südvorstadt, Schleußiger Weg 2, 04275 Leipzig, Tel. 3 06 71 28

Café Grundmann, August-Bebel-Straße 2, 04275 Leipzig, Tel. 2 22 89 62, www.cafe-grundmann.de

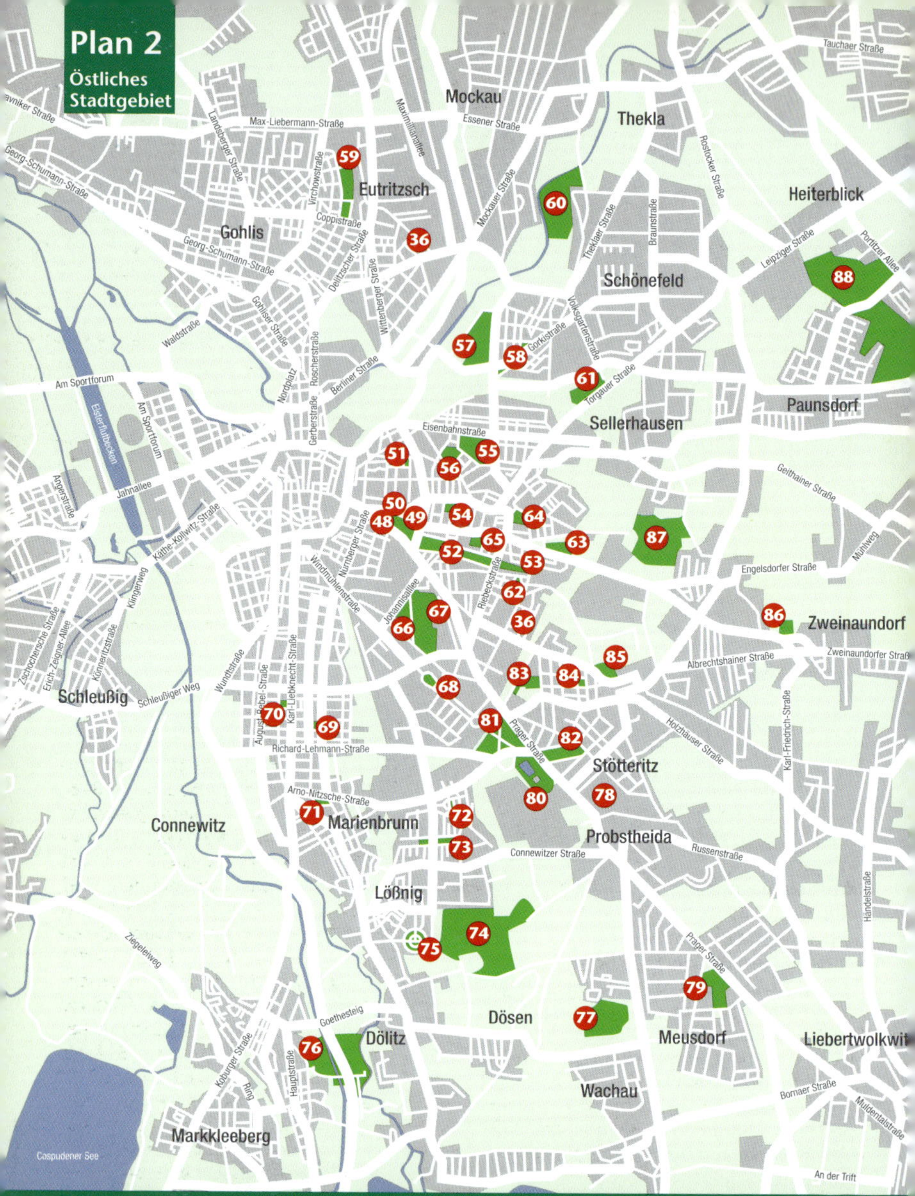

48 Johannisplatz
49 Alter Johannisfriedhof
50 Rabensteinplatz
51 Marienplatz
52 Lene-Voigt-Park
53 Anger-Grottendorfer Bahnschneise
54 Stephaniplatz
55 Rabet
56 Elsapark
57 Mariannenpark
58 Stannebein- und Stöckelplatz
59 Eutritzscher Park
60 Abtnaundorfer Park
61 Volksgarten Sellerhausen
62 Möbiusplatz / Alfred-Frank-Platz
63 Lilo-Herrmann-Park
64 Ramdohrpark
65 Reudnitzer Park
66 Botanischer Garten
67 Friedenspark
68 Deutscher Platz
69 Steinplatz
70 Heinrich-Schütz-Platz
71 Wiedebachplatz
72 Arminiushof
73 Märchenwiese
74 Erholungspark Lößnig-Dölitz
75 Siegfriedplatz
76 Agra-Park
77 Park Dösen
78 Etzoldsche Sandgrube / Erholungspark Südost
79 Meusdorfer Park
80 Anlagen am Völkerschlachtdenkmal
81 Wilhelm-Külz-Park
82 Gregoryplatz und Gustav-Schwabe-Platz
83 Güntzpark (Thonberger Park)
84 Weißeplatz
85 Stötteritzer Wäldchen
86 Stadtgut Mölkau
87 Volkshain Stünz
88 Grüner Bogen Paunsdorf

Kirschblüte auf dem Johannisplatz, Blick zum Grassimuseum

Stadtgeschichtlich herausragend

Der Johannisplatz gehört zu jenen heute begrünten Plätzen, die ihre eigentliche Bedeutung durch ihre städtebauliche Funktion und Geschichte besitzen. Der vom Grimmaischen Tor am heutigen Augustusplatz ausgehende Grimmaische Steinweg teilte sich dort von jeher in die Fernverkehrsverbindungen nach Dresden (Dresdner Straße) und Grimma (heute Prager Straße). 1278 erwarb die Brüderschaft der Leprakranken hier vier Morgen Land zur Errichtung eines Hospitals. Im Zwickel der Straßen entsteht daraufhin eine 1305 erstmals erwähnte Kapelle. Sie ist Johannes dem Täufer, dem Schutzheiligen der Leprakranken, geweiht. Die 1582 bis 1584 an ihrer Stelle errichtete Johanniskirche ist später namengebend für den Platz. Zunächst war dieser als solcher aber noch nicht vorhanden, die Kirche vielmehr von Teilen des Hospitalfriedhofs umgeben. 1526 war der Begräbnisplatz von Herzog Georg von Sachsen zum alleinigen der Stadt bestimmt worden (siehe S. 141: Alter Johannisfriedhof). Zwischen 1746 und 1748 wird an der Westseite der Kirche unter George Werner ein markanter Barockturm errichtet. Seither bildete er den vom Augustusplatz einsehbaren Blickpunkt am Ende des Grimmaischen Steinwegs. Die hier seit dem Mittelalter vorhandene Vorstadt weitete sich seit Beginn des 19. Jahrhunderts beträchtlich aus, Johannis- und Friedrichstadt entstanden. Die eigentliche Geschichte des Platzes beginnt 1846. In diesem Jahr wird der Neue Johannisfriedhof eingeweiht (siehe auch S. 186 Friedenspark), die Friedhofsteile um die Johanniskirche können aufgegeben und anderweitig gestaltet werden. 1883 wird westlich der Kirche das Reformationsdenkmal mit überlebensgroßen Figuren Martin Luthers und Philipp Melanchthons errichtet. Das Werk Johannes Schillings (1828 bis 1910) erinnerte an die Einführung der Reformation in Leipzig 1539. Von 1894 bis 1897 erhielt die Johanniskirche nach Plänen Hugo Lichts ein neues, neobarockes Kirchenschiff. Im Zuge der Bauarbeiten identifizierte Professor Wilhelm His die Gebeine von Johann Sebastian Bach, die 1750 an der Außenmauer des Gotteshauses beigesetzt worden waren; sie fanden nun einen Platz unter dem Altar. In den Jahren um 1900 wird die dichte Bebauung um den Platz teilweise erneuert und erhielt einen großstädtischen und repräsentativen Charakter. Um die Kirche befinden sich nun kleinteilige Grünstrukturen mit Wegen zu den Eingängen. Nach der bereits 1883 erfolgten Schließung des Alten Johannisfriedhofs und dem Abriss des Johannishospitals erfolgt 1925 bis 1929 die Errichtung des Grassimuseums im Bereich der Abteilungen 1 und 2 des Begräbnisplatzes. 1943 erfasst der Zweite Weltkrieg den Johannisplatz: Im Frühjahr werden die Figuren des Reformationsdenkmals für Rüstungszwecke eingeschmolzen, am 4. Dezember bei einem Luftangriff beinahe alle Gebäude im Umkreis schwer getroffen. Die Reste des Schiffs der Johanniskirche enden 1949 in einer Sprengung. Der kunstgeschichtlich und städtebaulich bedeutsame Turm wird teilweise instand gesetzt. Planungen und ein Wettbewerb zur Neugestaltung des Platzes erfolgen unter der Voraussetzung seines Erhalts. Dennoch erfolgt am 9. Mai 1963 die Sprengung des Turms. Die bis heute bestehende unbebaute Fläche wird begrünt. Reihen von Zierkirschen unterstreichen den dreieckigen Zuschnitt und erlauben den Durchblick auf das Grassimuseum. Nachhaltigen Einfluss auf den Charakter des Bereichs hat der 1964/65 erfolgte Bau einer zehngeschossigen Wohnhauszeile am nördlichen Platzrand 60 Meter hinter der ursprünglichen Bebauungskante. Der entstandene Vorbereich erhält Parkplätze und ebenfalls eine einfache Begrünung. Bis auf das wiederhergestellte Grassimuseum erinnert seither wenig an den ursprünglichen Johannisplatz. Seine einstige städtebauliche Bedeutung ist durch die weitgehende Auflösung der Platzkanten kaum noch nachzuvollziehen. Immerhin erfolgten ab 1992 die Errichtung eines neuen Fernmeldeamts an seiner Nordwestseite und später die eines weiteren Gebäudes an der östlichen Ecke der Querstraße unter Berücksichtigung alter Baufluchten. Seit einigen Jahren setzt sich ein Verein für die Wiedererrichtung des alten Johanniskirchturms als städtebauliche Dominante und Blickpunkt aus Richtung Augustusplatz ein. Diskutiert wird auch ein moderner Baukörper. Mit der Sanierung erhielt das Grassimuseum auf seiner Mittelachse einen Nachbau der expressionistischen Dachbekrönung, der wenigstens einen bescheidenen Ersatz für den verlorenen vertikalen Akzent darstellt. Umgekehrt ist am Augustusplatz mit dem Universitätsneubau und dem Paulinum ein auch für den Johannisplatz bedeutsamer Blickpunkt entstanden. Bei Erhalt der engen Vorkriegsbebauung am Grimmaischen Steinweg wäre dieser von hier aus nicht wahrnehmbar gewesen.

Die Fläche des Johannisplatzes selbst erfuhr 2004 bis 2006 eine gestalterische Aufwertung. Nach Plänen des Berliner Büros Lützow 7, Cornelia Müller und Jan Wehberg, erhielt die erhöhte Mittelfläche eine ansprechende Fassung mit einer niedrigen Mauer aus Granitblöcken. Zum Grassimuseum und zur schmaleren westlichen Spitze öffnet sie sich über Freitreppen. Die Fläche selbst besteht neben den erhaltenen Zierkirschen lediglich aus Rasen, wodurch die beschriebenen Blickbeziehungen ungestört bleiben. Im zeitigen Frühjahr setzen Pflanzungen von weißen Krokussen einen freundlichen Akzent.

Blühende Kirschzweige

BOTANISCHE BESONDERHEITEN

Die ausdrucksvollen Bäume auf diesem Platz setzen zu jeder Jahreszeit besondere Akzente. An erster Stelle ist die zweireihige Pflanzung von Japanischer Zierkirsche zu nennen. Sie bringt im Frühjahr ein einzigartiges rosa Blütenmeer hervor. Blickpunkte bilden zudem eine solitär stehende Blutbuche und die benachbarte gelbaustreibende Esche mit ihrem gelben Frühjahrs- und Herbstaspekt. Im August ist der Schnurbaum mit seinen schwefelgelben Blütendolden über dem dunkelgrünen Laubdach ein Höhepunkt. *H/S*

Größe

0,45 Hektar

Besonders sehenswert

Grassimuseum

Der Weg

Grimmaischer Steinweg, Prager Straße bzw. Dresdner Straße, Tram 4, 7, 12, 15 Haltestelle Johannisplatz

Parkmöglichkeiten

Dresdner Straße, Täubchenweg

Hundewiese

Rabensteinplatz

Adressen

Museen im Grassimuseum, Johannisplatz 5–11, 04103 Leipzig, www.grassimuseum.de

Gastro-Tipps

Café und Restaurant im Grassimuseum, Johannisplatz 5–11, 04103 Leipzig,Tel. 2 15 37 75, www.michaelis-leipzig.de

Basamo, Nürnberger Straße 11, 04103 Leipzig, Tel. 9 60 76 54, www.basamo.de

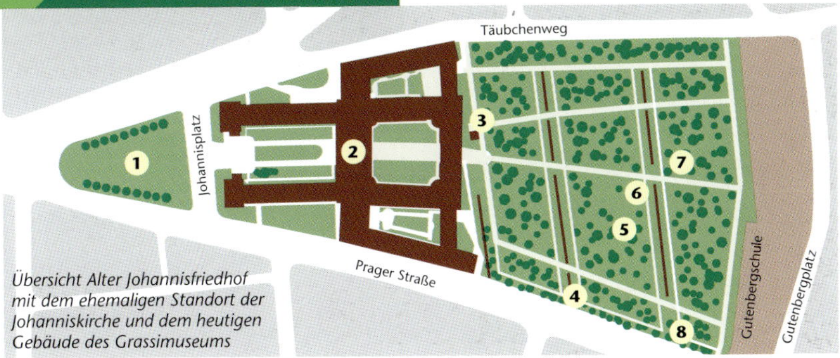

Übersicht Alter Johannisfriedhof mit dem ehemaligen Standort der Johanniskirche und dem heutigen Gebäude des Grassimuseums

1 Ehemaliger Standort der Johanniskirche, 2 Grassimuseum, 3 Baumgärtnersche Gruft, 4 Grabmal Anna Katharina Kanne geb. Schönkopf, 5 Grabmal Franz Dominic Grassi, 6 Grabmal Fürst Joseph Poniatowski, 7 Grabmal von Richard Wagners Mutter Johanna Rosina und Wagners Schwester Johanna Rosalie Marbach geb. Wagner, 8 Lapidarium mit Grabmonumenten von Brockhaus, Reclam, Credner, Wustmann, Tröndlin u. a.

Stumme Zeugen der Stadtgeschichte

Friedhöfe spiegeln oft wie in einem Brennglas die Geschichte und Mentalität eines Ortes wider. So verhält es sich auch in Leipzig. Glücklicherweise ist mit dem Alten Johannisfriedhof ein besonders aussagekräftiges Zeugnis der langen Entwicklung der Stadt erhalten geblieben. Wechselfälle, Verluste und herbe Einschnitte blieben für ihn ebensowenig aus wie für die Stadt.

1278 erwarb die Brüderschaft zur Pflege der Leprakranken in einiger Entfernung östlich vor dem Grimmaischen Tor vier Morgen Land; ein Hospital, wohl bereits mit einem Friedhof, entstand. 1305 wird erstmals eine Johannes dem Täufer geweihte Kapelle erwähnt, die spätere Johanniskirche, lange Zentrum des Friedhofs. 1476 erfolgten seine erste größere Erweiterung und die Weihe als „Stadtgottesacker". 1536 erklärte ihn Herzog Georg von Sachsen zum allgemeinen Begräbnisplatz der Stadt. Dies stand im Kontext einer Forderung der lutherischen Reformation, nach der die Friedhöfe vor die Stadtmauern verlagert werden sollten. Eine ähnliche Entwicklung fand zeitgleich auch in anderen mitteldeutschen Städten statt. Bekannt ist der ebenfalls im 16. Jahrhundert angelegte eindrucksvolle Stadtgottesacker des Nickel Hoffmann in Halle. Wie die Anlage dort war der Johannisfriedhof eine streng architektonische Anlage mit Gruftbauten entlang der Umfassungsmauer. Da vor den Stadtmauern gelegen, geriet er zum häufigen Schauplatz von Kampfhandlungen und Belagerungen. Bereits 1546/47, im Schmalkaldischen Krieg, nahm der ernestinische Kurfürst Johann Friedrich von Sachsen Quartier im Johannishospital, um das albertinische Leipzig zu belagern. Die Einnahme misslang, Spital und Friedhof wurden aber völlig zerstört. Wiederholte Brandschatzungen im Dreißigjährigen Krieg folgten. 1750 wurde Johann Sebastian Bach wenig standesgemäß an der Außenmauer der Johanniskirche beigesetzt; der genaue Ort geriet später vorübergehend in Vergessenheit. Während der Völkerschlacht 1813 lag das Areal erneut im Zentrum der Kampfhandlungen. Das Spital diente als Lazarett, auf dem Friedhof und selbst in den Gruften kampierten Soldaten, wurde gekocht, gezecht, aber auch gestorben. Immer wieder wurde die Anlage instand gesetzt und insbesondere im 19. Jahrhundert um mehrere „Abteilungen" nach Osten erweitert. Die Abteilungen erhielten jeweils eine Trennung voneinander durch Mauern. Nach Wiederherstellungsarbeiten in den 1990er Jahren ist dies wieder so zu besichtigen. Jedoch unterlag die Anlage seit Ende des 19. Jahrhunderts einschneidenden Veränderungen. 1883 fanden die letzten Beisetzungen auf dem Areal statt, nachdem bereits 1846 der Neue Johannisfriedhof, heute Friedenspark, eröffnet worden war. Im gleichen Jahr wurden die Abteilungen I und II säkularisiert und zu Grünanlagen mit einzelnen verbliebenen Grabdenkmälern umgestaltet. 1925 bis 1929 entstand hier das expressionistische Grassimuseum nach Plänen Carl William Zwecks und Hans Voigts. Die Abteilungen III bis V blieben erhalten und durch die Höfe des Museums zugänglich. Dennoch gerieten sie in den Jahrzehnten nach dem Zweiten Weltkrieg

Historische Grabmonumente auf dem Alten Johannisfriedhof

etwas in Vergessenheit und verwahrlosten. Das Schiff der kriegsbeschädigten Johanniskirche endete 1949 in einer Sprengung, 1963 folgte auch der bereits teilweise wieder instand gesetzte Turm. 1981 wurde der Friedhof geschlossen, eine Instandsetzung des Geländes und der etwa 400 erhaltenen Grabdenkmäler sollten erfolgen. Auch vom Neuen Johannisfriedhof geborgene und hier abgeladene Relikte sollten restauriert werden. Schließlich zogen sich die Arbeiten hin. Erst 1995 öffnete der Alte Johannisfriedhof wieder für die Allgemeinheit, war hier ein geordnetes Lapidarium für die Grabmäler des Neuen Johannisfriedhofs entstanden. Über die zahlreichen historisch oder kunstgeschichtlich bedeutenden Objekte informieren Tafeln. So finden sich die Gräber von Anna Katharina Kanne, geborene Schönkopf, Goethes Jugendliebe Käthchen, von Johanna Rosina Wagner und Johanna Rosalie Marbach, Mutter und Schwester Richard Wagners. Zum Lapidarium gehören auch die Grabdenkmäler der hier nicht beigesetzten Verlegerfamilie Brockhaus oder von Anton Philipp Reclam. An den einst in der Johanniskirche und nun auf dem Südfriedhof beigesetzten Kirchenlieddichter Christian Fürchtegott Gellert erinnert seine Grabtafel am Grassimuseum. Gehörten bis in das 20. Jahrhundert Gruftbauten zum charakteristischen Erscheinungsbild, so ist davon heute nur noch diejenige der Familie Baumgärtner erhalten. Die barocke Architektur entstand 1726. Im Jahre 1825 erwarb sie der Verlagsbuchhändler Friedrich Gotthelf Baumgärtner. Zahlreiche andere Zeugnisse des Barock, Klassizismus und Historismus bereichern die Anlage. Eine Sandsteinsäule mit Ritzzeichnungen im ägyptischen Stil sowie Hieroglyphen und griechischer Inschrift erinnert etwa an den Ägyptologen Friedrich August Wilhelm Spohn. Bemerkenswert ist die Vielfalt symbolischer Darstellungen: Nach unten gerichtete Fackeln stehen für das Verlöschen des Lebenslichts, Schmetterlinge für die Metamorphose des Lebens.

BOTANISCHE BESONDERHEITEN

Floristisch ist der Alte Johannisfriedhof durch das Vorkommen einiger zum Teil nur selten verwilderter Zierpflanzen bemerkenswert, u. a. Brauner Storchschnabel, Gewöhnliche Akelei, Straußenfarn, Großblütige Tellima, Akeleiblättrige Wiesenraute, Orangerotes Habichtskraut und Kleines Immergrün. Sie sind als Relikte ehemaliger Grabbepflanzungen anzusehen. *PG*

Größe

3,1 Hektar

Besonders sehenswert

Baumgärtnersche Gruft, zahlreiche stadt- und kunstgeschichtlich bedeutende Einzelgrabmale, Lapidarium für Grabmäler des ehemaligen Neuen Johannisfriedhofs

Der Weg

ab Augustusplatz Tram 4, 12, 15 Haltestelle Johannisplatz

Parkmöglichkeiten

Täubchenweg

Adressen

Museen im Grassimuseum, Johannisplatz 5–11, 04103 Leipzig, www.grassimuseum.de

Gastro-Tipps

Restaurant Augustus, Augustusplatz 15, 04109 Leipzig, Zentrum, Tel. 9 60 96 03, www.restaurant-augustus.de

Stadtpfeiffer – Restaurant im Gewandhaus, Augustusplatz 8, 04109 Leipzig, Tel. 2 17 89 20, www.stadtpfeiffer.de

50 Rabensteinplatz

Vergessener Ort mit dunkler Vergangenheit

Raben gelten wegen ihres meist schwarzen Gefieders als Totenvögel. Tatsächlich sind die stattlichen Kolkraben überwiegend Aasfresser. So trug auch der Richtblock auf dem Leipziger Hinrichtungsplatz die Bezeichnung „Rabenstein". In wieweit die intelligenten Vögel von den Exekutionen angezogen wurden, wie es oft heißt, ist glücklicherweise nicht mehr nachvollziehbar. Seit dem Mittelalter befand sich der Rabenstein im Bereich des heute nach ihm benannten Platzes. Hinrichtungen waren hier bis in das 18. Jahrhundert ein öffentliches Spektakel mit aufwändig inszenierten Auszügen aus der Stadt. Dies hatte in Folge der Aufklärung im 19. Jahrhundert ein Ende. 1822 wurde der Rabenstein abgebrochen, und seit 1845 gab es Bestrebungen, den düsteren Ort als Grünanlage zu gestalten. Trotz wiederholter Anläufe und Planungen wurde er weiterhin lange nur als Lagerstätte für Pflastersteine und im Winter für Schnee genutzt. Mitte der 1860er Jahre stand die Beendigung der Grabstättennutzung des benachbarten Johannisfriedhofs in Aussicht. Damit gewann der Platz an Attraktivität als Bauland. Ihm drohte das gleiche Schicksal wie im Verlauf des Jahrhunderts den einst so prächtigen barocken Bürgergärten. Das erkannten die Stadtverordneten und forderten am 29. Juni 1866 einen sofortigen Beschluss zum Rabensteinplatz, der am 4. Juli auch erfolgte. Er sollte als Freifläche erhalten und nunmehr endlich gestaltet werden. Am 10. August legte Ratsgärtner Carl Otto Wittenberg eine überarbeitete Planung vor. Danach wurde keine landschaftliche Anlage geschaffen, wie dies von seinen Vorgängern angedacht worden war, sondern ein funktional gegliederter, symmetrisch gestalteter Stadtplatz. Die Schmuckfunktion stand im Vergleich zum Nutzungsaspekt im Hintergrund. Zwei ovale Sandplätze sollten – zu dieser Zeit modern – dem Kinderspiel dienen, Gehölzpartien Schatten spenden. Mit dem Floß- und dem Marienplatz war der Rabensteinplatz damit in Leipzig eine der ersten öffentlichen Grünanlagen außerhalb des Promenadenrings. Bürgersinn und Repräsentationsbedürfnis ist es zu verdanken, dass Anwohner der Dresdner Straße für ihn 1869 eine Brunnenanlage mit zweischaligem Fontänenaufsatz spendeten. 1911 folgt an der westlichen Platzspitze der sogenannte Froschbrunnen. Bildhauer Werner Stein hatte die zugehörige Figurengruppe mit zwei Kindern und großem wasserspeiendem Frosch geschaffen. Der Beckengrund erhielt ein Mosaik aus blauen und goldfarbenen Glassteinchen. Im Dritten Reich sah man eine Umgestaltung des Platzes vor. Später wurde für einen Luftschutzbunker der ältere Brunnen abgetragen; die Figuren des Froschbrunnens endeten in der Rüstungsindustrie. Nach dem Bombenangriff vom 4. Dezember 1943 war der Rabensteinplatz an einem Tiefpunkt angelangt. Ab 1951 erfolgte eine einfache Wiederherstellung nach Plänen des Leipziger Gartenarchitekten Gerhard Scholz. Versteckt in einer Gehölzgruppe sind Bassin und Postament des Froschbrunnens bis heute erhalten.

Zentrale Fläche des Rabensteinplatzes

Größe
0,5 Hektar

Besonders sehenswert
Reste des Froschbrunnens

Der Weg
Dresdner Straße, Ecke Täubchenweg

Parkmöglichkeiten
Täubchenweg

Sport + Spiel
Gymnastik, Handballspiele

Hundewiese
Rasenfläche des Platzes

Adressen
Grassimuseum, Johannisplatz 5–11, 04103 Leipzig, www.grassimuseum.de

Amt für Stadtgrün und Gewässer, Prager Straße 118–136, 04317 Leipzig, Tel. 1 23 61 00, stadtgruen.gewaesser@leipzig.de

Gastro-Tipps
Café und Restaurant im Grassimuseum, Johannisplatz 5–11, 04103 Leipzig, Tel. 2 15 37 75, www.michaelis-leipzig.de

Gaststätte Zunftkeller, Dresdner Straße 11–13, 04103 Leipzig, Tel. 2 18 83 19, www.zunftkeller.de

Bassin auf dem Marienplatz

Auf den Spuren von Breitkopf, Baedeker und Göschen

Marienplatz? Selbst gebürtige Leipziger müssen oft passen, fragt sie jemand nach dem Weg dorthin. Immerhin – in der Fernsehkrimiserie „SoKo Leipzig" wurde hier an der Ecke in der Inselstraße schon mal nach dem Täter gesucht. Nach den Dreharbeiten zog wieder Ruhe ein. Der Marienplatz befindet sich heute, obwohl nur unweit vom Zentrum entfernt, in einer peripher erscheinenden Lage. Noch immer prägen Baulücken und kleinere Brachen als Kriegsfolge sein Umfeld und seit ein paar Jahren auch die zur östlichen City-Umgehung ausgebaute Ludwig-Erhard-Straße. Nach Betreten der von einer doppelten Lindenreihe gesäumten inneren Platzfläche mag es verwundern, hier eine derartige urbane Schmuckanlage vorzufinden. Sie ist Zeuge der früheren Bedeutung der Stadtgegend, die im Zweiten Weltkrieg ein Ende fand.

Seit dem 18. Jahrhundert war das westlich angrenzende Gelände ein Ausflugsziel der Leipziger. Hier befand sich in einem „Milchinsel" genannten Vorwerk, einem landwirtschaftlichen Betrieb, ein Ausschank. Im Jahre 1836, es kündigte sich bereits die Entwicklung zur Vorstadt an, verkaufte der Besitzer Julius Gebhard Ranft Flächen als Bauland. Allerdings war er vorausschauend genug, den Bereich des heutigen Marienplatzes zurückzuhalten, da „es in dem Wünschen der Commune liegen müßte, in jedem großen und neuen Stadttheile ein solches Areal für öffentliche Bedürfnisse reserviert zu haben".

Nach dem Erwerb durch die Stadt 1842 erfolgte bereits um 1850 die Pflanzung der umgebenden Lindenreihen. Ein Baum stammt heute wahrscheinlich noch aus dieser Phase. Die anderen wurden später ersetzt, allerdings an den alten Standorten, so dass keine Veränderung des Platzcharakters stattfand. In den folgenden Jahren beschleunigte sich das städtische Wachstum, siedelten sich im Osten der Stadt, und damit auch im Umfeld des Marienplatzes, mehr und mehr Verlage und Druckereien an. Das „Graphische Viertel" entwickelte sich zum konkurrenzlosen Mittelpunkt des Buchgewerbes im deutschen Sprachraum. Davon ist nach den Entwicklungen in der zweiten Hälfte des 20. Jahrhunderts nicht mehr viel übrig geblieben. Nur noch Erinnerungswert besitzt das renovierte Stammhaus des Reclam Verlags an der Inselstraße. Wohl die meisten bedeutenden deutschsprachigen Verlage hatten ihren Sitz in Leipzig oder hier zumindest eine Adresse. Am Marienplatz selbst entstanden zudem großbürgerliche Villen. 1876 forderten zwei Bewohner, Prof. Wilhelm Wundt und der Slawist Prof. August Leskien, eine Gestaltung der von den Linden umgebenen Fläche. Der spätere Stadtgartendirektor, Ratsgärtner Carl Otto Wittenberg, fertigte im Juni 1877 einen Plan an. Nach diesem entstand im Herbst 1878 und Frühjahr 1879 einer der ersten von später zahlreichen begrünten Stadtplätzen in Leipzig. Vorerst handelte es sich um einen reinen Schmuckplatz ohne eigens vorgesehene Spiel- oder Bewegungsflächen. Innerhalb der Lindenreihen und weiterer nach außen abschirmender Pflanz- und Rasenstreifen wird noch immer ein mittiges, von Wegen umgebenes Rondell zweiseitig von symmetrischen Rasenparterres flankiert. 1889 wurde innerhalb des Rondells ein Springbrunnen mit rundem Bassin errichtet. Diese Strukturen sind trotz oder wegen der Wechselfälle der Geschichte, vor allem des Bedeutungsverlusts des Graphischen Viertels durch Kriegszerstörungen, bis heute erhalten. Die Zeiten überdauert haben auch alte Natursteinpflasterungen und eine historische Handschwengelpumpe. Allerdings befand sich der Platz zu Beginn der 1990er Jahre in einem desolaten Erhaltungszustand. Auf der Basis einer denkmalpflegerischen Rahmenkonzeption des Leipziger Büros Franz erfolgte 1993 die Instandsetzung. Aufgrund der vielen erhaltenen Strukturen fiel die Entscheidung zugunsten einer Wiederherstellung des Erscheinungsbilds auch im Detail. Historische Leipziger Parkbänke und Rabattenumzäunungen, wie das Rabattengeländer Typ Wittenberg, wurden nachgebaut. Um den reaktivierten Springbrunnen erfuhr eine Schmuckpflanzung ihr Revival, ebenfalls umgeben von einer Umzäunung nach historischem Vorbild. Damit war der Marienplatz der erste in dieser Genauigkeit wiederhergestellte Stadtplatz in Leipzig. Saniert wurde inzwischen auch der Großteil der erhaltenen historischen Bebauung in der Umgebung, ergänzt durch einige Neubauten. Dennoch gehört hier das einstige quirlige großstädtische und gewerbliche Leben noch der Vergangenheit an. Der heute eher schwach genutzte Marienplatz wertet nach wie vor sein Umfeld auf, ist aber auch von Vandalismus bedroht. Einige der neueren Einbauten mussten bereits wieder abgebaut werden.

Größe

0,5 Hektar

Besonders sehenswert

erhaltene Grundstruktur des Platzes, Springbrunnen mit umgebender Schmuckpflanzung, Handschwengelpumpe, in der Umgebung: Kugeldenkmal (Denkmal für die Völkerschlacht 1813)

Der Weg

Ludwig-Erhard-Straße/Ranftsche Gasse, Tram 1, 3, 8, 13, Bus 72, 73 Haltestelle Friedrich-List-Platz

Parkmöglichkeiten

Lange Straße, Egelstraße

Sport + Spiel

Nordic Walking

Gastro-Tipps

Leggero, Chopinstraße 15, 04103 Leipzig, Tel. 9 62 53 73, www.leggero-leipzig.de

BOTANISCHE BESONDERHEITEN

Den Marienplatz umgibt eine zweireihige Lindenallee als Begrenzung zur umgebenden Straße. Diese dominanten Reihen bestehen aus unterschiedlichen Lindenarten in unterschiedlichen Altersgruppen. Wir finden Sommer-, Winter-, Krimlinde und Holländische Linde. Außerdem sind Gehölzgruppen mit Feldahorn, Weißbuche, Hausapfel, Feuerahorn, Erbsenstrauch, Japanische Scheinquitte, Gemeinem und Chinesischem Flieder angelegt. Dazu kommen schwarzfrüchtige Zwergmispel, Pfeifenstrauch, Alpenjohannisbeere und unterschiedliche Weißdornformen. Am Wasserbecken wurden Mandelbäumchen gepflanzt. *HJS*

Pfeifenstrauch

Ehemaliges Gleisgelände: der Lene-Voigt-Park, Blick in Richtung Stadtmitte

Metamorphose eines Bahnhofs

Es ist schon faszinierend, wie aus einem ehemaligen, verfallenen Bahnhofsgelände in einer eher vernachlässigten Gegend dieser Park entstehen konnte. Der Lene-Voigt-Park, benannt nach der sächsischen Mundartdichterin, die einst am ehemaligen Eilenburger Bahnhof lebte, gilt als eine der bedeutenden neueren Gartenschöpfungen in Leipzig. Zwischen Gerichtsweg und Riebeckstraße entstand auf einem etwa 11 Hektar großen Areal eine grüne Oase mit spezieller Geschichte:

Östlich des Stadtzentrums lag am Gerichtsweg ab 1872 einer von fünf größeren Kopfbahnhöfen Leipzigs, die den Ruf der Stadt als Eisenbahnknoten mitbegründeten. Von 1874 bis 1942 diente der Eilenburger Bahnhof dem Personenverkehr. Hierzu wurde 1874 bis 1876 nach Plänen des Architekten Richard Steche ein repräsentatives Empfangsgebäude errichtet.

Nördlich und südlich des Bahnhofs entwickelte sich das Druckgewerbe, siedelten sich Verlage an. Bis zum Zweiten Weltkrieg waren im sogenannten Graphischen Viertel die meisten der über vierhundert Verlage und dreihundert Druckereien in Leipzig ansässig. Die Bedeutung des Bahnhofs sank bereits 1915 mit Inbetriebnahme des neuen Hauptbahnhofs. Fortan gab es am Eilenburger Bahnhof nur noch Personennah- und Güterverkehr. Im Zweiten Weltkrieg erlitt die Stadtgegend schwere Bombenschäden. Das Bahnhofsempfangsgebäude wurde völlig zerstört, weshalb der schon 1942 eingestellte Personenverkehr nicht wieder aufgenommen wurde; Güterverkehr gab es noch bis in die 1970er Jahre. Durch die Zerstörungen und die deutsche Teilung war die überragende Bedeutung des Leipziger Verlagswesens und Druckgewerbes zurückgegangen, Teile des Viertels verödeten, schließlich auch das Bahnhofsgelände. 1997 beschloss der Leipziger Stadtrat, hier einen Park entstehen zu lassen. Damit sollten auch die umgebenden, in ihrer Bedeutung degradierten und mit Grünstrukturen unterversorgten Quartiere aufgewertet werden. Bürgerforen, Workshops und ein Jugendcamp fanden statt, um die Interessen und Wünsche der Anwohner zu

Beachvolleyball im Lene-Voigt-Park

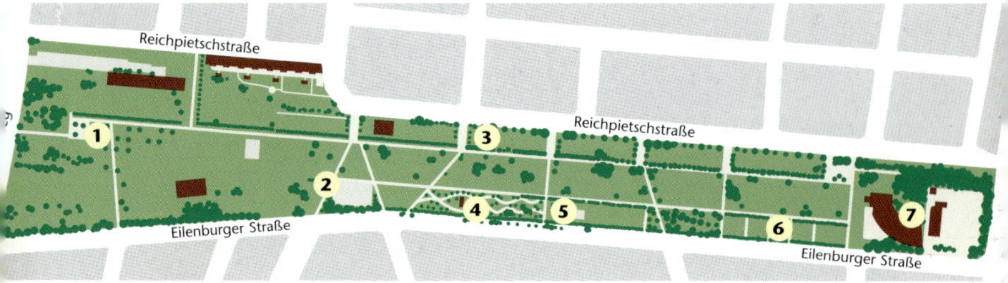

Übersichtsplan Lene-Voigt-Park: 1 Sitzbänke, 2 Multifunktionales Ballspielfeld, 3 Bewohnergärten, 4 Märchenwald, 5 Spielplatz, Kletterwand, Tischtennis, 6 Beachvolleyball, Klettern, 7 ehemaliger Lokschuppen

ermitteln. Mit der Konzeption wurde das Berliner Landschaftsarchitekturbüro Kiefer beauftragt. Und so entstand hier zwischen 2000 und 2007 eine Anlage mit modernem, überwiegend formalem, d. h. regelmäßigem Charakter. Erkennbar bleibt der markante, ursprünglich von Gleistrassen gefüllte Stadtraum, der beiderseits von überwiegend geschlossenen Häuserreihen aus der Zeit vor dem Ersten Weltkrieg gesäumt wird. Diese Situation erinnert stark an den ebenfalls auf Bahnhofsgelände angelegten Görlitzer Park in Berlin-Kreuzberg. Eine schnurgerade Promenade durchmisst die gesamte Anlage in ihrer Längsausdehnung. Durch ihre Breite und Befestigung eignet sie sich für diverse Spiel- und Sportaktivitäten. Ein urbaner Charakter entsteht durch entsprechende, großzügig verwendete Leuchten und eine begleitende Gabionenmauer mit integrierten Bänken. Die Gabionen (Drahtkäfige) sind mit Klinker und Holzschwellen gefüllt und verweisen damit auf die vormals den Bahnhof dominierenden Materialien. Erhöht und durch die Mauer abgestützt findet sich eine dichte Birkenpflanzung, ggf. als Zitat der vormaligen Spontanvegetation auf dem Bahnhofsgelände. Sie kaschiert zumindest teilweise eine Fernwärmetrasse, die an den einst etwas spröden Charakter der Stadtgegend erinnert. Jenseits der Trasse wurde die alte Einfriedung des Bahnhofsgeländes erhalten und saniert. Auf der anderen, der südlichen Seite der Promenade findet sich ein langgezogenes Rasenband mit locker eingestreuten Gehölzen, die aber die urbane Kulisse nicht verdecken. Wiederum südlich dieses Bereichs sind bandartig hintereinander unterschiedliche Spiel-, Sport- und Aktionsbereiche angeordnet. Klettergelegenheiten, Beachvolleyballfelder, Tischtennisplatten und diverse Spielmöglichkeiten befinden sich in kammerartig abgegrenzten Räumen. Ihre Kanten werden durch Hainbuchenhecken oder zum Passieren teils bewegliche Cortenstahlelemente gebildet. Die Ausstattung erfolgte mit gestalterisch besonders ansprechenden Geräten. Den östlichen Abschluss der Anlage bildet ein alter Lokschuppen, ein noch unausgeschöpftes Potential für eine Nutzung. Seitlich des Gebäudes schließt sich die als begehbarer Grünzug gestaltete Anger-Crottendorfer Bahnschneise an. Der Lene-Voigt-Park erhielt 2002 den Europäischen Preis für städtischen öffentlichen Raum.

Größe

5,5 Hektar

Besonders sehenswert

Märchenwiese, Bewohnergärten, Kletterwand, Sandspielplatz mit Baumstamm und Wasserpumpe

Der Weg

Gerichtsweg bzw. Riebeckstraße/Riebeckbrücke, Tram 15 Haltestelle Gerichtsweg, Tram 4 Haltestelle Täubchenweg, Bus 60 Haltestelle Kinderkrankenhaus

Parkmöglichkeiten

Eilenburger Straße, Reichpietschstraße

Sport + Spiel

Joggen, Nordic Walking, Volleyball, Basketball, Tischtennis, Inlineskating

Adressen

Begegnungsstätte Mühlstraße e. V., Mühlstraße 14, 04317 Leipzig, Tel. 9 90 36 00, www.muehlstrasse.de

IC-E Infocenter, Eisenbahnstraße 49, 04315 Leipzig, Tel. 6 81 00 80, www.leipziger-osten.de

Gastro-Tipps

Trattoria Anna Rosa, Reichpietschstraße 51, 04317 Leipzig, Tel. 6 99 13 91, www.trattoria-anna-rosa.de

Literaturcafé im Haus des Buches, Gerichtsweg 28, 04103 Leipzig, Tel. 9 95 41 50 www.literaturcafe-leipzig.de

Lene-Voigt-Park, Blick stadtauswärts. Das ehemalige Bahngelände wird von einer dichten Bebauung gerahmt.

BOTANISCHE BESONDERHEITEN

Auf diesem Gelände des ehemaligen Eilenburger Bahnhofs wurde der vorhandene Baumbestand, wo es möglich war, erhalten und integriert. Zusammen mit den neu gepflanzten Gehölzarten prägt er den Parkcharakter in interessanter Weise. Besonders zu nennen sind Robinien als alter Bestand, Himalajabirken mit besonders leuchtend weißer Rinde, Gemeine Eschen, Schnurbäume als schwefelgelbe Sommerblüher, Sommer- und Winterlinde sowie Weißdorn und Lederblättriger Weißdorn. Markante Sträucher sind der Prager Schneeball mit schmalen, langen, immergrünen Blättern, Strauchiger Kaukasusefeu mit gering gelappten Efeublättern und aufrechtem Wuchs sowie Lavendel als flächig verwendeter Halbstrauch mit langem, blauen Blütenflor im Sommer. *HJS*

Von der Gleistrasse zum Grünzug

Wo sich früher Züge auf eigener Gleistrasse durch Reudnitz und Anger-Crottendorf bewegten, rollen seit 2004 Fahrräder oder Inlineskates.

Als sich die noch selbstständige Gemeinde Anger-Crottendorf am Ende des 19. Jahrhunderts zu einem Industrie- und Arbeiterwohnquartier zu entwickeln begann, stellten Bahntrassen wichtige Strukturelemente dar, an denen sich die Bebauung orientieren musste. Bereits im November 1874 hatte die Halle-Sorau-Gubener Eisenbahn hier ihren Betrieb aufgenommen. Seither führte eine vom Eilenburer Bahnhof kommende Gleistrasse südlich an Anger-Crottendorf vorbei. Sie bildete eine Zäsur im Siedlungsgefüge. Erst seit 1898 wurde eine Brücke im Verlauf der heutigen Riebeckstraße geplant. Bis 1900 waren Rampen zur Überbrückung an der Martinstraße fertiggestellt. Trotz Niedergangs des Eilenburger Bahnhofs (heute Lene-Voigt-Park) wurde die zuführende Gleistrasse noch bis in die 1970er Jahre für Verkehrszwecke genutzt. Dann wurde sie sich selbst überlassen. Ungeplanter Wildwuchs bildete bald eine Grünverbindung vom Eilenburger Bahnhof in Richtung Stünzer Park. Obwohl Reudnitz nur sehr wenige öffentliche Grünflächen besitzt, musste sich das Verständnis für dieses Potential erst entwickeln. Spätestens mit der Gestaltung des Lene-Voigt-Parks auf dem Gelände des ehemaligen Eilenburger Bahnhofs war es vorhanden. Die Schaffung einer zusätzlichen Anbindung über die Gleistrasse lag nahe. Von 2004 bis 2006 erfolgte in drei Bauabschnitten und im Auftrag des städtischen Grünflächenamtes die Erschließung. Bei weitgehendem Erhalt der Spontanvegetation entstand ein Asphaltweg für Radfahrer und Fußgänger. Seitlich ergänzt wird er durch kleine Pfade mit einem Belag lediglich aus Holzhäckseln. Ihren eigentümlichen Charakter erhält die Bahnschneise durch die beiderseits nahe herantretenden Häuserzeilen und eine Fernwärmetrasse. Eher spröde anmutende Impressionen wechseln mit überraschenden Vegetationsaspekten in dem schluchtartigen Bereich. Im Verlauf von Riebeck- und Martinstraße wird er jeweils von einer Straßenbrücke überspannt; die Bodenflächen darunter sind künstlerisch gestaltet. An der Martinstraße wurde als wohl aufwändigste Maßnahme eine Fußgängerrampe gebaut, welche eine Verknüpfung zwischen Straße und Grünverbindung erst herstellte. Nutzbar ist sie nun auch für Mütter mit Kinderwagen, Rad- oder Rollstuhlfahrer. Letztlich soll eine Verbindung auch zum sogenannten Leipziger Grünen Ring in der Peripherie hergestellt werden.

Größe
1,6 Hektar

Besonders sehenswert
künstlerisch gestaltete Bodenflächen unter den Brücken

Der Weg
Reudnitzer Straße ab Riebeckbrücke im Anschluss an den Lene-Voigt-Park, Tram 4 Haltestelle Täubchenweg, Bus 72, 73 Haltestelle Martinstraße oder Ostfriedhof

Parkmöglichkeiten
Oststraße

Sport + Spiel
Joggen, Nordic Walking, Radfahren

Adressen
IC-E Info Center Eisenbahnstraße, Eisenbahnstraße 49, 04315 Leipzig, Tel. 6 81 00 80, www.leipziger-osten.de

Gastro-Tipps
Gaststätte und Biergarten Reudnitzer Terrrassen, Oststraße 71, 04317 Leipzig, Tel. 2 25 52 13

Gartenlokal Flora, Oststraße 128 a, 04299 Leipzig, Tel. 8 61 75 32

Wegwarte – eine hübsche Art trockener Wegränder

Fußgängerrampe an der Anger-Crottendorfer Bahnschneise

Ruhepunkt und Spielparadies

Der Spielplatz in der Breitkopfstraße am Stephaniplatz dürfte einer der schönsten Abenteuerspielplätze in Leipzig sein. Gerüste mit Kletterseilen, Tunnel und Brücken, Rutschen, eine wellige Rollerbahn und große Sandkästen für kleine Leute laden zum Toben ein. Größere Kinder und Jugendliche treffen sich auf dem Feld für Ballspiele. Es ist mit einem Netz umzäunt, und so müssen sich die Anwohner nicht sorgen, dass die Bälle ihre Fensterscheiben treffen. Aber die Bebauung ringsum ist ohnehin eher licht. Als der aus zwei Teilen bestehende Stadtplatz um 1900 an der Dresdner Straße angelegt wurde, sah es hier noch anders aus. Da rahmten ihn das Reudnitzer Rathaus, Bürgerhäuser und die VII. Bürgerschule. An der Dresdner Straße sorgten Kirche, Post und zahlreiche Geschäfte für reges Treiben. In der Nähe hatten sich Handwerk und Kleinindustrie niedergelassen.

Strauchrose „Mozart"

Der Zweite Weltkrieg riss in die Bebauung erhebliche Lücken, in der Nachkriegszeit teilweise ersetzt durch wenig urbane Zeilenbauten. Dresdner Straße und Stephaniplatz hatten ihre räumliche Fassung verloren. Die Grünanlage geriet in der Folge in eine vergleichsweise abseitige Lage und bedurfte nach 1990 einer Erneuerung. Da die Grundstrukturen der Erstanlage im Wesentlichen erhalten waren, erfolgte 1991 durch das Städtische Grünflächenamt eine weitgehende Wiederherstellung. Auf der östlichen Hälfte befand sich innerhalb rahmender regelmäßiger Baumreihen und abschirmender Gehölzpflanzungen auf einer mittigen Fläche ein Wasserbassin als Kinderplanschbecken. Wie für viele Stadtplatzanlagen charakteristisch, wird der Bereich durch Diagonalwege von den Ecken des Platzes her erschlossen. Bei der Wiederherstellung erhielt das Bassinbecken eine neue Funktion als Beeteinfassung für eine Rosenpflanzung; Wege und Pflanzflächen

Historische Aufnahme des Stephaniplatzes, hinten links das ehemalige Reudnitzer Rathaus

Spiellandschaft auf dem Stephaniplatz

wurden instand gesetzt. Da es sich um eine sehr frühe denkmalpflegerische Wiederherstellung eines Stadtplatzes nach 1990 handelte, lagen erst wenige Erfahrungen hinsichtlich des Umgangs mit der Ausstattung vor. Bei anderen Anlagen konnten später exakte Nachbauten eingesetzt werden. Für den Stephaniplatz wurden noch Modelle für Bänke und Absperrketten um die Mittelfläche aus dem Handel bezogen. Dennoch ist der ursprüngliche Charakter der Anlage wieder gut nachvollziehbar.

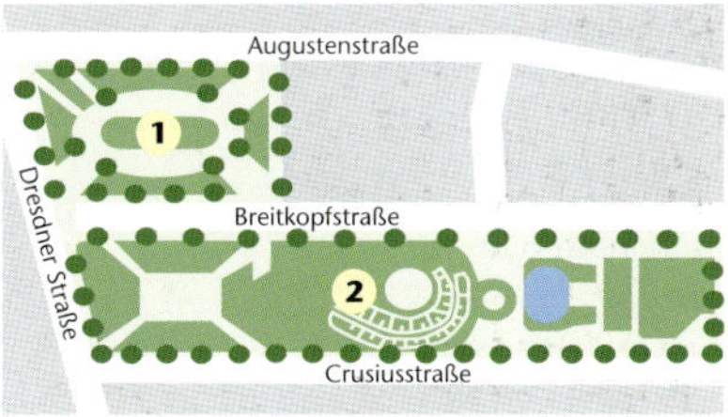

1 Rosenrabatte, 2 Spiellandschaft

Schmuckparterre im Ostteil des Stephaniplatzes

Dies gilt mit Abstrichen auch für den kleineren westlichen Teil des Platzes, der eine durch Baumreihen und Gehölze gerahmte mittige Hartplatzfläche für Bewegungsspiele enthält. Allerdings sind von den hier ursprünglich acht Pyramidenpappeln, die vertikale Akzente setzten, nur wenige erhalten. Der eingangs geschilderte Spielplatz befindet sich auf einer neueren Erweiterungsfläche im Süden des westlichen Platzteils. Hier wurde in den 1970er Jahren ein Schutzbunker errichtet und dann als begrünter Hügel in die neue Anlage einbezogen.
Als einer der wenigen Bereiche mit öffentlichem Grün besitzt der Stephaniplatz für Reudnitz nach wie vor Bedeutung, auch wenn sich die zentralen Funktionen des Ortsteils an andere Stellen verlagert haben.

Die Kalmienblütige Deutzie – eine der schönsten und wertvollsten Deutzienarten

BOTANISCHE BESONDERHEITEN

Die Bäume und besonders die artenreichen Sträucher hier sind erlebens- und sehenswert. Zu den markantesten Gehölzen gehören Kanadische Pappel, Spitz-, Berg-, Feld-, Silber-, Eschen- und Feuerahorn, dessen Blätter im Herbst korallenrot gefärbt sind. Auch die Rosskastanie mit ihren üppigen weißen Blütenkerzen im Frühjahr ist vorhanden. Linden sind mit vier Arten vertreten: Sommer-, Winter-, Krimlinde und Holländische Linde. In der Nähe der Rollerbahn finden sich die Ölweide mit schmal-lanzettlich, silbergrauen Blättern und eigenwilliger Wuchsform und die Silberölweide mit ovalen, blausilbern glänzenden Blättern. Mit seinen stark filzig behaarten und gefiederten Blättern fällt der Essigbaum auf. Seine gelbe bis orangerote Herbstfärbung ist nicht zu übersehen. Etwas ausgefallen wächst mit sehr dekorativen, bogig gewellten Zweigen und lanzettlich gedrehten Blättern die Korkenzieherweide. Lockere Zweige und lanzettliche Blätter mit weitauslaufender Spitze, oberseits glänzend dunkelgrün, unterseits bläulichweiß, charakterisieren die Knackweide. An Nussbäumen wachsen hier Walnuss und Baumhasel. Auch Platanen mit großen, olivgrünen, wechselständig angeordneten und gelappten Blättern haben ihren Platz. Neben Weiß- und Rotdorn ist der Pflaumenblättrige Weißdorn mit den ovalen, glänzenden Blättern und leuchtend hellroter Herbstfärbung zu erwähnen. Robinien blühen im Juni reichlich mit weißen Blütentrauben. Selbst Schnurbäume gibt es. Ihre Blätter sind unpaarig gefiedert, die Fiederblättchen länglich zugespitzt. Zu den interessanten Sträuchern gehören Felsenbirne, Perücken- und Johannisstrauch, die Strauchrose Mozart, dazu Pfeifenstrauch und gefüllt blühender Pfeifenstrauch sowie die Kalmiablütige Deutzie, Clandons Bartblume, Prachtspiere und Feuerdorn, dessen leuchtend orangerote Früchte bis in den Winter hinein den Strauch zieren. *HJS*

Größe

2,25 Hektar

Besonders sehenswert

Apelstein Nr. 42, erhaltene, historische Grundstrukturen der Platzhälften

Der Weg

Dresdner Straße, Tram 4, 8 Haltestellen Gerichtsweg oder Köhlerstraße

Parkmöglichkeiten

Breitkopfstraße

Sport + Spiel

Joggen, Nordic Walking, Ballspiele, Spielplatz

Adressen

Vereinshaus Leipziger Osten, Dresdner Straße 82, 04317 Leipzig, ansässige Vereine:

Bürgerverein Leipziger Ostvorstadt e. V., Tel. 9 93 93 39, www.bvostvorstadt.de

Förderverein Kinder und Jugendliche e. V., Tel. 6 81 38 53, www.kiju.egz-leipzig.de

Gastro-Tipps

Zunftkeller im Haus des Handwerks, Dresdner Straße 11–13, 04103 Leipzig, Tel. 2 18 83 19, www.zunftkeller.de

Bunt, lebendig, urban

Dieser Park steht als grüne Oase für den Imagewandel des Leipziger Ostens. Dies gilt in vielerlei Hinsicht: Zum einen gibt er dem Viertel eine grüne Komponente für Erholung und Freizeit, Sport und Spiel. Andererseits kann die Anlage die seit Jahren zu beobachtende Entwicklung zum Multikulti-Quartier in Neuschönefeld, dem „bunten Leipziger Osten", fördern.
Rabet wird im 17. Jahrhundert erstmals als Flurname genannt. Hier, am Rande der Rietzschkeaue, entwickelte sich außerhalb älterer gewachsener Dorfkerne eine Ansiedlung für sozial schwächere Kreise. Bis Ende des 19. Jahrhunderts gehörte der östliche Teil zur selbstständigen Gemeinde Volkmarsdorf, den westlichen Bereich teilten sich Reudnitz und Neuschönefeld. Keine der Gemeinden investierte in der für sie abseitigen Siedlung viel in Infrastruktur, etwa in eine moderne Straßenpflasterung. Die Benachteiligung durch die Lage wirkte selbst mit der Eingemeindung nach Leipzig fort. Das Rabet galt weiterhin als Problembereich, und die Qualität der Bebauung fiel im Vergleich zu den allseits im Umfeld entstandenen Mietshausblocks nochmals ab. Eklatant war der Mangel an Grünflächen im weiteren Umkreis. Lediglich der kleine, zunächst aber private Elsapark war benachbart. Bereits in den ersten Jahrzehnten der DDR zeichnete sich der endgültige Zerfall großer Teile des Quartiers ab. Schrittweise erfolgte eine „Freilenkung" von Gebäuden, d. h. eine Entmietung. Ein Bebauungsleitplan von 1977 sah Flächenabrisse für das Rabet, aber auch die angrenzenden Quartiere in Neuschönefeld und Volkmarsdorf vor. Südlich der Eisenbahnstraße und bis zur Kohlgartenstraße sollte das Gelände in einen Freizeitpark verwandelt werden. Die Abrisse erfolgten schließlich nur bis zur Nordseite der Straße Rabet; die Anlage eines Freizeitparks begann bereits 1977/78. Mangelnde Finanzmittel und Gestaltungsmöglichkeiten sowie der weitere Zerfall der umliegenden Quartiere verhinderten jedoch ein befriedigendes Ergebnis. Die Anlage wirkte lange eher wie ein Provisorium und ließ ihren Hintergrund als begrünte Abrissfläche nicht vergessen. Hierzu trugen einzelne am Rande stehengebliebene, aus ihrem Blockverband herausgerissene Gebäude, eine über das Gelände geführte Fernwärmetrasse und auch der nur spärliche Gehölzbestand bei. Eine wohnumfeldverbessernde Wirkung war so lange nicht zu erzielen. Heute jedoch steht die Anlage doch noch für den langsam voranschreitenden Wandel im Leipziger Osten.

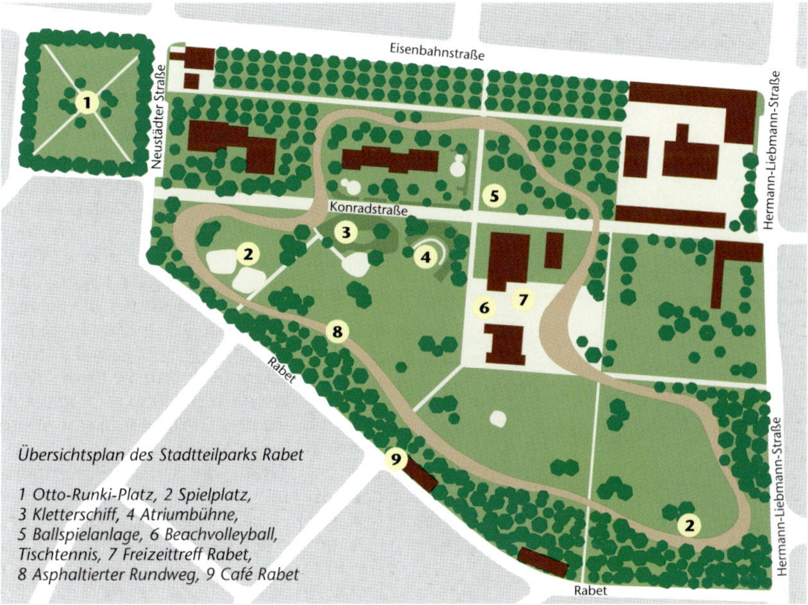

Übersichtsplan des Stadtteilparks Rabet

1 Otto-Runki-Platz, 2 Spielplatz, 3 Kletterschiff, 4 Atriumbühne, 5 Ballspielanlage, 6 Beachvolleyball, Tischtennis, 7 Freizeittreff Rabet, 8 Asphaltierter Rundweg, 9 Café Rabet

Vogelschau des Stadtteilparks Rabet, Blickrichtung Ost

Von Mai 2004 bis Mai 2007 wurde sie in drei Bauabschnitten grundlegend überarbeitet. An der nördlichen und der südlichen Parkgrenze erwarb die Stadt umfangreiche Grundstücke. Mehrere Straßen, so die Martha-, Thümmel- und Melchiorstraße sowie der westliche Abschnitt der Konradstraße, wurden entwidmet. Damit konnte die Parkfläche um etwa drei Hektar vergrößert werden. Nun ist sie funktional und räumlich auch besser an die Eisenbahnstraße und die Straße Rabet angebunden.

Die Früchte des Blasenbaums erscheinen als luftgefüllte Blasen.

An der Eisenbahnstraße entstand mit drei Baumreihen die durch den Verlust der Gebäude verlorene Raumkante neu. Darunter wurde eine Multifunktionsfläche eingerichtet. Regelmäßig dient sie zur Durchführung von Märkten, ansonsten recht profan auch als Parkplatz. Das etwa einen Kilometer lange „Aktivband", eine Bahn aus rostrotem Asphalt, zieht sich durch die gesamte Anlage und vermittelt einen dynamischen Charakter. Es leitet zu verschiedenen Bereichen für Spiel und Sport, lädt zum Rundgang, Radfahren oder Skaten ein. Im Inneren der Anlage gibt es größere freie Bereiche, so auch eine weite offene Wiese, die zahlreiche Möglichkeiten für Sport, Spiel und Erholung bietet. Auch der offene Freizeittreff Rabet wurde in den Park integriert. Die in der Nacht vom 11. zum 12. März 2008 abgebrannte Sporthalle in der Konradstraße wurde nicht wieder aufgebaut; auf der beräumten Stelle wurde eine Wiese angelegt. Einige Meter weiter entsteht seit 2011 ein Ersatz, die erste Dreifachsporthalle der Stadt.
Mit seinen vielfältigen Betätigungsmöglichkeiten steht der Freizeitpark Rabet in der Tradition klassischer Volksparks. Der Nutzungsaspekt überwiegt im Verhältnis

Größe

8,2 Hektar

Besonders sehenswert

Kletterschiff, Atriumbühne, altes Straßenpflaster am Otto-Runki-Platz

Der Weg

Eisenbahnstraße, Hermann-Liebmann-Straße, Neustädter Straße, Tram 1, 3, 8, Haltestelle Einertstraße

Parkmöglichkeiten

Rabet, Konradstraße, Parkplatz Eisenbahnstraße

Sport + Spiel

Joggen, Nordic Walking, Spielplatz, Ballsport, Skateranlage

Hundewiesen

im Elsapark (östlicher Abschnitt)

Adressen

IC-E Infocenter, Eisenbahnstraße 49, 04315 Leipzig, Tel. 6 81 00 80, www.leipziger-osten.de

Offener Freizeittreff Rabet, Eisenbahnstraße 54, 04315 Leipzig, Tel. 699 55 98, www.oft-rabet.de

Gastro-Tipps

Café Rabet, Rabet 15, 04315 Leipzig, Tel. 0177/897 17 11

zu gartenkünstlerischen Ansätzen. Gestalterische ebenso wie funktionale Akzente setzen das hölzerne Kletterschiff „Bounty", die Atriumbühne und das Seil-Klettergerüst „Spinne". Optisch besser integriert wurde auch die nach wie vor bestehende Fernheiztrasse. Fortschritte sind ebenso im Umfeld der Anlage zu beobachten, wenn es auch nach wie vor viele leerstehende und unsanierte Gebäude gibt. An der Eisenbahnstraße etablierte sich eine Konzentration orientalischer Läden und Imbisseinrichtungen. Es handelt sich um bescheidene Ansätze des angestrebten „bunten Leipziger Ostens". Der stets weltoffenen alten Handels- und Messestadt würde eine Weiterentwicklung dieser Ansätze gut zu Gesicht stehen. Auch stellen sie einen wichtigen Impuls zur Wiederbelebung der Quartiere um die Eisenbahnstraße dar.

BOTANISCHE BESONDERHEITEN

Bei der Umgestaltung des Parks im Jahr 2003 wurde neben der Pflanzung vieler neuer Gehölze das bereits vorhandene Großgrün weitestgehend erhalten und in die Neugestaltung integriert. So wurden Spitzahorn mit dunkelrotem Blattwerk, Roter Ahorn mit meist dreilappigen Blättern und Kolchischer Ahorn gepflanzt. Dessen fünflappige Blätter färben sich im Herbst hellgelb und bilden dann einen schönen Kontrast zur roten Herbstfärbung der anderen Ahornarten. Bemerkenswert sind auch die mehrtriebigen Büsche des Silberahorns. Dekorativ wirkt der meist schiefgewachsene Eschenahorn mit bereiften Trieben und zum Teil unregelmäßig gefiedertem Blattwerk. Aus dem ältesten Baumbestand gibt es den Blasenbaum zu entdecken. Er blüht im Sommer auffällig in breiten Rispen sattgelb über dem Blattwerk. Später erscheinen die Früchte als luftgefüllte Blasen. An Eichen sind Amerikanische Roteiche, Zerr- und Sumpfeiche sowie Wintergrüne Eiche neu gepflanzt. Bei den Pappelarten fallen Balsam-, Birken- und Zitterpappeln auf. Bizarr und auffallend überhängend zeigt sich die Hängeesche. Noch jung im Bestand sind einige Schnurbäume. Als Bodendecker wurden großflächig Brombeere und Dreifarbige Himbeere verwendet, ergänzt von der aufrecht wachsenden Wohlriechenden Himbeere als Dominante mit bis zu 25 Zentimeter großen, rundlichen Blättern und großen, rosa bis lila gefärbten Blüten. *HJS*

Urbanes Wohnen am Park

Sieht man sich Leipzig von oben oder auf einem Stadtplan an, dann fällt der merkwürdig gewundene Verlauf von Wurzner und Kohlgartenstraße, des Rabets und des unteren Teils der Hermann-Liebmann-Straße auf. Die Straßenführungen zeichnen die alte, durchschnittlich 200 Meter breite Rietzschkeaue nach. Einen der unbebauten Talreste stellt bis heute der Elsapark in Neuschönefeld dar. Gegenüber den umliegenden Straßen befindet er sich auf einem deutlich niedrigeren Geländeniveau, das durch Rampen, nach Norden auch durch Freitreppen erschlossen wird.
Es handelte sich zunächst um den Privatpark der Leipziger Familie Schwabe, worauf der ursprüngliche Name Willmar-Schwabe-Platz zurückzuführen ist. Aus der Entstehungszeit der Anlage stammen noch wenige Altbäume. Carl Emil Willmar Schwabe (1839–1917), Apotheker, Stadtbezirksarzt und Vorsitzender der Ortskrankenkasse, wurde vor allem als Gründer eines Unternehmens bekannt, das neben Arzneibüchern auch homöopathische Arzneimittel herstellte und bis 1926 weltweit mehr als 2500 Filialen betrieb. Bereits 1939 wurde die Anlage öffentlich. Ihre heutige Struktur erfuhr sie durch die nachfolgenden Umgestaltungen. Wegeführungen

Vogelschau des Elsaparks

Freitreppe im Elsapark

und Anordnung der Gehölze besitzen teils rechtwinkligen Charakter mit klaren Linien. Dennoch ergibt sich durch die Mischung der Gehölzarten und die Kronenausbildungen ein eher freies Bild.
Der zentrumsnahe Leipziger Osten weist mit seiner Mischung aus Altbausubstanz und Neubauten aus der DDR eine gewisse städtebauliche Vielgestaltigkeit auf. Dabei ist er durchaus von strukturellen Problemen geprägt. Zur Zeit der DDR waren die Bereiche jenseits der Neubauareale weitgehend dem Verfall preisgegeben. Heute gilt der Leipziger Osten, auch durch den Einsatz unterschiedlicher Fördermittel, als gern genanntes Beispiel einer modernen Stadterneuerung. Im Zentrum befindet sich der Elsapark, ein urbaner, historisch gewachsener grüner Ort zur wohnungsnahen Erholung. Die Anlage, an mehreren Seiten direkt von Altbausubstanz begrenzt, wurde in den letzten Jahren behutsam instand gesetzt, auch der Spielplatz erhielt eine neue Ausstattung. Dort finden sich nunmehr eine Kletterburg mit Rutsche und Schaukel, Hangelringen und Hängebrücke, ein Sandkasten, eine Tischtennisplatte und ein Platz zum Basketballspielen.

Größe

1,7 Hektar

Besonders sehenswert

Zusammenspiel von Grünanlage und städtebaulichem Umfeld

Der Weg

Kohlgarten-/Elsastraße, Tram 1, 3, 13, 8 Haltestelle Einertstraße, Bus 72, 73 Haltestelle Elsapark

Parkmöglichkeiten

Elsastraße

Sport + Spiel

Joggen, Nordic Walking, Radfahren, Spielplatz, Basketballkorb

Hundewiese

im östlichen Teil

Adressen

IC-E, Informationscenter Leipziger Osten,
Eisenbahnstraße 49, 04315 Leipzig,
Tel. 6 81 00 80, www.leipziger-osten.de

Gastro-Tipps

Café Rabet, Rabet 15, 04315 Leipzig,
Tel. 0177/8 97 17 11

Klassischer Volkspark

Die Rodelbahn im Mariannenpark dürfte zu den abenteuerlichsten in Leipzig gehören. Eigens wurde ein Hügel in dem weitgehend ebenen Gelände aufgeschüttet. Solche intensiv nutzbaren Freizeiteinrichtungen sind charakteristisch für Volksparks, wie sie in der Zeit kurz vor dem Ersten Weltkrieg eingeführt wurden. Sie sollten weniger als bis dahin üblich dem bürgerlichen Repräsentationsbedürfnis dienen als der Erholung und sportlichen Betätigung breiter Bevölkerungsschichten. Der Gemeindevorstand des noch selbstständigen Schönefeld wird von diesen Ansätzen Kenntnis besessen haben. 1913 beantragte er bei der Königlichen Amtshauptmannschaft Finanzmittel für eine entsprechende Anlage. In der offiziellen Begründung hieß es: „Die Anlegung des Parkes ist ein notwendiges Erfordernis der Gemeinde. Der Park soll vor allem der arbeitenden Bevölkerung Schönefelds, das an Anlagen und öffentlichen Plätzen arm ist, zur Erholung und der Jugend als Spielfeld zur körperlichen Ausbildung dienen." Die Anlage entstand auf einem westlich der Lindenallee gelegenen Feld, das zum Besitz des Ritterguts Schönefeld gehörte. Die letzte Rittergutsbesitzerin, Clara Hedwig Baronesse von Eberstein auf und zu Schönefeld (1816–1900), hatte bereits 1881 verfügt, dass nach ihrem Tode in dem nördlich des heutigen Parks gelegenen Schloss eine „Versorgungseinrichtung für unbemittelte Töchter höherer Beamter und Offiziere" einzurichten sei („Ebersteinsches Mariannenstift zu Schönefeld"). Außerdem sollten der zum Schloss gehörende Park sowie „die alte schöne Lindenallee ... so lange als möglich unbebaut und dem Stifte für alle Zeiten erhalten bleiben". Für den daran südlich anschließenden Park hatte seinerzeit der Leipziger Stadtgartendirektor Carl Hampel einen Plan vorgelegt, der jedoch nicht die erforderliche Zustimmung des Mariannenstifts erhielt. So kam es 1913 zur Beauftragung des renommierten, reformorientierten Landschaftsarchitekten Leberecht Migge aus Hamburg. In seinem im gleichen Jahr erschienenen Werk „Die Gartenkultur des 20. Jahrhunderts" griff er die bis dahin verbreitete Gestaltungspraxis an: Ihre Ergebnisse „waren im Wesentlichen Schaustücke und innerlich tot – dekoratives Grün", schrieb er. Carl Hampel musste diese Kritik durchaus auch auf sein Werk beziehen. Im Kontrast dazu konzipierte Migge für Schönefeld eine großräumig gegliederte Anlage mit weiten freien Spiel- und Tummelwiesen, einem großen Wasserbassin, aber auch kleineren Blumengärten als Ruhezonen. Einen monumentalen Charakter hätten die dem Bassin achsial zugeordneten Gesellschaftsbauten bewirkt. Zugunsten von klaren geometrischen Formen verzichtete Migge auf landschaftliche Strukturen, wie sie etwa im annähernd zeitgleich von Hampel angelegten Wilhelm-Külz-Park (siehe S. 220) entstanden. Bis 1915 waren der Rodelberg, die große Tummelwiese und zahlreiche Gehölzpflanzungen fertig-

Übersichtsplan des Mariannenparks 1 Rosengarten, 2 Staudengarten, 3 Sportplatz, 4 Rodelbahn, 5 Schwimmhalle Nordost, 6 Schloss Schönefeld, 7 Roteichenallee, 8 Spielplatz, 9 Rondell mit Kastanien und Roteichen, 10 Sommerblumengrund, 11 Betriebshof, 12 Spielplatz, 13 ehemaliger Ernst-Thälmann-Ehrenhain, 14 große Tummelwiese

Expressionistische Inszenierung: Rosengarten des Mariannenparks mit Freitreppe 2012; unten der Staudengarten

gestellt. In diesem Jahr kam es zur Eingemeindung Schönefelds in die Stadt Leipzig, und Hampel erhielt die Zuständigkeit für den Mariannenpark. Der Eklat folgte: Nach einer Besichtigung bemerkte er: „Diese Überwachung [Bauleitung] durch ihn [Migge] ist nicht erforderlich, umso weniger als die bisher geschaffene Parkanlage etwas besonderes nicht bietet, und so wird es auch mit dem andern Teil des Planes sein." Gegenüber dem Stadtrat legte er nach: „Leipzig bedarf eines solchen Beraters nicht, da ihr Sachverständnis in den Beamten ihrer Gartenverwaltung zur Verfügung" steht. Der Vertrag mit Migge wurde aufgelöst. Kriegs- und krisenbedingt ruhten die Arbeiten für längere Zeit. 1920 fand jedoch ein Leitungswechsel in der Stadtgartendirektion statt. Nikolaus Hermann Molzen, Hampels Nachfolger, war neueren gestalterischen Ideen durchaus aufgeschlossen. Sein Verdienst ist es, den Mariannenpark bis 1928 im Geist Migges fertiggestellt zu haben. Zwar wurde auf die repräsentativen Elemente, wie Wasserbassin und Gesellschaftsbauten, verzichtet. Letztlich erhielt die Anlage aber alle wichtigen Komponenten, um der Bezeichnung „Volkspark" gerecht zu werden. An Stelle des Wasserbassins wurden Sportplätze angelegt, später entstand hier auch eine Gaststätte. Bemerkenswerte Bereiche, wie der abgesenkte Rosengarten mit Freitreppen und expressionistischen Architekturdetails oder der Staudengarten wurden ausgeführt. Ist es ein Zufall, dass der Grundriss des letzteren an eine Kirche mit Apsis erinnert und der benachbarte Ruheplatz Assoziationen mit einem abgeschirmten Kreuzgang erweckt? Annähernd zeitgleich mit der Fertigstellung

Die Große Tummelwiese im Mariannenpark mit Baumrondell sollte den einst zahlreichen Kindern und Jugendlichen

BOTANISCHE BESONDERHEITEN

Während die äußere Reihenpflanzung entlang der Schönefelder Allee und der Rohrteichstraße aus unterschiedlichen Lindenarten, wie Sommer,- Winter-, Krimlinden und Holländischer Linde bestehen, finden wir in den großen Gehölzflächen vorzugsweise die Sommerlinde. Zur Betonung des in westliche Richtung führenden Wegs stehen stattliche Silberlinden mit 50 Zentimetern Stammdurchmesser. Der innere Hauptweg entlang des gärtnerischen Pflegestützpunkts in nördlicher Richtung ist mit Schwedischer Mehlbeere bepflanzt. Am Eingang von Südosten kommend empfangen uns starke Kanadische Pappeln, die sich auch am hinteren Teil des Sportplatzes wiederholen. Folgen wir dieser schrägen Achse entlang des breiten Rosenbeets begleiten uns zu beiden Seiten Roteichen. Die Rahmenpflanzungen der abwechslungsreich gestalteten Spielplätze bestehen aus unterschiedlichen Gehölzen, wie Spitz-, Bergahorn und Weißdorn, weißer Rosskastanie, Hainbuche und Robinie. An Wegekreuzungen wurden oft Silberahorne verwendet. Sie beherrschen den Raum mit ausladenden Kronen und guter Fernwirkung. Sparsam gesetzt sind Gehölze mit auffälliger Laubfärbung, wie Blutbuche, Silberpappel, Purpurblättriger Bergahorn und Ölweide, oder mit auffälligem Habitus, wie bei Hängebuche und Zitterpappel. Im gesunden Zustand finden sich vereinzelt Feldulme und Holländische Ulme. An markanten Punkten, u. a. am abwechslungsreich bepflanzten Staudengarten, begegnen wir der Pyramidenpappel. Am Rosengarten wurde ein kreisrunder Platz mit Säuleneichen bepflanzt. Vereinzelt ragen überalterte Hängebirken aus Rahmengruppen heraus. Am Rodelberg finden wir hohe Rotbuchen, Gemeine Eschen, Schnurbäume und eine Essbare Kastanie.

Am Ehrenhain fallen besonders Blaufichte, Silber- und Knackweide, Schwarznuss, der Götterbaum mit immerhin 80 Zentimetern Stammdurchmesser, schöne Spätblühende Traubenkirschen, ein Kreuzdorn und die Baumhasel ins Auge. An Nadelgehölzen entdecken wir verschiedene Wacholder. Weiter entlang dem Hauptweg in Richtung Süden finden sich Schlitztblättriger Silberahorn und an der Seite des Staudengartens sehr hoch gewachsener Feuerahorn sowie Goldregen mit bis zu 30 Zentimeter langen, gelben Blütentrauben. *HJS*

Rosenpflanzung in der Eingangsallee des Mariannenparks

Mohn, Salvien und Ziest

in der Umgebung Sport- und Spielmöglichkeiten bieten.

des Mariannenparks entstanden östlich der Lindenallee Wohnkomplexe, ebenfalls mit expressionistischer Formensprache. Sämtliche in Ost-West-Richtung verlaufenden Erschließungsstraßen finden ihre Fortsetzung in Wegeachsen des Parks. Ihre nördlichste wurde in der DDR zum Ernst-Thälmann-Ehrenhain mit Kranzablagemöglichkeit umgestaltet. Der Mariannenpark war als integraler Bestandteil eines auch benachbarte Grünbereiche einschließenden Kulturparks Nordost vorgesehen. In diesem Kontext ist die Errichtung der Schwimmhalle und eines Kindergartens im benachbarten Schlosspark zu sehen. Dessen ursprüngliche barocke Gestalt ging in der Völkerschlacht 1813 unter. Gegen Ende des 19. Jahrhunderts erfolgte eine landschaftliche Gestaltung, von der heute ebenfalls nur noch Fragmente erhalten sind.

Für den Mariannenpark erarbeitete der Hannoveraner Landschaftsarchitekt Michael Rohde 1993 ein Parkpflegewerk. Seither erfolgen Erhaltungs- oder Wiederherstellungsmaßnahmen. Insbesondere wurde bereits 1994 der Staudengarten aufwändig instand gesetzt. Seit 2011 hat sich die „Stiftung Bürger für Leipzig" in Zusammenarbeit mit dem Amt für Stadtgrün und Gewässer der Sanierung und Neubepflanzung des Rosengartens angenommen. Mit Hilfe von Rosenpaten konnte bis 2012 der Pflanzenbestand des Parterres weitgehend erneuert werden. Vorgesehen ist darüber hinaus die Ergänzung der umgebenden Gehölzstrukturen, die Sanierung der Mauern und Treppen sowie die Aufstellung neuer Bänke.

Entlang dem Mariannen- und Schlosspark fließt die Parthe. Ihre Aue ist die letzte nicht durch den Braunkohletagebau oder massive Flussregulierungen grundlegend beeinflusste historische Kulturlandschaft in der Leipziger Region. Sie zieht sich über etwa 50 Kilometer hin, ausgehend vom Mariannenpark über den Abtnaundorfer Park, zwischen Plaußig und Taucha hindurch bis in die Region von Panitzsch und Borsdorf. Die Strecke eignet sich gut für Wanderungen oder Radtouren.

Größe

22,1 Hektar

Besonders sehenswert

Mariannengedenkstein, Rosengarten, Staudengarten, Roteichenallee, Schloss Schönefeld

Der Weg

Schönefelder Allee/Rackwitzer Straße, Tram 1 Haltestellen Stannebeinplatz oder Endstelle Schönefeld, Bus 90 Haltestelle Mariannenpark

Parkmöglichkeiten

Schönefelder Allee

Sport + Spiel

Joggen, Nordic Walking, Sportfelder für Fußball und Leichtathletik, zwei Spielplätze, Rodelbahn, Schwimmhalle

Hundewiesen

nordöstlicher Abschnitt

Adressen

Postspielverein Leipzig e. V., Sportplatz Mariannenpark, Adenauerallee 5, 04347 Leipzig, Tel. 2 31 45 80, www.mariannenpark.de

Zweckverband Parthenaue, Plaußiger Dorfstraße 23, 04349 Leipzig, 034298/6 86 65, www.stadt-land-kunst.org

Gastro-Tipps

Restaurant Aramis, Clara-Wieck-Straße 42, 04347 Leipzig, Tel. 2 31 29 03 www.restaurant-aramis.de

Entree zur Stadterweiterung

Bis Ende des 19. Jahrhunderts lag das Dorf Schönefeld deutlich entfernt von der geschlossenen Bebauung Leipzigs. Als die Stadt nach der Reichsgründung einen starken Bevölkerungszuwachs erlebte, geriet das südlich gelegene, bis zur Leipzig-Dresdner Eisenbahn reichende Gelände in den Fokus von Spekulanten und Investoren. 1881 legte Arnold Woldemar von Frege, Rittergutsbesitzer von Schönefeld, einen Bebauungsplan zur Genehmigung bei der Amtshauptmannschaft vor. Jedoch weigerte sich die Baronesse Hedwig von Eberstein, das ihr gehörigende Terrain in diesem Areal zu verkaufen. Daran änderte sich auch nichts, als ein Jahr später die Gemeinde Schönefeld erneut einen Bebauungsplan durchzusetzen versuchte. Erst im Juni 1900 konnte ein solcher in Kraft treten. Zwei ältere Verkehrsachsen bilden danach das Rückgrat des Quartiers: die Lindenallee (heute Schönefelder Allee) östlich des Mariannenparks und die angewinkelt dazu verlaufende heutige Gorkistraße. In dem durch sie gebildeten Zwickel nördlich der Bahn war eine dreieckige Platzfläche vorgesehen. Hier befand und befindet sich die Hauptzufahrt nach Schönefeld aus Richtung Leipzig, heute Stadtzentrum. Die Fläche war bis Herbst 1910 noch nicht gestaltet, so dass nun bereits erste Beschwerden bei der Gemeinde eingingen. Am 11. November legte der Schönefelder Baurat einen selbstgefertigten Gestaltungsplan vor. Für die Ausführung wurde von der Stadt Leipzig das Unternehmen des Landschaftsarchitekten Otto Moßdorf empfohlen, der bereits den Palmengarten konzipiert hatte. Unaufgefordert legte Moßdorf einen alternativen Gestaltungsplan für den Stannebeinplatz vor, welcher im März 1911 auch von der Gemeinde Schönefeld gebilligt wurde. Einzig für die umgebende Lindenpflanzung wurde abweichend eine doppelte Reihe gefordert. Bedingt durch die Straßenführung teilte sich der Platz in einen größeren, nun stärker begrünten Teil, und einen kleineren, welcher innerhalb einer umgebenden Lindenreihe und einer Abpflanzung eine befestigte Fläche als Spielplatz erhielt. Benannt wurde der Platz nach dem Müller Friedrich Wilhelm Stannebein (1816–1894), der am nahegelegenen Rohrteich eine Windmühle betrieb, die 1904 stillgelegt und 1910 abgebrochen wurde. Stannebein wurde bekannt durch seine Wettervorhersagen und eine von ihm verfasste volkstümliche „Wetterkunde". In den 1950er Jahren wurde die Anlage Moßdorfs in dem größeren Bereich zugunsten einer freieren, asymmetrischen Gestaltung verändert, welche heute noch vorhanden ist. Im Herbst 2012 setzte man Wege und Pflanzungen instand und erneuerte die Staudenbereiche.

Der kleinere Platzteil verlor auf seiner südlichen Seite sämtlichen Baum- und Gehölzbestand, vermutlich wegen der Verlegung von Versorgungsleitungen. Zeitgleich mit der Sanierung des sogenannten großen Stannebeinplatzes erfolgte 2012 auch die Sanierung des kleinen Bereichs. Er erhielt einen Rasenspiegel mit umgebender Blütenhecke und vor allem eine sogenannte Infobank mit Ausprüchen Friedrich Wilhelm Stannebeins. Weiter nördlich an der Gorkistraße, seinerzeit noch Leipziger Straße, war an der Abzweigung der Stöckelstraße ebenfalls eine dreieckige Fläche entstanden, die eine Gestaltung als öffentlicher Platz erhalten sollte. Auch in dieser Angelegenheit erhielt die Gemeinde Schönefeld Beschwerden von Anwohnern, weil die Arbeiten im Sommer 1912 noch nicht begonnen worden waren. Die Fläche bot keinen angenehmen Anblick. Zu diesem Zeitpunkt gehörte sie jedoch noch der Mariannenstiftung, mit der einige Zeit keine Einigung über den von der Gemeinde zu entrichtenden Kaufpreis erzielt werden

Rosskastanien auf dem Kleinen Stannebeinplatz

Im Herbst 2012 erhielt der Stöckelplatz ein neues Gesicht

konnte. Erst nachdem diese Unstimmigkeiten ausgeräumt waren, wurde der Auftrag zur Herstellung des Platzes am 19. Oktober 1912 vergeben. Wiederum Otto Moßdorf konzipierte eine klassische Anlage mit mittiger Spielfläche, umgebenden Abpflanzungen und gerahmt von regelmäßigen Baumreihen. In wesentlichen Teilen blieb diese Gestaltung erhalten. Auffällig an der nordwestlichen Platzspitze sind zwei Silberahorne, die hier wohl ursprünglich eine Art Torsituation bildeten. Ihre Schließung mit Gehölzen dürfte ebenso auf eine spätere Umgestaltung zurückzuführen sein wie eine Öffnung der Umpflanzung nach Süden. Als Moßdorf 1913 wegen seiner bisherigen Projekte in Schönefeld aufgefordert wurde, auch ein Angebot für die Ausführungsarbeiten im Mariannenpark vorzulegen, lehnte er dies ab. Er sei nicht nur Unternehmer, sondern selbst Gartenarchitekt und nicht gewillt, lediglich die Konzeption von Leberecht Migge auszuführen.

Wie der Stannebeinplatz wurde der Stöckelplatz im Herbst 2012 instand gesetzt. Hierzu gehörten die Erneuerung der Gehölzpflanzungen und die Pflasterung von Wege- und Platzflächen mit neuerem Natursteinmaterial. Der Bildhauer Jan Viecenz schuf die nun den zentralen Platzraum prägende Plastik „Leipziger Lerchen". Sie erinnert an die einst freie Leipziger Feldflur, auf der auch die Singvögel zur Zubereitung der Leipziger Spezialität gefangen wurden. Nachdem der Sächsische König Albert I. 1876 die Lerchenjagd verboten hatte, kreierten Leipziger Konditoren die heute als Leipziger Lerche bekannte Gebäckspezialität.

Die Instandsetzung von Stöckel- und Stannebeinplatz stand im Zusammenhang mit der beabsichtigten strukturellen Aufwertung des Stadtteils Schönefeld und wurde mit Mitteln aus dem Programm Stadtumbau Ost gefördert.

Größe

0,3 Hektar

Besonders sehenswert

Zusammenspiel mit dem städtebaulichen Rahmen mit sanierten Altbauten

Der Weg

Gorkistraße, Tram 1, Bus 70, 90 Haltestellen Stöckelstraße bzw. Stannebeinplatz, S-Bahn Haltepunkt Leipzig-Ost

Parkmöglichkeiten

Schönefelder Allee, Paul-Heyse-Straße bzw. Stöckelstraße

Sport + Spiel

Joggen, Gymnastik, Nordic Walking, Spielplatz

Adressen

Bürgerverein Schönefeld (Leipzig) e. V., Ossietzkystraße 1, 04347 Leipzig, Tel. 9 27 35 44, www.bv-schoenefeld.de

Gastro-Tipps

Restaurant Stottmeister, Kohlweg 45, 04347 Leipzig, Tel. 2 31 10 67, www.restaurant-stottmeister.de

Erholung am ehemaligen Bachlauf

Morgens drehen die ersten Jogger ihre Runden um den Teich, ältere Semester laufen in kleinen Gruppen und mit Nordic-Walking-Stöcken gewappnet rüstig und plaudernd nebenher. Andere führen ihren Hund aus. Im Winter rodeln die Kinder am zugefrorenen Teich, im Sommer bieten ihnen mehrere Spielplätze und ein großes Klettergerüst Abwechslung. Regelmäßige Programme und Veranstaltungen auf der Freilichtbühne ziehen Kultur- und Unterhaltungsuchende in den Park am Lauf der Wiederitzscher Rietzschke. Er wird mit seinen erhaltenen und behutsam ergänzten historischen Strukturen auch den Bedürfnissen des beginnenden 21. Jahrhunderts gerecht.

Bis Ende des 19. Jahrhunderts befand sich der die Anlage durchziehende Bachlauf auf freiem Feld zwischen den seinerzeitigen Dörfern Gohlis und Eutritzsch. 1890 erfolgte ihre Eingemeindung nach Leipzig, zeichnete sich eine städtebauliche Erschließung des Umfelds ab. Allerdings wäre eine Bebauung der feuchten Gewässerniederung mit zusätzlichen Schwierigkeiten verbunden gewesen. Zudem war den Verantwortlichen zu diesem Zeitpunkt die Bedeutung einer angemessenen Durchgrünung von Wohnquartieren durchaus bewusst. Vor allem Stadtgartendirektor Wittenberg hatte sich bereits erfolgreich für den Erhalt einer durchgehenden Grünverbindung vom Stadtzentrum zum Auwald im Westen der Stadt eingesetzt. Am 1. Dezember 1898 legte er eine Planung für eine Grünanlage entlang der Rietzschke nördlich der heutigen Coppistraße vor. Im südlichen Teil der langgezogenen Anlage erscheint bereits der später ausgeführte Teich, umgeben von landschaftlichen Strukturen. Nördlich der Gottschallstraße sah Wittenberg ebenfalls eine landschaftliche Gestaltung mit einer optischen Mittelachse vor. Fünf halbkreisförmige Spielplätze sollten sich zu den querenden Straßen öffnen und die An-

Teich im Südteil des Eutritzscher Parks

lagenteile in bewährter Form von regelmäßigen Baumreihen und Promenadenalleen eingefasst werden. Nach Intervention des Stadtrats wurde die Anordnung der Spielplätze geändert. Ausgeführt wurden vier Bereiche um den Teich, die sich zur Anlagenmitte öffnen und entgegen der ursprünglichen Planung zu den Straßen abgeschirmt sind. Die Fertigstellung des südlichen Parkteils erfolgte zwischen 1899 und 1903/04. Zwischenzeitlich hatte Carl Hampel das Amt des Stadtgartendirektors übernommen. Sein Mitarbeiter und späterer Nachfolger Nikolaus Molzen wurde 1912 mit einer neuen Planung für den nördlichen Parkteil betraut. 1913/14 wurde hier eine nunmehr überwiegend formale Gestaltung ausgeführt, die zusätzliche

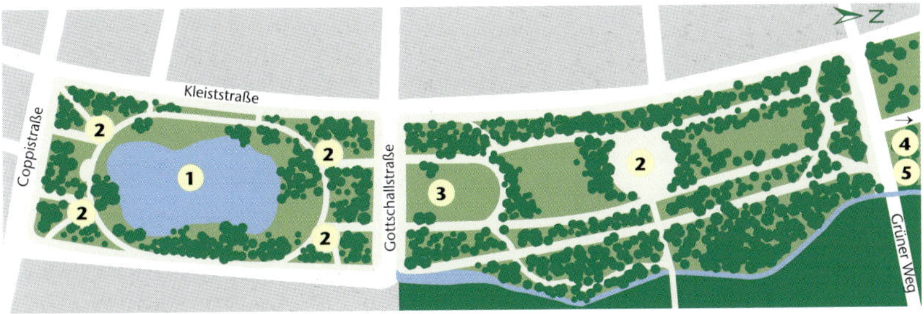

Übersichtsplan zum Eutritzscher Park: 1 Parkteich, 2 Spielplatz, 3 Schmuckparterre, 4 Schwimmhalle Nord, 5 Parkbühne

Kalmus

Möglichkeiten für Spiel und Sport bietet. Seitdem stehen eine Rondellfläche, in den 1990er Jahren mit einem großen Klettergerüst ausgestattet, und ein benachbarter Rasenspielplatz zur Verfügung. Nach Süden öffnet sich aber auch eine vergleichsweise aufwändige formale Partie mit Schmuckpflanzungen. Ihre Gestalt und Form erinnert bereits an spätere Gestaltungen Molzens, etwa im Mariannenpark. Nördlich der Anlage entstanden zur Zeit der DDR die erwähnte Freilichtbühne und das Hallenbad Nord. Damals wurde der Eutritzscher Park nach Arthur Bretschneider, einem Lehrer und Politiker der Blockpartei LDPD, umbenannt, der von 1886 bis 1949 in Leipzig lebte. Seit den 1990er Jahren wird der Name Arthur-Bretschneider-Park offiziell nicht mehr verwendet. Da auch der Bereich entlang der Rietzschke nördlich des Parks bis zum Klinikum St. Georg von Bebauung frei blieb, besteht heute ein bis dorthin reichender, städtebaulich und ökologisch bedeutsamer Grünzug.

Größe

8,2 Hektar

Besonders sehenswert

landschaftliche Gestaltung um den Teich, formaler Schmuckbereich nördlich der Gottschallstraße, Parkbühne, Plastik „Die Nachricht"

Der Weg

Coppistraße, Bus 90, Haltestelle Eutritzscher Park

Parkmöglichkeiten

Geibelstraße

Sport + Spiel

Joggen, Nordic Walking, Radfahren, vier Spielplätze für kleine Kinder am Teich, großer Spielplatz mit Klettergerüst am Rondell

Hundewiesen

östlicher Abschnitt

Adressen

Geyserhaus, Gräfestraße 25, 04129 Leipzig, Tel. 9 11 54 30, www.geyserhaus.de

Gastro-Tipps

Café Krüger, Delitzscher Straße 96, 04129 Leipzig, Tel. 9 01 54 17

Schaarschmidts, Coppistraße 32, 04157 Leipzig, Tel. 9 12 05 17, www.schaarschmidts.de

BOTANISCHE BESONDERHEITEN

Neben allgemein verbreiteten Uferpflanzen, wie Schilf, Breitblättrigem Rohrkolben und Wasserschwaden, finden wir auch einige bemerkenswerte Arten, so die beiden salzliebenden Riedgräser Salzteichsimse und Gewöhnliche Strandsimse sowie eine alte Heilpflanze, den Kalmus. An nassen Trittstellen haben sich Bestände der Zarten Binse angesiedelt. Diese nordamerikanische Art wurde 1867 erstmals für Leipzig nachgewiesen, und zwar in Eutritzsch, also vielleicht gerade an der Stelle, wo sie noch heute vorkommt.

Im Wasser wachsen verschiedene gelb, rosa und weiß blühende Seerosen-Bastarde, die angepflanzt wurden. Unscheinbare Wasserpflanzen sind das Raue Hornblatt und verschiedene Laichkräuter, die nicht alle Jahre zu beobachten sind, z. B. das Krause und das Schwimmende Laichkraut. *PG*

An der westlichen Seite dominieren alte Berg- und Spitzahorn im schönen Kontrast zu starken Blutahorn; Kanadischen Pappeln, Feldahorn, Weißdorn, ausladend wachsende Silberahorn und zahlreiche Holländische Linden; am Teich malerische Trauerweiden, starke Amerikanische Roteichen, Robinien, überhängend wachsende Krimlinden, dicke Weißbuchen, Spätblühende Traubenkirschen, Eschenahorn, Einblattesche und Essbare Kastanie; im zweiten Teil viele Rotdorn, Hängebuchen, Blumenesche, Blutpflaume;

im dritten Abschnitt nennenswerte Solitärgehölze wie Vielblütiger Zierapfel, Walnuss, Rotblühende Rosskastanie, Eschenahorn, Vogelkirsche und Weißesche. *HJS*

Ein romantischer Aspekt im Abtnaundorfer Park: der Monopteros auf der Liebesinsel

Auf den Spuren der Schumanns

Das einstige Dorf Abtnaundorf, an der Aue der Parthe gelegen, hat eine ländliche Idylle bewahrt, die sich gut zu Fuß oder mit dem Fahrrad erkunden lässt. Herausragendes Ziel ist der Park am heutigen Schloss. Er war ein beliebter Aufenthaltsort des jungen Paars Clara Wieck und Robert Schumann. Mitte des 19. Jahrhunderts entsprach die Anlage ganz dem romantischen Ideal der Zeit, das sich auch in der Musik Schumanns widerspiegelt. Clara Wieck war 1819 in Leipzig geboren worden und hier aufgewachsen. Ihre Freundin, die Sängerin Livia Gerhardt, heiratete 1836 Richard Woldemar Frege, dessen Familie seit 1789 das Rittergut Abtnaundorf besaß. Wieck und Schumann müssen sich eng mit dem Ort identifiziert haben; 1840 wählten sie die benachbarte Pfarrkirche in Schönefeld für ihre Trauung. Clara war bis in ihr hohes Alter immer wieder in Abtnaundorf zu Gast. Der Park lässt die Stimmung erahnen, die empfindsame Gemüter zu Beginn des 19. Jahrhunderts in ihren Bann zog. Vereinzelt finden sich noch originale Spuren aus der Zeit des bedeutenden Musikerpaars. Allerdings widerfuhr der Anlage eine wechselvolle Geschichte mit einschneidenden Brüchen, die ihre heutige Substanz bestimmt.

Während ein eigenständiges Rittergut Abtnaundorf im 16. Jahrhundert entstand, geht die erste Kunde eines Parks erst auf die Mitte des 18. Jahrhunderts zurück. Traugott Thomasius, Beisitzer des Konsistoriums und der Juristischen Fakultät der Universität, war von 1752 bis 1755 Eigentümer und soll eine Anlage geschaffen haben, die vermutlich noch in der formalen barocken Tradition stand. Nach der Übernahme der Besitzung 1789 veranlasste Christian Gottlob Frege eine Umgestaltung im landschaftlichen Stil. Zehn Jahre später heißt es in F. G. Leonhardis Stadtgeschichte, dass Abtnaundorf neben einem geschmackvoll eingerichteten Herrenhaus „eine gute Oekonomie und vortreffliche Wirtschaftsgebäude nebst einem im englischen Geschmack angelegten Park" habe. Kurz darauf erschien 1801 das Buch „Der Maientag in dem englischen Garten zu Abtnaundorf". Mit überschwänglichen Worten wird eine charakteristische Anlage der Zeit beschrieben. Neben zahlreichen unterschiedlichen Gehölzen mit romantischen Durchblicken gab es diverse Parkarchitekturen, so einen japanischen Pavillon mit Kugelbahn, einen Säulentempel, eine Bildsäule, ein kleines Amphitheater, ein Badehäuschen und ein Gewächshaus. Heimische und exotische Zierpflanzen wurden im direkten Umfeld des Herrenhauses gezogen. Bald schon erfolgte ein herber Rückschlag: Zwar konnte

Übersichtsplan zum Abtnaundorfer Park: 1 Teich mit Liebesinsel und Rundtempel, 2 Spielplatz, 3 Schloss, 4 Bogenbrücke, 5 Sichtachse zum Schloss, 6 Standort des ehemaligen Mausoleums

Christian Ferdinand Frege aufgrund seiner Beziehungen zu beiden Kriegsparteien in der Völkerschlacht 1813 bewirken, dass Dorf und Gutsgebäude unversehrt blieben; das Herrenhaus diente als Lazarett. Jedoch sollen die letzten Schäden in den Gartenanlagen erst zwanzig Jahre nach den damaligen Ereignissen behoben worden sein. 1833 gestaltete Gärtner Nienhagen den zentralen Bereich animiert von den Royal Kew Gardens bei London um; heute ist das Vorbild als bedeutender botanischer Garten bekannt. Wir befinden uns jetzt in der Zeit der Schumanns. Seit 1858 ist Rudolf Lauche Gutsgärtner. Der Schüler Peter Joseph Lennés erweitert die Anlagen, bezieht das Herrenhaus stärker in sie ein und schafft u. a. ein bedeutendes Rosarium. Clara Schumann dürfte noch von den nächsten einschneidenden Veränderungen Kenntnis genommen haben: Richard Woldemar von Frege, nunmehr geadelt, lässt 1891 das alte Herrenhaus abreißen und durch den noch bestehenden Neorenaissance-Schlossbau nach Plänen des Architekten Peter Dybwad ersetzen. Bereits 1889 bis 1891 war nordöstlich am Ende einer neu angelegten Kastanienallee das Mausoleum der Familie Frege entstanden. Leider blieb das Anwesen dann auch von den Wirren des 20. Jahrhunderts nicht verschont. 1920 veräußern die Erben Freges Schloss und Park an den Sägewerksbesitzer Franz Schlobach: Der Großteil des wertvollen Altbaumbestands verschwindet in seinem Betrieb, ersetzt durch schnellwachsende Schwarzpappeln. Der Unternehmer veräußert bereits 1922 das Schloss und angrenzende Bereiche an den Berliner Textilindustriellen Otto Schulz. Nach dessen Konkurs folgen wechselnde öffentliche Nutzungen und negative Einschnitte, wie die Begradigung der den Park berührenden Parthe im Jahr 1935 und der Abbruch des kriegsbeschädigten Mausoleums 1954. In der Zeit der DDR wird der Park erstmals zur öffentlichen Nutzung freigegeben. Ein Spielplatz entsteht, die Pflege erfolgt nur zurückhaltend. Der Kernbereich um das Schloss ist weiterhin durch eine Mauer abgegrenzt. Mit der Sanierung des Baus nach 1998 entsteht hier eine Eigentumswohnanlage. Herausragendes erhaltenes Element im Park ist ein Teich mit der sogenannten Liebesinsel und darauf befindlichem Monopteros. Der Rundtempel mit mittiger Plastik stammt aus der Zeit um 1820 und erinnert an Christian Gottlob Frege. Vereinzelt finden sich noch Reste anderer Parkarchitekturen, die bereits die Schumanns gekannt haben müssen. Bis auf wenige Ausnahmen ist der Gehölzbestand jüngeren Datums, nachdem auch die in den 1920er Jahren angepflanzten Schwarzpappeln keinen langen Bestand hatten. Erhalten ist eine breite Sichtachse von der Parthenaue zum Schloss, die in dieser Form mit dem Neubau ab 1891 entstand. Die exklusive Wohnanlage ist heute wieder privat. Der äußere Park gehört allen.

BOTANISCHE BESONDERHEITEN

In den Waldresten des Parks finden wir die meisten einheimischen Gehölze. Besonders hervorzuheben sind einige prächtige Exemplare der Flatterulme. In der Bodenvegetation gedeihen im Wesentlichen allgemein verbreitete Waldpflanzen, doch wurde das unscheinbare Zerstreutblütige Vergissmeinnicht nachgewiesen. Diese Art hat hier ihren einzigen Fundort im Stadtgebiet, ist auch sonst in Sachsen selten. Vernässte Waldflächen sind durch die Schwarzerle gekennzeichnet. Im Unterwuchs gedeihen u. a. die im Gebiet seltene Bachnelkenwurz und Bittersüßer Nachtschatten. Viele Gehölze sind gepflanzt worden. Von ihnen sind große Exemplare der Kanadischen Pappel, einige Blutbuchen und mehrere Schwedische Mehlbeeren sowie eine kleine Allee mit Krimlinden zu erwähnen. Die Wiesen sind wegen fehlender Pflege oft stark verunkrautet. Immerhin entdeckt man einige bemerkenswerte Arten, wie Schlangenwiesenknöterich, Kuckuckslichtnelke, Kohlkratzdistel, Großen Wiesenknopf, Böhmischen Beinwell, Sumpfstorchschnabel und den geschützten Langblättrigen Ehrenpreis, alles Arten, die um Leipzig im Rückgang sind. An mehreren Stellen sind Feuchtbiotope ausgebildet. An diesen Orten gedeihen Wasserschwertlilie, Breitblättriger Rohrkolben, Gewöhnlicher Blutweiderich, Großes Mädesüß, Uferehrenpreis und die in der Leipziger Tiefebene nicht häufige Waldsimse. Interessant ist die Flora der Parthe und ihrer Ufer. Im Fluss selbst gedeihen erfreulich viele Wasserpflanzen, ein Hinweis auf gute Wasserqualität. Zu nennen sind hier Einfacher Igelkolben (flutend und kaum blühend), Krauses, Schwimmendes Laichkraut und Kammlaichkraut, Wassersterne und die Kanadische Wasserpest, ein Neubürger aus Nordamerika, der seit 1861 in Leipzig vorkommt. Das Ufer ist von dichten Beständen des Rohrglanzgrases besetzt. Auf den landwärts wachsenden dichten Brennnesselbeständen kann man gelegentlich ein braun-gelbes Fadengewirr beobachten. Es handelt sich dabei um die Echte Seide, ein Vollschmarotzer auf verschiedenen Wirtspflanzen. *PG*

Größe

15,8 Hektar

Besonders sehenswert

Monopteros auf der Liebesinsel, weitere Fragmente von Parkarchitekturen, erhaltene Strukturen des Landschaftsparks, u. a. Sichtachse zum Schloss, Säulenstumpf am Spielplatz

Der Weg

Abtnaundorfer Straße, Tram 1 bis Friedhof Schönefeld oder Endstelle Schönefeld bzw. Linien 1, 9 Haltestelle Döringstraße, rechts einbiegen bis Beuthstraße zum Park

Parkmöglichkeiten

Abtnaundorfer Straße

Sport + Spiel

Joggen, Nordic Walking, Radfahren, Reiten, Schwimmen, Waldspielplatz

Hundewiesen

nordöstlicher Abschnitt

Adressen

Kleingartenverein Alt-Schönefeld e. V., Abtnaundorfer Straße 7, 04347 Leipzig, Tel. 2 31 21 54, www.alt-schoenefeld.de

Gastro-Tipps

Kartoffelkneipe, Kieler Straße 52, 04357 Leipzig, Tel. 6 01 58 18

Gehölzkulisse im Volksgarten Sellerhausen

Erster kommunaler Park des Leipziger Ostens

Im Mai 1893 erwarb die Stadt Leipzig eine 20560 Quadratmeter große Fläche nordwestlich der heutigen Torgauer Straße. Da es sich um eine ehemalige Sandgrube handelte, war das Terrain bewegt und fiel zur Straße hin deutlich ab. Stadtgartendirektor Wittenberg äußerte sich in einem Gutachten vom 27. Mai 1893: Die Parzelle No. 300 ist […] beachtenswertes Areal für eine Parkanlage, dieselbe ist groß genug um einer Anlage Ausdruck zu geben, auch hat die flachweite Sandausschachtung die Zugänglichkeit derselben von der Straße aus nur erhöht." Im Osten, vor allem auch in den lange selbstständigen Gemeinden Neustadt, Neuschönefeld und Volkmarsdorf, entstanden zu dieser Zeit bereits ausgedehnte Mietshauskomplexe für Arbeiter und weniger gut Situierte. Lediglich Plätze an den Kirchen unterbrachen die starre Blockbebauung. Öffentliche Grünstrukturen waren darüber hinaus noch nicht vorgesehen. Das sollte sich mit der nun erworbenen Fläche ändern. Am 13. November 1893 legte Wittenberg „Bericht und Kostenanschlag über Einrichtung eines Volksgartens in Leipzig-Sellerhausen" vor. Offenbar war ihm die soziale Komponente von Grünanlagen in der Nachbarschaft dicht bevölkerter Wohnquartiere bewusst. In den Erläuterungen zu seiner Planung hält er fest: „In beigehendem Plane ist die angekaufte Parzelle No. 300 des Flurbuches für Leipzig-Sellerhausen zu einem Volksgarten bearbeitet um für die Bevölkerung des Ostens der Stadt einen Erholungsplatz zu schaffen. Es sind deshalb bei Aufstellung des Projectes Bepflanzung, Wasser, Spiel- und Sitzplätze in reichlichem Maße und insoweit der Park es zuließ, berücksichtigt worden und wird die Anlage es zulassen daß eine größere Einwohnerzahl auf einmal anwesend sein kann, ohne sich beengt zu fühlen." Stadtrat und Stadtverordnetenversammlung hießen die Planung weitgehend gut. Letztere bemängelte aber den Teich und zweifelte an, dass er in dem sandigen Gelände ohne Komplikationen abzudichten sei. Als Ersatz wurde ein rundes Fontänenbecken mit 10 Metern Durchmesser vorgesehen; die Arbeiten konnten ausgeschrieben werden. Bis zum Frühjahr 1895 war der Volksgarten fertiggestellt. Am 2. Juni, Pfingstsonntag, war dann die offizielle Eröffnung. Den Kern der Anlage bildet seither eine formale, durch regelmäßige Baumpflanzungen strukturierte Achse zwischen dem für die Fontäne vorgesehenen Rondell und einem weiteren runden Platz, der als Spielplatz dienen sollte. Im Zentrum der Anordnung befindet sich ein in den alten Akten als „oblong" bezeichneter hippodromartiger Rasenplatz, ebenfalls zum Spielen. Erst in der Nachkriegszeit ist er mit Geräten ausgestattet worden. Das Fontänenbecken ist zwar noch vorhanden, wird aber als Beet genutzt. Die die zentrale Achse umgebenden Bereiche erhielten nach der Konzeption von Wittenberg eine freiere, landschaftliche Gestaltung und damit einen weitgeschwungenen Rundweg und Gehölzhaine, die „durchsichtig" sein sollten. Im Gegensatz dazu sollten die dichten Anpflanzungen an den Außengrenzen der Anlage Schutz bieten, vor allem gegen zu starke Winde. Gleich nach seiner Eröffnung fand der Volksgarten regen Anklang bei der Bevölkerung. Und ohne dass dieser Begriff bekannt gewesen wäre, wurde er als „weicher Standortfaktor" erkannt. 1899 forderte der Hausbesitzerverein für Leipzig-Neustadt, -Neuschönefeld und -Volkmarsdorf seine Erweiterung in westlicher Richtung. Damit könne den Anwohnern „eine wirkliche Erholungsstätte geschaffen werden, eine Anlage, die den Tausenden von Kindern und Müttern im Häusermeere des von der Natur vernachlässigten Osten genügen darf". Dieses Ansinnen lehnte Wittenberg ab. Gemäß seiner Empfehlung erfolgte jedoch unter seinem Nachfolger 1907 eine Erweiterung an anderer Stelle. Nach wie vor handelte es sich aber um eine vergleichsweise kleine Grünanlage. Trotzdem stellte Stadtgartendirektor Molzen 1925 fest, der Volksgarten sei „die wohl am stärksten besuchte Parkanlage Leipzigs". 1929 verfasste er Pläne für eine nördliche Vergrößerung im streng architektonischen Stil der Zeit, die aber nicht ausgeführt wurde.

Wohl im Zusammenhang mit der Errichtung von Wohnkomplexen im Norden gab es in den 1970er Jahren erneut Anläufe zu einer Erweiterung, die 1976 in einer Arrondierung an der Volksgartenstraße mündeten. Ansonsten wurde es vorgezogen, die benachbarten Kleingartenanlagen zu erweitern. 1987/88 erfolgte entsprechend den damaligen Möglichkeiten eine Aufwertung des arrondierten Bereichs mit einem Rosenrondell und dichten Anpflanzungen zur Volksgartenstraße.

Spätblühende Traubenkirsche

Größe
3,6 Hektar

Besonders sehenswert
Apelstein 41 (1863), Gedenkstein zur Erinnerung an Schauplätze der Völkerschlacht 1813, Eingang Torgauer Straße, formale Gartenachse mit Spielplatz und ehemaligem Fontänenbassin

Der Weg
Torgauer Straße bzw. Adenauerallee bis Volksgartenstraße, Tram 13 Haltestelle Volksgarten, Bus 90 Haltestelle Permoser-/Volksgartenstraße

Parkmöglichkeiten
Volksgarten-, Permoserstraße

Sport + Spiel
Joggen, Nordic Walking, Sandkasten, Ballspiele

Hundewiesen
südlicher Abschnitt

Adressen
Bürgerverein Sellerhausen-Stünz, Tel. 2 51 46 08, www.bv-sellerhausen.de

Gastro-Tipps
Restaurant El Torro, Volksgartenstraße 55, 04347 Leipzig, Tel. 2 34 60 92

BOTANISCHE BESONDERHEITEN

Die Bepflanzung birgt Relikte einer ehemaligen Baumschule. Als erstes ist die Schindeleiche zu nennen, eine bei uns seltene Art. Ihre Blätter sind ganzrandig und langgestreckt. Aus dem Holz wurden früher Dachschindeln hergestellt. Auffällig wirkt auch die Zerreiche mit schmalen, spitzgelappten und glänzenden Blättern. Wenn man aufmerksam die Blätter vergleicht, kann man eine Hybrideiche entdecken. Diese Art ist eine Kreuzung zwischen Stiel- und Traubeneiche mit Merkmalen beider Eltern. Die Blätter sind großflächig, dunkelgrün und unregelmäßig abgerundet gelappt. Sehenswert sind die sehr alten, breitkronigen weißen Rosskastanien am Spielplatz. Auch Rotbuchen mit ihrer unverkennbaren glatten, grauen Rinde sind zu finden. Zahlreich sind Sommer- und Winterlinden in vielen Altersklassen vorhanden, vereinzelt auch Krimlinden mit glänzenden Blättern und überhängender Wuchsform. *HJS*

Gestaltungen der 1950er Jahre

In den 1950er Jahren wurden in Leipzig etliche Stadtplätze und Grünanlagen umgestaltet, einige wenige neu angelegt. Kriegszerstörungen und die zurückliegenden Jahre der Vernachlässigung erforderten dies. Auch sollte dem gewandelten Stilempfinden Rechnung getragen werden. Für die Gestaltungen jener Zeit kann das seither nur wenig veränderte Ensemble aus Möbiusplatz und Alfred-Frank-Platz in Reudnitz exemplarisch stehen. Beim Möbiusplatz handelt es sich um einen ab 1909 angelegten Stadtplatz in einem kurz zuvor bebauten Wohnquartier. Benannt wurde er nach August Friedrich Möbius, ab 1844 Professor für Mathematik und Astronomie in Leipzig sowie Direktor der Sternwarte in der Pleißenburg, heute Neues Rathaus. Verantwortlich für die ursprüngliche Konzeption war die Stadtgartendirektion unter Carl Hampel, persönlich mit der Konzeption befasst eventuell der spätere Stadtgartendirektor Nikolaus Molzen. Die dreieckige Fläche besaß einen in dem dicht besiedelten Quartier stark benötigten zentralen Spielbereich. Dieser war allseits von Gehölzstreifen und regelmäßigen Bergahornreihen gefasst. Sechs Zugänge dienten der Funktionalität. Ein Beetrondell in der südöstlichen Spitze der Anlage und ein diesem axial zugeordnetes weiteres Blumenbeet setzten Schmuckakzente.

An Stelle des heutigen Alfred-Frank-Platzes existierten bis in die letzte Nachkriegszeit lediglich ein Nutzteich und eine die östliche Holsteinstraße begleitende Lindenallee. Die Benennung soll an den gleichnamigen Maler, Grafiker und Widerstandskämpfer erinnern. 1950 übernahm Gerhard Scholz, Gartenarchitekt beim Stadtgarten- und Friedhofsamt, die Konzeption des Platzes. Es entstand eine zeittypische, asymmetrisch gegliederte Anlage mit zwei leicht geschwungenen Hauptwegen. Dominant ist eine große Rasenfläche mit einzelnen Gehölzen an ihren Rändern. Westlich findet sich ein relativ großzügiger, in Gehölzstrukturen eingebetteter Spielplatz. Besonders charakteristische Elemente sind zwei Ruhebereiche mit Belägen aus polygonalen Kalksteinplatten und Bruchsteinmauern aus Bernburger Muschelkalk; ursprünglich gab es auch Staudenpflanzungen.

Möbiusplatz, Originalplan von 1950 für eine Umgestaltung, Rat der Stadt Leipzig, Dezernat Bauwesen, Abteilung öffentliche Grünflächen

Der Möbiusplatz musste nach einer Nutzung als Grabeland in der Nachkriegszeit als öffentliche Grünanlage wiederhergestellt werden. Die Konzeption hierfür übernahm 1950 ebenfalls Gerhard Scholz. Der verbliebene Gehölzbestand wurde erhalten. Durch Einbindung der regelmäßigen Baumreihen in locker gegliederte Strauchgruppen entstand jedoch eine neue, asymmetrische Raumstruktur mit Durchblicken und klaren Kanten im Westen und Osten. Eine mittige Rasenfläche wird durch einen leicht geschwungenen Weg erschlossen. Im nördlichen Bereich befand sich ursprünglich eine Spielfläche mit Sandkasten. Zur Reduzierung des Pflegeaufwands wurde sie vor einigen Jahren durch Rasen ersetzt. Vereinfachungen ergaben sich auf beiden Plätzen auch hinsichtlich der Beetbepflanzungen. Insgesamt sind die dynamischen Grundstrukturen der 1950er Jahre jedoch erhalten.

Gehölzkulisse auf dem Möbiusplatz

Größe

0,2 Hektar

Besonders sehenswert

Reste des Froschbrunnens

Der Weg

Dresdner Straße, Ecke Täubchenweg,
Tram 4 Haltestelle Riebeck-/Oststraße,
Bus 60 Haltestelle Holsteinstraße

Parkmöglichkeiten

Lipsius-, Möbiusstraße, Eilenburger Straße (eingeschränkt)

Sport + Spiel

Gymnastik, Nordic Walking, Joggen, Handballspiele

Hundewiesen

Möbiusplatz

Adressen

Bürgerverein Leipzig Ostvorstadt e. V., Dresdner Straße 82, 04317 Leipzig Tel. 9 93 93 39, www.bvostvorstadt.de

Erlöserkirche Leipzig-Thonberg, Pfarramt Dauthestraße 1 A, 04317 Leipzig, Tel. 9 90 23 98

Gastro-Tipps

Reudnitzer Terrassen, Oststraße 71, 04317 Leipzig, Tel. 2 25 52 13, www.reudnitzer-terrassen.de

Zur Warte, Oststraße 67, 04317 Leipzig, Tel. 2 61 44 06

BOTANISCHE BESONDERHEITEN

Der Möbiusplatz mit seiner quadratischen Form hat einen relativ übersichtlichen Baumbestand. Am häufigsten findet man hier kräftige Exemplare vom Bergahorn sowie Feld- und Spitzahorn, Platane, Weißdorn und Silberweide.
Am weiträumigen Alfred-Frank-Platz mit seinem zum Teil sehr alten Baumbestand finden wir Robinie, Weißdorn, Berliner Pappel, kräftigen Silberahorn, Hängebuche, baumartig hohen Schwarzen Holunder, Feld- und Bergahorn, auch Baumhasel, Christusdorn mit großen Dornen, Gemeine Esche und Sommerlinde. An Ziersträuchern sind Gemeiner Flieder, Feuerdorn und Bastardindigo hervorzuheben. *HJS*

Ehemaliger Fabrikantenpark

Die Anlage ist mit dem Ramdohrpark eine der wenigen öffentlichen Grünflächen in Anger-Crottendorf. Das ehemalige „Kohldorf" versorgte ursprünglich Leipzig mit Lebensmitteln und war später industriell geprägt. Anders als im Leipziger Westen bestand jedoch kein Bedarf für großzügige und repräsentative Parkanlagen. Dafür entstand eine Vielzahl von Kleingartenanlagen, in denen wohl wiederum Kohl angebaut wurde, „Gartenkunst" aber höchstens im ganz Kleinen blühte. Immerhin konnte so das Erholungsbedürfnis von vielen Anwohnern befriedigt werden. Etwas größere Gärten wurden allenfalls im Umfeld der wenigen Villen angelegt. Dies ist auch der Ursprung des heutigen Lilo-Hermann-Parks. Im Kern handelte es sich um die Umgebung des Villenanwesens der Nachfahren von Karl Krause, Fabrikant von Maschinen des grafischen Gewerbes. Sein Firmengelände grenzte ebenfalls an. Zur Zeit der DDR firmierte der Maschinenbaubetrieb als VEB Polygraph. Die lange Zeit ruinösen Werksgebäude werden derzeit saniert. Der gestalterische Zusammenhang zwischen der aufwändigen Villa im Reformstil, den historistischen Fabrikations- und Verwaltungsgebäuden und dem Park wurde wohl in der Zeit der DDR negiert. Jedoch bilden die der Anlage benachbarten Gebäude noch immer schöne optische Akzente.

Die Benennung Lilo-Herrmann-Park hat keinen Bezug zu Anger-Crottendorf oder Karl Krause. Sie entstammt der DDR und erinnert an die Berlinerin Liselotte Herrmann (1909 bis 1938). Die junge kommunistische Widerstandskämpferin gegen den Nationalsozialismus wurde in Berlin-Plötzensee hingerichtet. Der nach ihr benannte Park besitzt noch ältere Gestaltungselemente, wie die Geländemodellierung und vor allem den raumbildenden alten Baumbestand.

Auf die Umgestaltung zur öffentlichen Grünanlage in der DDR verweisen Kalksteinmauern und ein abgesenkter Bereich mit Staudenpflanzungen und Natursteinplattenbelägen.

Rasenfläche im Lilo-Herrmann-Park

Größe
1,1 Hektar
Besonders sehenswert
St. Trinitatis
Der Weg
Zweinaundorfer-, Theodor-Neubauer-Straße, Bus 72 Haltestelle Martinstraße
Parkmöglichkeiten
Theodor-Neubauer-Straße
Sport + Spiel
Nordic Walking, Spielplatz
Adressen
IC-E Infocenter Eisenbahnstraße, Eisenbahnstraße 49, 04315 Leipzig, Tel. 6 81 00 80, www.leipziger-osten.de
Gastro-Tipps
Gaststätte Silberfund, Theodor-Neubauer-Straße 38, 04318 Leipzig, Tel. 6 99 40 05

Zweig einer Schwarznuss

Ein Rundgang führt an einem neu ausgestatteten Spielplatz mit Holzklettergerüst, Rutsche und großem Sandkasten vorbei. Wohl wegen der peripheren Lage gibt es leider auch Anzeichen von mutwilligen Zerstörungen, die nicht immer alle rasch beseitigt werden können.
Im Norden des Parks ist heute die evangelisch-lutherische Kirche St. Trinitatis bemerkenswert. Sie entstand 1948 bis 1950 nach einer Planung des Architekten Otto Bartning und ersetzte ein früheres Fachwerkgotteshaus, das im Zweiten Weltkrieg 1943 zerstört worden war. Die Kirche ist ein in Ostdeutschland seltenes Beispiel von Sakralarchitektur der frühen Nachkriegszeit und stellt eine von dreiundvierzig im gesamten Deutschland verwirklichten „Notkirchen" des Architekten dar, welche nach vereinheitlichten Plänen errichtet wurden. Von der ehemals historisch bedeutsamen im Krieg zerstörten Leipziger Johanniskirche im Zentrum (s. S. 139) wurden Klinker verwendet.

BOTANISCHE BESONDERHEITEN

Dieser kleine Park mit altem Baumbestand ist in landschaftlich kleine Räume gegliedert. Dominierend sind stattliche Silberlinden mit guter Kronenausbildung und 80 Zentimeter Stammdurchmesser. Etwa gleichaltrig sind weiße Rosskastanien einzuordnen. Auch ein großer Bergahorn mit purpurroter Blattunterseite fällt dem Besucher auf. Ausladend wachsend umranden Platanen die Anlage. Mehrfach mit ausgebildeten Stämmchen zu finden sind Feldahorn und eine geschlossene Gruppe gesunder Feldulmen. Zudem begegnen wir der Gemeinen Esche und der Robinie. Als Blickpunkt an einer Wegekreuzung steht ein sehenswertes Exemplar der Weidenblättrigen Birne mit weißsilbernen Blättern. Im hinteren Teil des Parks finden wir jüngere Exemplare der Schwarznuss. Gut platziert in einer Blickachse steht eine Trauerweide. Am Wegrand begleitet uns oft die Salweide, mehrfach im Park auch die Hängebirke. *HJS*

Blick in den Ramdohrpark

Sanfte Hügel, starke Bäume

Der Hauptteil des heutigen Ramdohrparks wurde bis Ende des 19. Jahrhunderts durch zwei Teiche eingenommen. Sie befanden sich östlich der hier nach Süden abknickenden Hauptstraße des Dorfes Anger, der heutigen Breiten Straße. Wegen der Gewässer blieb der Bereich, obschon inmitten der ländlichen Ansiedlung gelegen, von Bebauung frei. 1897 wurde der vordere der beiden Teiche verfüllt. Dies stand wohl im Zusammenhang mit dem Ausbau der Hauptstraße, die eine sanftere Kurve erhielt. In der Nachbarschaft der Teiche erwarb Ende des 19. Jahrhunderts der Leipziger Stadtrat Franz Wagner ein Bauerngehöft, welches dann zu einem herrschaftlichen Anwesen ausgebaut und um einen großen Garten am verbliebenen Teich ergänzt wurde. Für die Anlage beschäftigte man eigens einen Gärtner.
Wagners Erben nach 1901, darunter ein Sanitätsrat Ramdohr, verweigerten sich einer Parzellierung und Bebauung des

BOTANISCHE BESONDERHEITEN

Bemerkenswert ist der zum Teil sehr alte Baumbestand des Parks. Hier finden wir stattliche Exemplare von Spitz-, Berg- und Feldahorn.

Farbkontraste des Laubs vom Feuerahorn

Geländes, obwohl dies zu jener Zeit, in der das Umfeld städtische Strukturen annahm, gewinnträchtig gewesen wäre. Inmitten der umgebenden Blockstruktur blieb die Freifläche erhalten. Der hintere Teich erscheint noch auf einem Plan von 1922, muss aber in der Folgezeit verfüllt worden sein. Die Anlage war bis 1958 eingefriedet und nicht öffentlich zugänglich. Dies änderte sich in jenem Jahr. Die noch vorhandene Gestaltung erinnert im Kern an diese Zeit. Auffällig ist ein zeittypischer Sitzplatz mit unregelmäßigem Natursteinplattenbelag. Ihm sind Schmuckpflanzungen vorgelagert. Die Wege verlaufen leicht geschwungen. Erhalten blieb ein Altgehölzbestand, der auf die Zeit Wagners und seiner Erben zurückgeht. Der ehemalige hintere Teich ist im Gelände noch an einer Mulde erkennbar.
Bedauerlich ist, dass es nach Westen keine ausreichende Abschirmung zur Breiten Straße gibt, etwa durch Gehölzpflanzungen. Und auch die inneren Bereiche besitzen wegen fehlender Raumbildung durch Sträucher nur eine geringe gestalterische Qualität. Der Spielplatz wurde in jüngerer Zeit mit Spielgeräten neu ausgerüstet. Im Park befindet sich das Denkmal für den 1804 im Dorf Anger geborenen Rudolf Bromme, Konteradmiral und Befehlshaber der 1. Deutschen Reichsflotte.

Größe

2,0 Hektar

Besonders sehenswert

Sitzplatz, Trinitatiskirche

Der Weg

Breite Straße/Ecke Bernhardstraße, Tram 4, Bus 72, 73 Haltestelle Breite Straße

Parkmöglichkeiten

Grüne Gasse, Borsdorfer Straße

Sport + Spiel

Joggen, Nordic Walking, Spielplatz, Tischtennis

Adressen

www.anger-crottendorf.de

IC-E Infocenter Eisenbahnstraße, Eisenbahnstraße 49, 04315 Leipzig, Tel. 6 81 00 80, www.leipziger-osten.de

Gastro-Tipps

Gaststätte Silberfund, Theodor-Neubauer-Straße 38, 04318 Leipzig, Tel. 6 99 40 05

Maulbeerbaum im Herbst

Auch starke Sommerlinden prägen den Raum. Eine Gemeine Esche erreicht sogar einen Stammdurchmesser von über einem Meter. Noch stattlicher sind Stieleichen und Platanen mit 1,20 Metern Stammdurchmesser. Im Mittelteil des Parks steht eine kräftige Blutbuche mit dunkelrotem Laub. Stark abgesetzt gibt es auch große Exemplare von Silberweiden und Schwarzerlen. In den Randbereichen des Parks wachsen bis zu 7 Meter hohe Exemplare von Feuerahorn und Weißdorn. Auch gut entwickelte Winterlinden und Eschenahorn sind vorhanden. Im westlichen Teil des Parks sind Weiße Maulbeerbäume hervorhebenswert, und auf einer vorgelagerten Verkehrsinsel bildet eine Gruppe von über 5 Meter hohen Tamarisken besonders während ihrer Blütezeit im Mai einen besonderen Blickpunkt. Zu nennen ist auch eine an der Spitze des Dreiecks selten gepflanzte Berliner Pappel, die sich durch ihre mehr ovalen Blätter von anderen Pappeln unterscheidet. *HJS*

Weiden im Ramdohrpark

Neues Grün auf altem Friedhof

Der heutige Reudnitzer Park geht, wie einige andere Anlagen in Leipzig auch, auf einen Friedhof zurück (vgl. Friedenspark, S. 186, und Schwartzeplatz, S. 110). 1843 wurde der Begräbnisplatz in der selbstständigen Gemeinde Reudnitz südlich des Täubchenwegs angelegt. Bis heute lassen sich auf dem Gelände reihen- und rasterförmig angeordnete Gehölze ausmachen, die an die Struktur der Gräberfelder erinnern. Lange befand sich die Anlage auf freiem Feld außerhalb geschlossener Bebauung. Endgültig änderte sich dies erst nach Aufstellung eines Gesamtbebauungsplans für Reudnitz im April 1882; der Friedhof wurde zu einer innerörtlichen Grünfläche. Bereits im Oktober 1878 war an der heutigen Oststraße der Neue Reudnitzer Friedhof, heute Ostfriedhof, eröffnet worden. Damit wurde der steigenden Bevölkerungszahl Rechnung getragen, aber auch die Möglichkeit zu einer späteren Umnutzung des alten Friedhofsgeländes eröffnet. Tatsächlich entstanden bald Pläne der Umgestaltung zu einem Schmuckplatz in dem mit öffentlichem Grün unterversorgten Quartier.
Zunächst waren jedoch jahrzehntelange Liegezeiten abzuwarten. Noch ein Stadtplan von 1937 gibt die überkommene regelmäßige Struktur mit zwei größeren,

Die Gehölzbestände im Reudnitzer Park gehen auf einen Friedhof zurück.

in Nord-Süd-Richtung verlaufenden Wegeachsen wieder. Ein architektonischer Akzent entstand an der Südseite des Geländes 1911/12 mit Errichtung einer Neuapostolischen Kirche.
Nach der Säkularisation erhielt der nunmehrige Park sein bis heute dominierendes Erscheinungsbild in der Zeit der DDR. Ein unregelmäßiges Wegesystem, Sitzplätze und Spielbereiche entstanden. In den letzten Jahren erfolgte eine Modernisierung und Aufwertung der Ausstattung. So finden sich etwa neuere Rankgerüste und ein Spielplatz mit Balancierstegen über einer Sandfläche.

Spielplatz im Reudnitzer Park

BOTANISCHE BESONDERHEITEN

Er ist ein vielgliedriger Park mit kleinen und großen Räumen und sehr arten- und formenreicher Bepflanzung. Die Altersstruktur reicht vom Altbaum bis hin zur Neupflanzung. Den Hauptbestand bilden Berg-, Spitz- und Feldahorn, Gemeine Esche, Robinie, Weißbuche und Silberahorn. Als Solitärgehölze wurden vor allem Hängeeschen in großer Stückzahl verwendet, aber auch Feld- und Hybridulme, Berliner Pappel, Kanadische Pappel, Purpurblättriger Bergahorn, Weißdorn, Kanadischer Holunder, Kobusmagnolie, Hängebirke, weiß- und rotblühende Rosskastanie, Amberbaum, Krimlinde, Schnurbaum, Rotbuche, Stieleiche, Vogelkirsche, Sommer- und Silberlinde, dazu Dreilappiger Bergahorn, Kegelförmige Weißbuche und eine Gelbblättrige Feldulme.
Unter den Sträuchern sind Haselnuss, Breitblättriger Spindelbaum, Kirschlorbeer und Feuerdorn besonders auffällig. An der stählernen Pergola wurde die blau blühende Glyzinie als Schlinger gepflanzt. Absoluter Höhepunkt ist der solitär gepflanzte Riesenmammutbaum an der nordöstlichen Seite des Reudnitzer Parks. *HJS*

Größe
1,9 Hektar

Besonders sehenswert
Neuapostolische Kirche

Der Weg
Täubchenweg, Heinrich-, Baedekerstraße, Tram 4, 7 Haltestelle Gerichtsweg, Bus 72, 73 Haltestelle Breite Straße

Parkmöglichkeiten
Sigismundstraße, Baedekerstraße

Sport + Spiel
Joggen, Nordic Walking, Gymnastik, Spielplätze, Basketball, Skateranlage

Hundewiesen
Mittlerer Teil

Adressen
Begegnungsstätte Mühlstraße e. V., Mühlstraße 14, 04317 Leipzig, Tel. 9 90 36 00, www.muehlstrasse.de

Bürgerverein Leipzig Ostvorstadt e. V., Dresdner Straße 82, 04317 Leipzig, Tel. 9 93 93 39, www.bvostvorstadt.de

Gastro-Tipps
Trattoria Anna Rosa, Reichpietschstraße 51, 04317 Leipzig, Tel. 6 99 13 91, www.trattoria-anna-rosa.de

Glyzinie (Blauregen)

Hortus Botanicus Lipsiensis – ältester botanischer Garten Deutschlands

Die Universität Leipzig ist die zweitälteste in der Bundesrepublik Deutschland. Als eine ihrer Institutionen mit historischem Ambiente kann der Botanische Garten gelten. Sein gegenwärtiges Gelände einschließlich einiger erhaltener Bauten wurde ab 1876/77 gestaltet. Die Geschichte der Einrichtung reicht jedoch bedeutend weiter zurück; tatsächlich handelt es sich um den ältesten botanischen Garten Deutschlands. Er ging 1543 aus dem Klostergarten des säkularisierten Dominikanerklosters St. Pauli hervor. Herzog Moritz von Sachsen (1521 bis 1553) hatte es der Universität als Schenkung überlassen. Nun konnte das schon länger gehegte Vorhaben der Anlage eines „Hortus medicus" (Medizinalgarten) verwirklicht werden. Er befand sich zunächst zwischen der Universitätskirche St. Pauli und der heutigen Grimmaischen Straße. Nach Verwüstungen im Dreißigjährigen Krieg kam es 1641 zur Schließung dieser ersten Anlage. 1651 wurde sie nur wenige Meter weiter westlich auf etwa 450 Quadratmetern neu eröffnet, ebenfalls an der seinerzeit so bezeichneten Grimmaischen Gasse. Dort hatte die Universität das sogenannte Große Fürstenhaus mit Garten erworben. Neben Medizinalpflanzen belegt das Herbarium des Georg Kirchen von 1601 die Existenz zahlreicher Mittelmeerpflanzen. Zu ihnen gesellten sich bald vermehrt Arten aus dem seinerzeit für Europa erschlossenen Südamerika. Aus den beengten Verhältnissen der Innenstadt entkam die botanische Einrichtung 1806, als sie ein Gelände in der südwestlichen Vorstadt am Pleißemühlgraben erhielt. Nur ein Teil der 10 Hektar großen Fläche konnte jedoch effektiv genutzt werden, da sich darauf zwei größere Teiche und Abschnitte mit feuchtem Boden befanden. Ab 1840 entstanden erste Gewächshäuser. Mit der Errichtung des Reichsgerichts auf dem vormaligen Gartengelände erfolgte schließlich der Umzug an den heutigen Standort. Gewächshauskomplexe mit 1200 Quadratmetern Größe konnten errichtet werden. Sie und das Botanische Institut gingen in den Bombenangriffen im Dezember 1943 und im Februar 1944 unter; in den Gewächshäusern überlebten nur 26 Kalthauspflanzen das winterliche Desaster. An der Stelle des Instituts entstand auf den mit Trümmerschutt verfüllten Kellern ein Biotop für asiatische Steppenpflanzen. Es ergänzt die vorhandenen geographischen Abteilungen „Pazifisches und atlantisches Nordamerika", „Ostasien", „Südhemisphäre" sowie das Alpinum.

Riesenseerose (Victoria regia) im Gewächshaus des Botanischen Gartens

2004 endete eine insgesamt zwölf Jahre dauernde Sanierungsphase. Nicht nur das Wegesystem wurde überarbeitet. Vor allem zu nennen sind die Instandsetzung und der teilweise Neubau des Gewächshauskomplexes. Seit Juli 1996 gibt es auch ein Schmetterlingshaus. Ferner kann seit 1995 das Herbarium der Universität als größte derartige Sammlung Sachsens wieder besucht werden. Seit einigen Jahren gehören auch ein Apothekergarten sowie ein Duft- und Tastgarten auf dem Gelände des benachbarten Friedensparks zum Angebot. Nunmehr präsentiert sich der Botanische Garten gerüstet für sein sechstes Jahrhundert. Exotische Altbaumbestände, die erhaltenen Teile des Gewächshauskomplexes, die Einfassungsmauer an der Johannisallee oder das Verwaltungsgebäude mit klassizistischer Formensprache verbreiten historisches Flair und erinnern an seine Tradition. Einen Überblick über die Vielzahl der hier nicht behandelten botanische Besonderheiten erlangt der Besucher am besten vor Ort bei einem ausgedehnten Spaziergang.

Gewächshauskomplex mit ehemaligem Victoriahaus (vorn)

Größe
3,5 Hektar

Besonders sehenswert
Schmetterlingshaus, Gewächshäuser, Altbaumbestände, Linné-Büste

Der Weg
Anfahrt über Oststraße oder Philipp-Rosenthal-Straße, Tram 2, 16, Bus 60 Haltestelle Johannisallee

Parkmöglichkeiten
Linnéstraße

Adresse
Botanischer Garten, Linnéstraße 1, 04103 Leipzig, Tel. 9 73 68 50, www.uni-leipzig.de

Gastro-Tipps
Ristorante Da Salvo, Philipp-Rosenthal-Straße 9, 04103 Leipzig, Tel. 9 64 96 33

Gasthaus & Gosebrauerei Bayerischer Bahnhof, Bayrischer Platz 1, 04103 Leipzig, Tel. 1 24 57 60, www.bayerischer-bahnhof.de

Restaurant Stein am Bayrischen Platz, Windmühlenstraße 37, 04107 Leipzig, Tel. 2 12 22 46, www.stein-restaurant.de

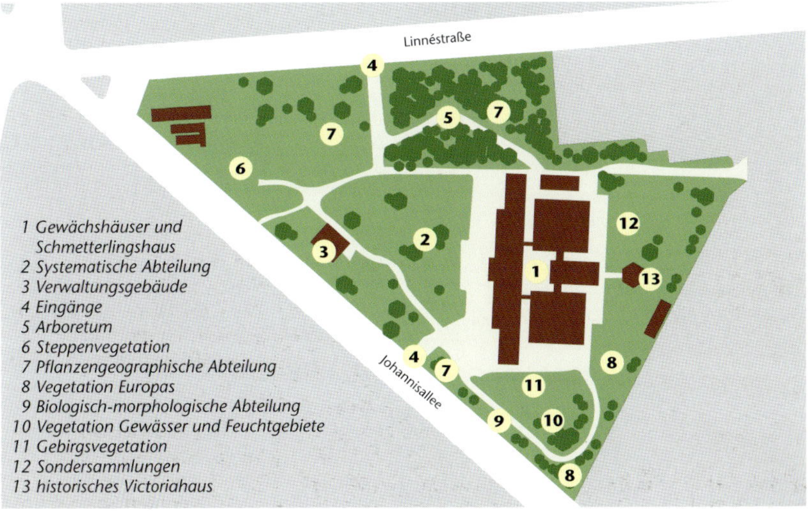

Botanischer Garten, Teich mit erneuertem Gewächshauskomplex

67 Friedenspark

Vom Friedhof zum Erholungspark

Aufmerksame Besucher des Friedensparks können trotz aller Umgestaltungen ahnen, dass es sich bei ihm nicht schon immer um einen Erholungspark gehandelt hat. Da sind das aufwändige nördliche Eingangstor, die die Anlage durchmessende Hauptallee und weitere im rechten Winkel zueinander angeordnete Gehölzstrukturen. Wirft man einen Blick hinter die Gebüschzonen im Nordosten, wird die Geschichte schlagartig klar: Hier befindet sich ein Rest der Umfassungsmauer mit einigen erhaltenen Wandstellen-Grabmalen. Der Neue Johannisfriedhof war 1846 als zweiter städtischer Friedhof auf einem etwa 20 Hektar großen Gelände südöstlich des Johannistals eröffnet worden. Er entwickelte sich zum zeitweise bedeutendsten Begräbnisplatz der Stadt mit zahlreichen geschichtlich und kunsthistorisch interessanten Grabmalen. Diejenigen der Verlegerfamilie Brockhaus oder von Anton Philipp Reclam sollen nur als Beispiele genannt werden. Eine repräsentative Friedhofskapelle entstand zwischen 1881 und 1884 nach Plänen von Stadtbaurat Hugo Licht. Ihr Standort am südlichen Ende der Hauptallee ist noch heute wegen des hier fehlenden Gehölzbestands zu erahnen. Der Bau, wie auch andere Bereiche des Friedhofs, erlitt im Zweiten Weltkrieg schwere Schäden und wurde dann abgetragen. Ab 31. Dezember 1950 durften wegen der beabsichtigten Säkularisierung laut Anweisungen der Stadtverwaltung keine Beerdigungen mehr stattfinden; am 31. Dezember 1970 wurde die Anlage für die Öffentlichkeit geschlossen. Umbettungen waren privat zu finanzieren, so dass sie überwiegend gar nicht erfolgten. Bei Baumaßnahmen oder Baumpflanzungen ist folglich bis heute der noch vorliegende alte Belegungsplan zu berücksichtigen.

Übersichtsplan Friedenspark: 1 altes Friedhofsportal, 2 Duft- und Tastgarten, 3 Apothekergarten, 4 Reste der Friedhofsmauer, 5 Samuel-Heinicke-Schule, 6 Sportplatz und Spielplatz der Samuel-Heinicke-Schule, 7 Rodelbahn, 8 Hauptallee, 9 Hundewiese, 10 Kindereuthanasiegedenkstätte, 11 Botanischer Garten, 12 Volleyballplatz, 13 Spielplatz mit Basketballanlage, 14 ehemaliger Standort der Friedhofskapelle, 15 Russische Gedächtniskirche

Der Friedenspark ist der ehemalige Neue Johannisfriedhof. Am Standort der im Krieg zerstörten Kapelle steht heute die Bronzeplastik „Studentinnen" – ein Werk der Künstlerin Irene Marquardt von 1983.

Ursprünglich war aus denkmalpflegerischen Gründen der Erhalt der Friedhofsmauern vorgesehen; die kunst- und kulturhistorisch wertvollen Wandstellen-Grabmale sollten bewahrt werden. Da sie jedoch von einer nunmehr abgelehnten bürgerlichen Tradition zeugten, wurde eine offene Gestaltung angestrebt. So kam es weitgehend zum Abriss und zur Planierung. Mauern und Grabmalreste wurden mit schwerem Gerät zu einem Rodelberg zusammengeschoben, unter dem sie sich bis heute befinden. Etwa 120 Einzelobjekte von historischer und kunstgeschichtlicher Bedeutung wurden nach denkmalpflegerischen Kriterien ausgewählt und sollten von Beginn an auf dem Alten Johannisfriedhof neu aufgestellt werden. Nicht sachgemäßer Transport und eine jahrzehntelange ungeschützte Lagerung hinterließen gravierende Schäden. Erst 1991 konnte die Sicherung beginnen. Zu diesem Zeitpunkt waren noch 58 Grabmale ermittelbar. Sie wurden restauriert und befinden sich nunmehr in einem Lapidarium auf dem Alten Johannisfriedhof. Die Grabmäler der Familie Brockhaus und von Anton Philipp Reclam sind darunter.

Für den Neuen Johannisfriedhof sah der Generalbebauungsplan von 1970 vor, hier einen Sport- und Erholungspark für Studenten zu schaffen. Bis zur Übergabe der ersten Ausbaustufe vergingen dreizehn Jahre. Zwischenzeitlich wurde die Konzeption modifiziert, um eine stärker allgemein nutzbare Anlage zu erhalten. Dies ist wohl auch im Kontext einer begonnenen Sanierung der angrenzenden maroden Altbaugebiete Ostvorstadt und Thonberg zu sehen. Der Friedenspark wurde am 20. Juli 1983 als öffentlicher Park mit Sport- und Spielanlagen zur aktiven Erholung übergeben. Der alte Baum- und Gehölzbestand blieb weitgehend erhalten.

Seit 2000/01 stellt der Apothekergarten der Universiät einen neuen Anziehungspunkt dar: Auf etwa 3000 Quadratmetern wachsen dreihundert Arznei-, Heil- und Giftpflanzen in einer traditionellen symmetrischen Anlage mit einer durch Wasserspiele geprägten Mittelachse. Ein Duft- und Tastgarten ist seit September 2007 benachbart, Nachfolger einer älteren solchen Anlage im Rosental. Das klar strukturierte, gerasterte Erschließungssystem erleichtert Blinden und Sehbehinderten die Orientierung. 16 unter-

Die regelmäßige Anordnung der Altgehölze des Friedensparks erinnert an dessen Vergangenheit als Begräbnisstätte.

schiedliche Themenfelder, jeweils mit verschiedenen Materialien gestaltet, Wasserspiele und mehr als zweihundertfünfzig Pflanzenarten regen die Sinne an.
Seit Mai 2011 erinnern hinter dem Eingang gegenüber der Linnéstraße 3 die „Wiese Zittergras" und der „Weg Lebwohl" (benannt nach einem Gedicht der österreichischen Autorin Christine Lavant) symbolhaft an die Opfer der nationalsozialistischen Euthanasieverbrechen an Kindern in Leipzig. Etwa hundert von ihnen wurden auf dem Neuen Johannisfriedhof beigesetzt. Den Gedenkort schuf die Landschaftsarchitektin Antje Schuhmann vom Amt für Stadtgrün und Gewässer.

Pimpernuss in Blüte

Größe

20 Hektar

Besonders sehenswert

Altes Nordtor des Neuen Johannisfriedhofs, Reste der Umfassungsmauer mit Wandstellen-Grabmalen, Plastiken „Drei Grazien", „Lesende" und „Studentinnen", Apotheker-, Duft- und Tastgarten, unmittelbar benachbart ist die Russische Gedächtniskirche (1913) zur Erinnerung an die in der Völkerschlacht 1813 gefallenen russischen Soldaten

Der Weg

Linnéstraße, Tram 15 Haltestelle Ostplatz, Bus 60 Haltestelle Liebigstraße

Parkmöglichkeiten

Linnéstraße

Sport + Spiel

Joggen, Nordic Walking, Tischtennis, Rodeln, Kinderspielplatz, Basketball, Volleyball

Hundewiese

nördlicher Abschnitt

Adressen

Verein Duft- und Tastgarten e. V., Tel. 9 60 23 61, bzw. 2 28 56 96, www.dut-leipzig.de

Gastro-Tipps

Gasthaus & Gosebrauerei Bayerischer Bahnhof, Bayrischer Platz , 04103 Leipzig, Tel. 1 24 57 60, www.bayerischer-bahnhof.de

Pizzeria Da Salvo, Philipp-Rosenthal-Straße 9, 04103 Leipzig, Tel. 9 64 96 33

Restaurant Stein am Bayrischen Platz, Windmühlenstraße 37, 04107 Leipzig, Tel. 2 12 22 46, www.stein-restaurant.de

BOTANISCHE BESONDERHEITEN

In dem durch die Bevölkerung intensiv genutzten Parkrasen können sich nur robuste, trittvertragende Arten halten. Einzige Besonderheit ist der Wiesengoldstern, der aber in den meisten trockenen Rasenflächen Leipzigs anzutreffen ist. Interessant war die alte Friedhofsmauer, an der mehrere Farne wuchsen, z. B. die Mauerraute und Hirschzunge. Auf der Krone stand das Steifköpfige Habichtskraut, das von hier wissenschaftlich zuerst beschrieben wurde. 2010 wurden alle Arten durch die Mauersanierung vernichtet. *PG*

Im Friedenspark kann man noch deutlich die ehemalige Friedhofsstruktur anhand der Allee- und Reihenpflanzungen von Bäumen erkennen. Geprägt wird der Park von prächtigen weißen und roten Rosskastanien. Mit ihren üppigen Blütenkerzen von 20 bis 30 Zentimetern Länge hinterlassen sie einen unvergesslichen Eindruck im Frühjahr. Wegbegleitend finden wir einzeln und in Gruppen malerische Lindenarten, wie Sommerlinde mit großen Blättern, Winterlinde mit kleinen Blättern, Krimlinde mit glänzenden Blättern und herabhängenden Zweigen, Silberlinde mit großen, unterseits silbergrünen Blättern, Hängesilberlinde mit langstieligen, unterseits silbrigen Blättern und herabhängenden Zweigen sowie die Europäische Linde, eine Kreuzung aus Sommer- und Winterlinde.

Weiter bemerkenswerte Bäume sind Christusdorn, ein Baum mit zahlreichen dreigeteilten Dornen und gefiederten sowie doppelt gefiederten Blättern, Spitzahorn mit spitzgelappten großen Blättern, blüht zeitig im Frühjahr vor dem Blattaustrieb gelbgrün, Bergahorn mit abgerundet gelappten großen Blättern, der erst nach dem Blattaustrieb blüht, und Gemeine Esche. Sie hat gefiederte Blätter und blüht vor dem Blattaustrieb. Auch die Hängeesche, eine veredelte Form, die durch stark herabhängende Äste auffällt, Stieleiche mit langgestielten Früchten und unregelmäßig rund gelappten Blättern sowie die Birke mit zahlreichen kleinen, rhombischen Blättern und weißer Rinde, deren Zweige dünn und locker herabhängen, haben hier einen Platz.

Bemerkenswert ist die Vielzahl von Blütensträuchern, die den Park rahmen und gliedern, z. B. Forsythie, Kornelkirsche, Haselnuss, Johannisbeeren, Japanische Scheinquitte, Heckenkirsche, Pfeifenstrauch, Hartriegel, Liguster, Flieder, Pimpernuss, Apfel- und Hundsrose, Spiersträucher und Zwergmispeln. *HJS*

Blütenreigen im Friedenspark

Große städtebauliche Geste

Der Deutsche Platz könnte heute als eine Art Vorbereich der Deutschen Nationalbibliothek, früher Deutsche Bücherei, begriffen werden. Die reale städtebauliche Entwicklung seit Anfang des 20. Jahrhunderts legt dies nahe. Tatsächlich besaß er eine weit darüber hinausgehende Bestimmung als repräsentativer Stadtraum an der Hauptstraßenachse von der Innenstadt zum Völkerschlachtdenkmal. Die Straße des 18. Oktober war als großzügiger Boulevard gedacht, auf dem die Annäherung an das Monument städtebaulich inszeniert werden sollte. In einem Bebauungsplan von 1899 wird die Achse erstmals festgeschrieben, längst gab es hier noch keine geschlossenen Bebauungsstrukturen. Diese wurden in weiteren Konzepten hinsichtlich ihrer Anordnung projektiert. Im Bebauungsplan Leipzig-Altstadt – äußere Südvorstadt von 1913 ist auch der Deutsche Platz mit seinen heutigen Abmessungen verzeichnet. Danach sollte er in eine dichte Randbebauung eingebunden und mit einem Zugangstor an der Nordseite, im Verlauf der Straße des 18. Oktober, versehen werden. Maßgeblich war Stadtbauinspektor Hans Strobel. In der Monatsschrift „Der Städtebau" erläutert er 1914: „Nach dem großen Tor öffnet sich wie ein riesenhafter Festsaal der ovale Hauptplatz in seiner allseits geschlossenen Wirkung. Seinen Abmessungen entsprechend (140 auf 220 m) ist die Bebauung mit fünfgeschossigen, einheitlich und vornehm ausgebildeten Häusern, soweit es die geringe Steigung zuläßt, mit gleicher Hauptsims- und Firsthöhe durchgeführt. Der ovale Platzkern soll, um die Raumwirkung zu erhöhen, tief liegen bleiben und streng architektonisch behandelte Gartenanlagen mit Wasserflächen und bildnerischem

Vogelschau des Deutschen Platzes mit der Deutschen Nationalbibliothek (links)

Schmuck erhalten." Jede Mittelbetonung sollte vermieden werden, um den optischen Bezugspunkt des Völkerschlachtdenkmals in seiner Wirkung nicht zu relativieren. Im Gegensatz zur Bebauung wurden die Gartenanlagen fertiggestellt. Ein zeitgenössischer Plan gibt das Beschriebene weitgehend wieder. Die umlaufenden Lindenreihen besaßen sogar einen strengen und aufwändigen Kastenschnitt. Dieser wurde im Laufe der Zeit ebenso aufgegeben wie die Schmuckpflanzung auf dem abgesenkten Mittelparterre. Von der Bebauung entstand zunächst nur 1914 bis 1916 das Gebäude der Deutschen Bücherei des Dresdner Bauamtmanns Oskar Pusch. Die konkav geschwungene Fassade nimmt die Form des Platzovals auf, wie dies für die gesamte bebaute Platzkante vorgesehen war. 1980 wurde ein torartiges Gebäude am Zugang zum heutigen Alten Messegelände am

Größe
1,3 Hektar

Besonders sehenswert
Deutsche Nationalbibliothek/Deutsche Bücherei

Der Weg
Straße des 18. Oktober, Tram 2, 16, Haltestelle Deutsche Nationalbibliothek, Bus 74 Haltestelle Deutscher Platz

Parkmöglichkeiten
Deutscher Platz, Perlickstraße, Bio-City

Sport + Spiel
Joggen, Gymnastik, Spielplatz

Adressen
Deutsche Nationalbibliothek, Deutscher Platz 1, 04103, Tel. 2 27 10, www.deutsche-nationalbibliothek.de

Gastro-Tipps
Ristorante Da Salvo, Philipp-Rosenthal-Straße 9, 04103 Leipzig, Tel. 9 64 96 33

Südende des Platzes errichtet. Zwar hat es hinsichtlich Dimensionierung und Stilistik keinerlei Ähnlichkeiten mit dem von Hans Strobel Geplanten, jedoch nimmt es seine Idee der Torbauten auf. Der in den Jahren 1976 bis 1983 errichtete Magazinturm der Deutschen Bücherei ist gestalterisch nicht auf den Platz bezogen. Anders verhält sich dies mit dem 2007 begonnenen und 2011 fertiggestellten Erweiterungskomplex der nunmehrigen Nationalbibliothek nördlich des Altbaus. Ebenso wie die in den letzten Jahren errichteten Institutsbauten an der Südwestseite des Platzes zeichnet er im Sinne Strobels die ovale Form des Stadtraums nach. Jüngst wiederhergestellt wurde auch das ovale Schmuckbeet auf dem mittigen Parterre.

In vielen Leipziger Parks verwildert anzutreffen: das Schneeglöckchen

69 Steinplatz

Vergangener bürgerlicher Glanz

Ein erster Bebauungsplan für die äußere Südvorstadt mit begrünten Stadtplätzen, in eine schachbrettartige Grundstruktur integriert, wurde bereits 1864 erarbeitet. Im Gegensatz zu dem Bereich um den weiter westlich gelegenen Heinrich-Schütz-Platz (siehe S. 194) erfolgte die Erschließung des Areals um den Steinplatz erst am Ende des ersten Jahrzehnts im 20. Jahrhundert. Gemeinsam mit einer umgebenden, vom Reformstil inspirierten gehobenen Wohnbebauung entstand bis 1912 ein aufwändiger, formal gestalteter Stadtplatz. Verantwortlich für die Konzeption waren Stadtgartendirektor Hampel und sein damaliger Mitarbeiter Nikolaus Molzen. Wie zu dieser Zeit in Leipzig Standard, handelte es sich nicht um eine reine Schmuckanlage. Vielmehr nahm ein großer, von einer Hecke umgebener Spielbereich einen großen Teil der inneren Fläche ein. Eine Besonderheit ist, dass sich die annähernd quadratische Platzanlage allseits etwa 1,80 Meter über das Niveau des umgebenden Terrains erhebt. Eine bereits vorhandene natürliche Erhebung wurde mit gleichmäßig ausgebildeten, verhältnismäßig steilen Böschungen versehen. Optisch besonders wirksam, waren sie zunächst mit ornamental angeordneten einjährigen Blütenpflanzen besetzt. Heute sind sie im Winter als kurze Rodelbahnen beliebt.

Historische Abbildung des Steinplatzes mit Schmuckparterres und Spielplatz (hinten)

Durch die erhöhte Lage der Platzfläche ergibt sich eine gute Abgrenzung von den benachbarten, teils stark befahrenen Straßen. Dies wird durch die Bepflanzung noch unterstützt. Entlang den Gehwegen unterhalb der Böschung wurden Ulmenreihen angeordnet, an der oberen Böschungskante Rotblühende Rosskastanien. Während die Rosskastanien weitgehend noch vorhanden und heute zu stattlichen Exemplaren herangewachsen sind, mussten die Ulmen wegen des Ulmensterbens schon 1929 weichen. Ersetzt wurden sie durch Kanadische Pappeln und Linden. Mit der inneren Platzgliederung verschwanden in den 1970er Jahren weitere Gehölze. So war der Spielbereich außerhalb der Hecken mit Rotdornhochstämmen umpflanzt. Die Ecken von zwei der drei einst vorhandenen Schmuckparterres wurden vertikal durch

Entgegen der historischen Aufteilung hat der Steinplatz heute eine große Rasenfläche

Pyramidenpappeln betont. Diese Gestaltung entsprach gehobenem bürgerlichem Repräsentationsbedürfnis und hatte sich im Wesentlichen bis in die 1970er Jahre erhalten. Ein Umgestaltungsplan von Roswitha Dörner, Dezernat Bauwesen, Abteilung Öffentliche Grünflächen, lag schon seit Juli 1951 vor. In der dann erfolgten Umgestaltung sind ihre Ideen, die dem Stilempfinden der 1950er Jahre entsprachen, nur ansatzweise verwirklicht worden. Neben einer asymmetrisch angeordneten Spielfläche entstanden im Wesentlichen eine große leere Rasenfläche und Erschließungswege. Ihr Verlauf war allerdings ungünstig gewählt, so dass sich Trampelpfade bildeten. Vor einigen Jahren gepflanzte Säuleneichen erinnern an die ehemaligen Pyramidenpappeln auf den Schmuckparterres, waren aber nur ein erster Schritt. 2010 überarbeitete die Stadt Leipzig den Platz nach gartendenkmalpflegerischen Kriterien und legte vor allem auf der Westseite wieder einen Spielplatz an. Diese Arbeiten erhielten 2011 mehrmals Prämierungen. Wie bereits 1912 wurde die Spielfläche mittels einer Hainbuchenhecke abgegrenzt und mit weiteren Gehölzen bepflanzt. Die Ausstattung ist absolut zeitgemäß und stammt von dem Holzgestalter Lars Piolka. Bei entsprechendem Wetter tummeln sich jetzt wie früher zahlreiche Kinder auf dem Steinplatz. Für die östliche Südvorstadt stellt er wieder eine wichtige Bereicherung dar.

Größe

0,8 Hektar

Besonders sehenswert

erhöhte Lage

Der Weg

Arthur-Hoffmann-Straße /Steinstraße, Tram 9, Bus 60 Haltestelle Kurt-Eisner-/Arthur-Hoffmann-Straße

Parkmöglichkeiten

Steinstraße, Bernhard-Göring-Straße, Fichtestraße (eingeschränkt)

Sport + Spiel

Joggen, Gymnastik, Nordic Walking, Spielplatz

Adressen

Haus Steinstraße e. V., Steinstraße 18, 04275 Leipzig, Tel. 3 91 32 19, www.haus-steinstrasse.de

Gastro-Tipps

Fela, Karl-Liebknecht-Straße 92, 04275 Leipzig, Tel. 2 25 35 09, www.fela-in-leipzig.de

Váradi Csárda, Arthur-Hoffmann-Straße 111, 04275 Leipzig, Tel. 3 08 16 38, www.varadi-csarda.de

Rotblühende Rosskastanie

Der 2012 erneuerte Spielplatz wird auch in den Wintermonaten viel benutzt.

Quartiersplatz im Szeneviertel

Der Heinrich-Schütz-Platz in der Südvorstadt ist ein gern genutzter Treffpunkt mit schönem altem Baumbestand. Mitte des 19. Jahrhunderts befand sich das Gelände weit außerhalb der Stadt. Die heutige Kochstraße markiert die seinerzeitige Hauptausfallstraße nach Süden, die als Chaussee markant mit Pyramidenpappeln bepflanzt war. Exakt im Bereich des Platzes fand 1863 auf freiem Feld das 3. Allgemeine Turnfest mit etwa 20000 Teilnehmern statt. Im folgenden Jahr wurde ein erster Bebauungsplan für die äußere Südvorstadt erarbeitet. Die bestehende schachbrettartige Struktur des Quartiers mit eingestreuten Plätzen geht darauf zurück. In den 1880er Jahren wurde der Turnfestplatz von 1863 in seiner Größe reduziert, die Fläche des Heinrich-Schütz-Platzes entstand. 1884 errichtete Stadtbaurat Hugo Licht an der Nordseite die monumentale 8. Bezirksschule, die heutige Immanuel-Kant-Schule. Schnell füllten sich die Straßen mit Wohnbauten. Die Stadtgartendirektion unter Leitung von Carl Otto Wittenberg zog nach und legte 1890 einen Entwurf für eine „Gartenanlage auf dem Platze an der Scharnhorststraße" – so der Projektname – vor. Im Erläuterungsbericht heißt es: „... dem Bedürfnis entsprechend, ist hierbei für die freie Bewegung des Publikums durch Anordnung einer acht Meter breiten Promenade um den Platz und einer größeren freien Fläche im Innern Rechnung getragen, wie auch die Verbindungen über den Platz diagonal gehen, mithin nach keiner Richtung etwas Trennendes vorhanden ist". Die Promenade wurde mit einer Doppelreihe Linden, die freie Mittelfläche mit Platanen eingefasst. Auf der Ostseite der heutigen Karl-Liebknecht-Straße war als Pendant zum Schützplatz eine ähnliche Fläche aus der Blockbebauung ausgespart worden. Hier entstand in den Jahren 1890 bis 1893 nach Plänen von Georg Weidenbach die neugotische Andreaskirche, ebenfalls von Grünstrukturen eingefasst. Mit Schule, Kirche und Platzgestaltung war ein repräsentatives und gleichwohl funktionales großstädtisches Ensemble entstanden.

Während der Baumbestand des Schützplatzes bis heute weitgehend erhalten blieb, gerieten die funktionalen Gestaltungsgrundsätze von 1890 in Vergessenheit. Zur Zeit der DDR wurden die diagonalen Erschließungswege aufgegeben und eine die Platzmitte abschirmende Mauer entstand. Gesunkene Aufenthaltsqualität und einsetzende Verwahrlosung mögen auch darauf zurückzuführen sein. Die Ruine der im Zweiten Weltkrieg beschädigten Andreaskirche endete 1958 in einer Sprengung und wurde durch eine leere Rasenfläche ersetzt. Im Jahr 2000 wurde der mittlerweile unter Denkmalschutz stehende Heinrich-Schütz-Platz nach einem Projekt des Grünflächenamts weitgehend in seinen ursprünglichen Zustand zurückversetzt, der auch den heutigen Nutzungsansprüchen angemessen ist. Die Mittelfläche erhielt eine Ausstattung mit künstlerisch gestalteten Spielgeräten. Vor der Schule ist die Scharnhorststraße seither für den Verkehr gesperrt, so dass hier ein zusätzlicher Aufenthaltsbereich entstand. Er enthält phantasievoll gestaltete Spiel- und Sitzelemente für die Schüler.

Vor einigen Jahren wurde der Steinplatz mit seinem Spielplatz denkmalgerecht instand gesetzt.

Größe
1,0 Hektar

Besonders sehenswert
Künstlerisch gestaltete Spielgeräteausstattung, städtebaulicher Rahmen mit Immanuel-Kant-Schule

Der Weg
Karl-Liebknecht-Straße, Tram 10, 11 Haltestellen Karl-Liebknecht-/Kurt-Eisner-Straße oder Karl-Liebknecht-/Richard-Lehmann-Straße

Parkmöglichkeiten
Koch-, Hardenbergstraße

Sport + Spiel
Joggen, Gymnastik, Nordic Walking, Spielplatz

Adressen
Immanuel-Kant-Schule, Scharnhorststraße 15, 04275 Leipzig, Tel. 30 34 80, www.kantgym-leipzig.de

Gastro-Tipps
Café Puschkin, Karl-Liebknecht-Straße 74, 04275 Leipzig, Tel. 3 91 01 05, www.cafepuschkin.de

Fela, Karl-Liebknecht-Straße 92, 04275 Leipzig, Tel. 2 25 35 09, www.fela-in-leipzig.de

BOTANISCHE BESONDERHEITEN

Diesen Platz prägen starke Exemplare des Bergahorns sowie Hängesilberlinden und Platanen. Als Unterholz finden sich Feldahorn, Robinie und Weißdorn. Umgrenzend wirken drei unterschiedliche Lindenarten: Sommer-, Silberlinde und Holländische Linde. Die Hängesilberlinden wurden als Spenderbäume neu gepflanzt. *HJS*

Landschaftlich oder formal?

Connewitz ist heute ein bei Studenten und Lebenskünstlern beliebter Stadtteil. Daran werden die preisgünstigen Altbauten ihren Anteil haben. Hinter auch hier liebevoll wiederhergestellten kaiserzeitlichen Fassaden verbergen sich aber oft bescheidenere Wohnungen als in Südvorstadt oder Gohlis; es handelt sich um ein altes Arbeiterquartier. Für die Leipziger Stadtplanung um die Wende zum 20. Jahrhundert spricht, dass auch in Connewitz ein großzügiger, begrünter Stadtplatz entstehen sollte. Dazu hatte eine örtliche Immobiliengesellschaft der Kommune ein Grundstück von nicht zu geringer Größe zur Verfügung gestellt. Jedoch besaß es die Form eines unregelmäßigen Dreiecks, so dass eine regelmäßig-symmetrische Gestaltung wie bei anderen, zeitgleich entstehenden Anlagen nicht unproblematisch war. Entgegen den stilistischen Strömungen um die vorletzte Jahrhundertwende erstellte die Stadtgartendirektion unter Carl Otto Wittenberg 1898 neben einem formalen auch einen landschaftlichen Entwurf. Danach sollte auf der Fläche ein kleiner Aussichtshügel mit Spielplatz auf dem Gipfelplateau entstehen; zwei weitere Spielflächen waren in den ebenen Bereichen vorgesehen. Für die zahlreichen Kinder des Quartiers wäre diese Gestaltung ohne Zweifel interessant gewesen. Jedoch fiel die Entscheidung auf die formale Variante. Auch diese sah eine allerdings nur geringe und gleichmäßige Aufhöhung, diesmal der gesamten Fläche, vor. Diagonalwege erschlossen den Bereich, auf dem eine große und eine kleinere Spielfläche an einer gedachten Mittelachse angeordnet waren. Nach beiden Entwürfen sollte der Platz eine umlaufende, lindengesäumte Promenade von 6 Metern Breite erhalten. Trotz vorliegender Planung ruhte das Projekt noch einige Zeit und wurde erst 1901 wieder aufgenommen. Zwischenzeitlich hatte die Leitung der Stadtgartendirektion gewechselt. Wittenbergs Nachfolger Carl Hampel schrieb in den Erläuterungen zur unter ihm überarbeiteten Konzeption: „Der kleine Platz an der Bornaischen Straße ist zugleich mit dieser Gestaltung reguliert

und bepflanzt gedacht." Dies verweist auf eine weitere kleine Platzfläche in der Nachbarschaft. Auf die Anordnung von Spielflächen hier sollte mit dem bemerkenswerten Hinweis verzichtet werden, dass damit eine zum großen Wiedebachplatz abweichende Gestaltung erreicht und „Eintönigkeit" vermieden werde. Wahrscheinlich aber wären heute Spielbereiche direkt an der vielbefahrenen Bornaischen Straße ohnehin keine gute Lösung. Nach der Konzeption von Hampel blieben großer und kleiner Wiedebachplatz mit ihrem Baumbestand über viele Jahrzehnte weitgehend unverändert bestehen. Anfang der 1990er Jahre hatte sich jedoch Sanierungsbedarf ergeben, bedurften die Spielbereiche einer zeitgemäßen Ausstattung. Bei weitgehendem Erhalt der historischen Strukturen und des Altbaumbestands ließ das Grünflächenamt die Anlage 1992 instand setzen. Gegenüber der ursprünglichen Konzeption ist der Spielbereich nunmehr vergrößert und befindet sich auf der zentralen Fläche des großen Wiedebachplatzes.

BOTANISCHE BESONDERHEITEN

Der Platz wird eingefasst von Bergahorn. Auch Weißbuche, Krim-, Sommer- und Winterlinde, Vogelkirsche und schöne Gruppen von Ziersträuchern, wie Kornelkirsche, Chinesischer Flieder, Kolkwitzie, Zwergmispel und Felsenbirne, wachsen hier. *HJS*

Historische Postkarte mit den noch neuen Strukturen des Wiedebachplatzes

Größe
0,9 Hektar

Besonders sehenswert
regelmäßige Gestaltung mit teilweise erhaltenem Altbaumbestand, städtebaulicher Rahmen mit sanierten Altbauten

Der Weg
Karl-Liebknecht- bzw. Arthur-Hoffmann-Straße/ Arno-Nitzsche-Straße, Tram 10 Haltestelle Wiedebachplatz

Parkmöglichkeiten
Arno-Nitzsche-Straße, Wiedebachstraße

Sport + Spiel
Joggen, Gymnastik, Nordic Walking, Spielplatz

Adressen
IG Connewitz, Bornaische Straße 49, 04277 Leipzig, Tel. 30 69 07 69, www.connewitzerkiez.de

Gastro-Tipps
Restaurant Zest, Bornaische Straße 54, 04277 Leipzig, Tel. 2 31 91 26, www.zest-leipzig.de

Café Südbrause, Karl-Liebknecht-Straße 154, 04277 Leipzig, Tel. 3 91 01 81, www.suedbrause.de

Biergarten Prager Frühling, Bernhard-Göring-Straße 152, 04277 Leipzig, Tel. 3 06 53 ext. 33

Rondell und Schmuckpflanzungen (kleines Foto)

Zentrum der Gartenstadt

Der Arminiushof ist integraler Bestandteil der Gartenstadt Marienbrunn. Funktion und Gestaltung der begrünten Platzanlage ergaben sich unmittelbar aus dem Gesamtkonzept der Siedlung. Dieses war eine Reaktion auf die teilweise katastrophalen Wohnverhältnisse in den Arbeiterquartieren, die mit der Industrialisierung in Europa entstanden. Ebenezer Howard (1850–1928) entwickelte in England das Konzept der Gartenstädte, in welchen preisgünstiger und vergleichsweise hochwertiger Wohnraum für breite Bevölkerungsschichten in geschlossenen Siedlungen zur Verfügung gestellt werden sollte. Wichtig waren die Lage außerhalb von dicht bebauten Stadtgebieten, möglichst in der umgebenden Landschaft, private Hausgärten und gemeinschaftlich zu nutzende, begrünte Freiräume. In Deutschland korrespondierte die Idee der Gartenstadt mit der gartenarchitektonischen und gestalterischen Reformbewegung am Beginn des 20. Jahrhunderts. Architekten wie Hermann Muthesius und Paul Schultze-Naumburg propagierten einen großzügigen, teils an englischen Vorbildern orientierten Stil. Gärten und Freiräume sollten eine Fortsetzung des Wohnbereichs ins Freie sein und eine klare formale Gliederung sowie unterschiedliche funktionale Räume besitzen. Solche Ideen gingen auch in die Gartenstadtbewegung ein. In Leipzig gründeten sich 1910 eine Ortsgruppe der Deutschen Gartenstadtgesellschaft und am 3. November 1911 die Gemeinnützige Gesellschaft Gartenstadt Leipzig-Marienbrunn. Im Vorfeld der 1913 in der Stadt durchgeführten Internationalen Baufachausstellung IBA sollte eine der wegweisenden neuen Siedlungen entstehen. Stadtbauinspektor Hans Strobel fertigte einen Bebauungsplan, das freiraumplanerische Gesamtkonzept übernahm die Hamburger Firma Jacob Ochs mit ihrem renommierten Gartenarchitekten Leberecht Migge (1881–1935). Charakteristisch für den Arminiushof ist die optische Aufhebung der Trennung zwischen Vorgärten und öffentlichem Raum. Eine zentrale Wiesenfläche dient Sport und Spiel, zwei höher gelegene, über Treppen erreichbare Bereiche mit Sitzgruppen an den Stirnseiten bilden Rückzugs- und Erholungszonen. Pyramidenpappeln setzen hier vertikale Akzente. Einen gestalterischen Bezugspunkt bildete eine von zwei Linden flankierte Brunnenanlage des Architekten Richard Tschammer mit vorgelagertem Blumenbeet. Vom Brunnen sind nur noch Reste vorhanden, eine der Linden ging verloren. Der Name Arminiushof verweist auf das Pseudonym Arminius, welches sich die Leipziger Autorin Gräfin Adelheid Poninska (1804–1878) zugelegt hatte; 1874 verfasste sie ihr Werk „Die Großstädte in ihrer Wohnungsnot und die Grundlagen einer durchgreifenden Abhilfe". Viele der darin entwickelten Ideen wurden mit der Gartenstadtbewegung umgesetzt. Der Ausbau der Siedlung in Marienbrunn dauerte, unterbro-

Feuerdorn

Zentraler Platz der Gartenstadt Marienbrunn: der Arminiushof

chen durch Kriegs- und Krisenzeiten, bis in die 1930er Jahre. In der Folge geriet die der Gartenstadt zugrunde liegende Programmatik in Vergessenheit, wandelte sich das Stilempfinden. Die Grundstrukturen und auch Details blieben jedoch erhalten. Seit 1993 fanden auf dem Arminiushof denkmalpflegerische Wiederherstellungsarbeiten statt. Und auch die übrige Substanz der Gartenstadt erfährt, getragen von einem engagierten Bürgerverein, wieder Wertschätzung und ist bereits zu einem großen Teil denkmalgerecht instand gesetzt worden.

BOTANISCHE BESONDERHEITEN

Im Arminiushof lädt vor der Rasenfläche in der Mitte der Grünanlage ein kleiner Sitzplatz mit einem Staudenbeet zum Verweilen ein. Eine streng geschnittene Ligusterhecke schirmt ihn von der Straße ab. Die Randbepflanzung besteht aus Gemeinem Flieder, Winterlinden und Silberweiden. Flankiert wird die Anlage von jeweils zwei Hartplatzflächen, die von Pyramidenpappeln umgeben sind. *HJS*

Größe

0,2 Hektar

Besonders sehenswert

originale Ausstattungen und Kleinarchitekturen, wie Brunnen, Terrassenmauern, Treppen im Zusammenspiel mit der Freiflächenarchitektur, Wohnbauten der Gartenstadt

Der Weg

Über Zwickauer Straße/An der Tabaksmühle, Tram 10, 16 Haltestelle Triftweg

Parkmöglichkeiten

Zwickauer Straße, Triftweg

Sport + Spiel

Joggen, Gymnastik, Spielplatz

Adressen

Verein der Freunde von Marienbrunn e. V., Am Bogen 6, 04277 Leipzig, Tel. 8 77 32 58

Gastro-Tipps

Café und Restaurant Moritzgalerie, Zwickauer Straße 125, 04277 Leipzig, Tel. 3 30 48 44

Grünachse im Mariental

Nach der Gartenstadt Marienbrunn erfolgte ab 1927 die Erschließung des südlich davon gelegenen Terrains. Einem Bebauungsplan von Stadtbaurat Hubert Ritter folgend entstand die Siedlung Mariental. Das Zentrum des aus Doppel- und Einfamilienhäusern bestehenden Viertels bildet die sogenannte Märchenwiese, ein in Ost-West-Richtung verlaufender Grünzug im Bereich einer ehemals von einem Wasserlauf durchzogenen Niederung. Ihre Bezeichnung steht im Kontext der übrigen Straßennamen, welche sämtlich Bezüge zu Märchen aufweisen.
Zunächst erfolgte 1931 im Rahmen der Erwerbslosenfürsorge eine Gestaltung östlich der Zwickauer Straße. Eine mittige Rasenfläche für Sport und Spiel ist beiderseits von inzwischen stattlichen Ahornalleen mit Promenadenwegen gesäumt. Hauptattraktion und optischer Bezugspunkt war die Gaststätte Märchenschlösschen im Art-déco-Stil an der Zwickauer Straße und in der Flucht der Rasenfläche. Sie entstand, nachdem bis zum 15. Juli 1931 eine Straßenbahnlinie von Wiederitzsch bis hierher verlängert worden war.

Nach starken Kriegsschäden wurden die baulichen Reste provisorisch für Läden und eine Postfiliale hergerichtet und erst im Jahr 2000 abgetragen. Danach wurde am alten Ort ein Geschäfts- und Bankgebäude errichtet. An der Rückfront des ehemaligen Märchenschlösschens war 1996 ein modernen Ansprüchen genügender Spielplatz mit modelliertem Gelände angelegt worden. Einfache Pflanzungen und ein weiterer Weg entstanden bereits zur Zeit der DDR im nördlichen Bereich der Wiesenfläche. Ferner wurden die beiden Enden des Grünzugs je durch einen Schulbau markiert, das östliche 1961 durch die heutige Marienbrunner Grundschule und das westliche durch die heutige Albert-Schweitzer-Schule, eine Förderschule für Körperbehinderte. Westlich der Zwickauer Straße erfuhr die streng axiale Gestaltung der östlichen Märchenwiese keine Entsprechung. Ab 1930 war auch hier eine seitliche Bebauung erfolgt.

Die von Gehölzen gesäumte Grünachse der Märchenwiese

Einen Teil der Fläche nimmt seit 1931 eine Straßenbahnwendeschleife ein. Die übrigen Bereiche sind in der Zeit der DDR asymmetrisch mit rahmenden Gehölzpflanzungen, leicht geschwungenen Wegen und ebenfalls einem zentralen Rasenspiegel gestaltet worden. Insbesondere für die Bewohner der Siedlung Mariental ist die Märchenwiese nach wie vor als Naherholungsort beliebt.

BOTANISCHE BESONDERHEITEN

Die schmale, in Ost- West-Richtung verlaufende Grünanlage ist räumlich gestaltet und von zweireihigen Spitzahornalleen eingefasst. Als Solitäre sind eine weißblühende Rosskastanie und zwei Trauerweiden hervorzuheben. Weitere Gehölze sind Kanadische Pappel, Silber- und Feldahorn, Hängebirke, Traubenkirsche, Salweide als Gruppe, Gemeine Esche, Vogelbeere, Bruchweide, Eschenahorn, Schnurbaum und Weißbuche. Auf der westlichen Seite sind Sommer- und Winterlinde, Robinie sowie als Neupflanzung Stieleiche bemerkenswert. An Ziersträuchern treffen wir auf Alpenjohannisbeere, Felsenbirne, Wolligen Schneeball, Spiersträucher, Feuerdorn und Schneebeere, Heckenkirsche, Pfeifenstrauch, Hartriegel, Forsythie und Erbsenstrauch. Auch Strauchrose, Rosmarienweide, Kirschlorbeer, Goldregen, Tamariske, Zwergmispel und Gemeiner Flieder sind hier angesiedelt. *HJS*

Größe

2,0 Hektar (östlicher Teil)

Besonders sehenswert

städtebauliche Einbindung der Grünachse in die Siedlung Mariental

Der Weg

Richard-Lehmann-Straße, Zwickauer Straße Richtung Lößnig, Tram 16 Haltestelle An der Märchenwiese

Parkmöglichkeiten

Zwickauer/Probstheidaer Straße

Sport + Spiel

Joggen, Gymnastik, Spielplatz

Adressen

Verein der Freunde von Marienbrunn e. V.,
Am Bogen 6, 04277 Leipzig, Tel. 8 77 32 58

Gastro-Tipps

Café und Restaurant Moritzgalerie, Zwickauer Straße 125, 04277 Leipzig, Tel. 3 30 48 44

Nach der Braunkohle

Die Schafe gehören hierher wie der Silbersee und die Ballonfahrer, die frühmorgens von der großen Wiese aus oft gen Himmel starten. Für die Bewohner der Plattenbausiedlung Lößnig sind die Leute in den Körben mit den riesigen, bunten Heißluftballons ein gewohnter Anblick. Südlich der Großsiedlung Dölitz findet sich heute ein weitläufiges, durch Grünstrukturen und Wasserflächen gestaltetes Gelände, das beinahe nahtlos an die östlich und südlich angrenzenden Landschaftsräume anschließt. Seit 1902 der südwestlich benachbarte Braunkohleschacht Dölitz eröffnete, prägte er sein Umfeld durch den regen Fuhrwerksverkehr. Bis heute erhalten ist ein Förderturm, der einen Hauch von Ruhrgebietsatmosphäre erzeugt. Dadurch, dass der Abbau der etwa 80 Meter tief gelegenen Kohle im Schachtverfahren erfolgte, blieb die Oberfläche weitgehend unbeeinträchtigt. Allerdings entstanden durch Setzungen unverfüllter Hohlräume auf dem heutigen Parkgelände zwei Einsturztrichter. Hier befinden sich heute der Schäferteich und der Silbersee. Als 1959 der Braunkohlenschacht Dölitz wegen mangelnder Rentabilität seinen Betrieb einstellte, dauerte es noch einige Zeit, bis das benachbarte Gebiet seinen heutigen Charakter annahm. Zunächst mussten Strecken und Gruben gesichert beziehungsweise verfüllt werden, um weitere Einstürze zu verhindern.

Impression aus dem Erholungspark Lößnig-Dölitz

Auch Koniferenpflanzungen findet man in Lößnig-Dölitz.

BOTANISCHE BESONDERHEITEN

Die Gehölzpflanzungen hier sind sehr artenreich und teilweise waldartig angelegt. Wenn man den Park von der westlichen Seite betritt, trifft man auf eine rundlingartige Pflanzung aus Baumhasel. Die dann folgenden Anpflanzungen bestehen aus Silber- und Bergahorn, Rot- und Stieleiche, Gemeiner Esche, Schnurbaum, Spätblühender Traubenkirsche, Holländischer Linde und Winterlinde, Vogelbeere, Bruchweide, Vogelkirsche, Tatarischem und Feuerahorn, Silberpappel sowie Kanadischer Pappel. Am kleinen Teich begegnen wir Trauer-, Silber- und Salweide, Weißdorn, Robinie, Schwarzerle, Faulbaum, Hängebirke und am Hauptweg zum großen Teich Balsampappel und Spitzahorn. Zahlreiche Sträucher, wie Feldahorn, Erbsenstrauch, Weißer und Schwarzer Hartriegel sowie Grünfruchtiger Liguster, lockern das Bild auf. Als Solitärgehölze sind in

kleinen Gruppen gepflanzter Fächerahorn, Gewöhnliche Mehlbeere, Japanische Zierkirsche, Tamariske, Essigbaum sowie Eschenahorn hervorzuheben, auch weiße Rosskastanie, Kirschpflaume, Kaukasische Flügelnuss, Schwarzer Holunder, Sanddorn, Krimlinde und Schwedische Mehlbeere sowie Rotbuche, Felsenbirne, unterschiedliche Zieräpfel, Götterbaum, Schwarze Maulbeere, Blutroter Spitzahorn, Trompetenbaum und Sumpfeiche. In Gruppen eingefügt finden wir auch unterschiedliche Arten von Zwergmispeln, Wolligen und Gewöhnlicher Schneeball, Kirschlorbeer und Frühblühende Traubenkirsche. Weitere Solitäre sind der Schlingenknöterich an der Pergola, Kleeulme, Grauerle, Stinkesche, Goldregen und Blasenbaum. *HJS*

Botanisch sind die von schönen Silberweiden bestandenen Weiher und der Silbersee selbst wegen des Vorkommens zahlreicher Sumpfpflanzen von Interesse. Sie stellen zugleich ein Paradies für uferbewohnende Vögel dar. Meist sind es dichte Bestände des Schilfs, die die Ufer säumen. Andere bemerkenswerte Arten sind Wasserschwertlilie, Gewöhnlicher Froschlöffel, Breitblättriger und Schmalblättriger Rohrkolben, Salzteichsimse und Gewöhnliche Teichsimse und verschiedene Sauergräser, besonders die große Ufersegge. Im Sommer zeigen sich die roten Blütenkerzen des Gewöhnlichen Blutweiderichs, oft gemeinsam mit dem ebenfalls rot blühenden Behaarten Weidenröschen. Die Wiesen und Scherrasen dagegen enthalten kaum bemerkenswerte Pflanzen. Das gilt ebenso für die Gebüsche, auch wenn sich bereits einige echte Waldpflanzen ansiedelten, wie Hohler Lerchensporn, Gefleckter Aronstab, Bärlauch sowie die aus Gärten verwilderten Arten Echtes Lungenkraut und Wunderlauch. *PG*

Der Erholungspark Lößnig-Dölitz vor der Kulisse der benachbarten Etagenwohnsiedlung aus der DDR und des

Bereits 1962 jedoch war das heutige Parkgelände zum Naherholungsgebiet bestimmt worden und hatte den Status eines Landschaftsschutzgebiets erhalten. Zunächst befanden sich hier noch landwirtschaftliche Demonstrationsflächen der Agra. Der Stauteich im Norden der Anlage diente ihnen als Wasserreservoir und zur Veranschaulichung moderner Bewässerungstechniken. 1975/76 erfolgten im Büro des Chefarchi-

Übersichtsplan des Erholungsparks Lößnig-Dölitz

Ehemaliger Förderturm zur Braunkohlegewinnung unter Tage

1 Gaststätte Zur Schäferei
2 Wohnanlage Rundling
3 ehemaliger Förderturm Dölitz
4 Spielplatz
5 Sportplatz Lößnig
6 Waldarboretum
7 Stadion VfB Leipzig
8 Roller-/Automodellsportanlage
9 Kleingartenanlage Am Silbersee
10 Kleingartenanlage An der großen Eiche
11 Halde Leinestraße/Aussichtspunkt

Völkerschlachtdenkmals, fotografiert von der Halde Leinestraße

tekten der Stadt Leipzig Studien zur Gestaltung eines Erholungsgebiets. In den Jahren zuvor war das Neubaugebiet Dölitz entstanden, das durch die Entfernung zu älteren Parks Grünanlagen benötigte.

Unter Einbeziehung der beschriebenen drei Gewässer und bereits vorhandener Gehölze erfolgte zwischen 1983 und 1988 die Anlage einer großräumigen Parkanlage mit freien, landschaftlichen Formen. Hinsichtlich Detaillierung und Raumbildung sind die Unterschiede zu landschaftlichen Anlagen aus dem 19. und dem beginnenden 20. Jahrhundert deutlich. Das Wegesystem fiel vergleichsweise großmaschig aus. Für die Bewohner des angrenzenden Neubaugebiets bildet der Park jedoch einen willkommenen Erholungsraum. Es gibt Spielplätze, Sitzgruppen, Rad- und Skaterwege sowie eine Roller- und Automodellsportbahn, ferner auch die Gaststätte Zur Schäferei. Die weiträumigen Wiesenflächen haben sich zum beliebten Treffpunkt von Ballonfahrern entwickelt, die mit ihren bunten Flugkörpern das Bild des Geländes mit prägen. Seit 1995 findet fast jedes Jahr eine internationale Ballon-Fiesta statt.

Nach einem landschaftsplanerischen Entwicklungskonzept von 1994 entstand ein sogenanntes Waldarboretum mit nordamerikanischen und nordasiatischen Gehölzen. Auch die Einbeziehung verschiedener Biotope wurde festgelegt. Zum Erholungsbereich gehören Flächen südlich der Gorbitzer Straße, wenn diese auch bislang kaum erschlossen sind. Potential als attraktiver Aussichtshügel hat die Halde Leinestraße, als Mülldeponie 1979 stillgelegt. Zwar wurden die Ablagerungen aufwändig mit Erdreich bedeckt, jedoch besteht seit 1992 eine Deponiegasnutzungsanlage, die bislang einer intensiven Erholungsnutzung entgegensteht. Der Leinegraben bildet als Fließgewässer südlich der Erhebung einen attraktiven Wiesengrund. Mit seinem natürlichen Charakter steht er im Kontrast zu den nördlichen Parkbereichen.

Größe

96 Hektar

Besonders sehenswert

Stauteich, Schäferteich und Silbersee, Spielplastiken, Ochsenkarren, Säule, Liebespaar, Frau (Skulpturen)

Der Weg

Zwickauer Straße/Friederikenstraße, Tram 10, 16, Endstelle Lößnig

Parkmöglichkeiten

Zwickauer Straße, Hans-Marchwitza-Straße

Sport + Spiel

Joggen, Nordic Walking, Radfahren, Skaten, Roller- und Automodellsportbahn, Spielplätze

Hundewiesen

zwei, mittlerer Teil und westlich vom Schäfereiteich

Adressen

Dachverein der Mitteldeutschen Straße der Braunkohle e. V., Witznitzer Werkstraße 22, 04552 Borna, Tel. 03433/20 91 21, www.braunkohlenstrasse.de

Gastro-Tipps

Gaststätte Zur Schäferei, Siegfriedstraße 1, 04279 Leipzig, Tel. 4 77 76 61

Café Moritzhof, Zwickauer Straße 129, 04279 Leipzig, Tel. 3 30 47 77

Im Zentrum des Rundlings

Der Rundling in Leipzig-Lößnig ist eine in ihrer städtebaulichen Wirkung bemerkenswerte Siedlung der Klassischen Moderne. Architekt Hubert Ritter plante die 1929/30 errichtete Anlage im Stil der Neuen Sachlichkeit. Ihr Zentrum bildet der runde Siegfriedplatz mit 96 Metern Durchmesser auf der Höhe einer flachen, kegelförmigen Erhebung. Umgeben wird er von drei konzentrischen Gebäuderingen. An der Siegfriedstraße sind westlich zweigeschossige Torbauten mit dreigeschossigen äußeren Flanken vorgelagert. Der äußere der drei Gebäuderinge besitzt drei Vollgeschosse, die inneren beiden weisen jeweils vier auf. Hierdurch nimmt die Siedlung die Form der Anhöhe auf und steigert sie. Der mittige Siegfriedplatz kann mit seiner geschlossenen Raumstruktur als ein gestalterischer Höhepunkt gelten. Unterbrochen ist der innere Gebäudering von vier kreuzförmig angeordneten radialen Erschließungsstraßen, welche hier auf die innere von zwei Ringstraßen treffen. Für die Anlage der öffentlichen Platzfläche im Zentrum zuständig war die Stadtgartendirektion unter Nikolaus Molzen. In einem Kostenvoranschlag vom 12. Mai 1930 bemängelt er, dass die Bauten bereits seit einiger Zeit bezogen seien, die Platzfläche aber noch wüst liege. Ein Plan vom 6. September des Jahres lässt die wenig später ausgeführte Gestaltung erkennen. Danach besitzt der Platz ein abgesenktes Parterre. Mittig befindet sich ein verhältnismäßig großes, rundes Kinderplanschbecken, umgeben von einem Weg aus unregelmäßig gebrochenen Sandsteinplatten rötlicher Färbung. Die vier Radialstraßen finden auf dem Platz über Treppen ihre Fortsetzung in Wegen. An der inneren Seite der Ringstraße war eine regelmäßige einreihige Pflanzung von Robinien vorgesehen. Sie wurden mit geringen Abständen gesetzt und sollten einen Kastenschnitt erhalten. Damit wurde eine Abschirmung des Planschbeckenbereichs von den Gebäuden beabsichtigt. Mitte Mai 1931 ging das Bassin in Betrieb. Aus den Akten der Stadtgartendirektion geht hervor, dass es sogleich intensiv genutzt wurde. Spielende Kinder hebelten aber auch Platten des umgebenden Weges aus und legten Matschgruben an; die Stadtgartendirektion musste die Befestigung verbessern. Durch Bombardements wurden im Zweiten Weltkrieg Teile des Rundlings zerstört, der Siegfriedplatz diente in der ersten Nachkriegszeit als Grabeland. Dann wurde er in seinen Grundstrukturen wiederhergestellt, das Bassin jedoch aufgegeben und in eine Beetfläche umgewandelt. Die Gebäuderinge sind 1965/66 teilweise wiederaufgebaut und 1993 bis 1997 ergänzt und denkmalgerecht instand gesetzt worden. Dabei erhielten auch die Freiräume an den Gebäuden eine zurückhaltende, sich der Architektur unterordnende Gestaltung. Der Siegfriedplatz erfährt zwar ständige Pflege, harrt aber noch einer durchgreifenden Sanierung. Von den umlaufenden Robinien sind wegen natürlichen Abgangs nur noch Reste vorhanden. Die Grundstrukturen der Gestaltung von 1930 sind aber unverändert erhalten.

Der Siegfriedplatz im Rundling

Luftbild des Rundlings mit seinen Freiflächenstrukturen

Das Bassin auf dem Siegfriedplatz um 1931

Größe
0,4 Hektar

Besonders sehenswert
Gesamtanlage Rundling

Der Weg
Richard-Lehmann-Straße, Zwickauer Straße Richtung Lößnig, Tram 16 Endhaltestelle

Parkmöglichkeiten
Zwickauer Straße (begrenzt)

Sport + Spiel
Joggen, Nordic Walking

Adressen
Verein der Freunde von Marienbrunn e. V., Am Bogen 6, 04277 Leipzig, Tel. 8 77 32 58

Gastro-Tipps
Café und Restaurant Moritzgalerie, Zwickauer Straße 125, 04277, Tel. 3 30 48 44

Erlebnisraum in der Auenlandschaft

Agra – die Universität im Grünen. Unter diesem Titel fanden seit 1950 auf dem Gelände der Landwirtschaftsausstellung der DDR, der späteren gleichnamigen Lehr- und Leistungsschau, jedes Jahr Messen zum Themenkomplex Landtechnik, Pflanzenproduktion, Tierzucht und Ernährung statt. Es entstanden zahlreiche Hallen und Pavillons, ergänzt durch Freianlagen. Aus der ganzen DDR reisten Bauern, Gärtner und Tierzüchter an, um bei den Wettbewerben und Vorführungen zu sehen, wie die stärksten Zuchtbullen und Kühe mit der höchsten Milchleistung gekürt wurden. Es gab Auszeichnungen für den schnellsten Melker und den fleißigsten Schäfer, neue Blumen und resistente Getreidesorten. Seit sich auch die ostdeutschen Bundesländer an der Grünen Woche in Berlin beteiligen können, nahm die Bedeutung der Agra ab. Eine Nachfolgeveranstaltung findet in Leipzig noch auf dem Neuen Messegelände statt. Das Areal am Landschaftsschutzgebiet „Leipziger Auenwald" an der Grenze zu Markkleeberg behielt aber seinen Namen, nun nur noch sporadisch genutzt, etwa für Antiquitätenmärkte. Eine Besonderheit des Agrageländes ist, dass sich ihm ein weitläufiger Park gleichen Namens anschließt, der durch zahlreiche Einbauten und Sonderbereiche den Charakter einer Gartenschau annahm. Eine wichtige Grundlage bildete der einbezogene, zur Gemeinde Markkleeberg gehörende, seit 1896 bestehende Herfurthsche Park. Der Verleger der Leipziger Neuesten Nachrichten Edgar Herfurth ließ eine großzügige landschaftliche Anlage mit Teich und kleinem Rundtempel schaffen. Ihr Zentrum und den optischen Hauptbezugspunkt bildet das auf einer kleinen Anhöhe gelegene sogenannte Weiße Haus, das mit einem neoklassizistischen Säulenportikus durchaus entfernte Ähnlichkeiten mit dem Vorbild in Washington besitzt. Unter Einbeziehung von Altbaumbestand wurde der Charakter des Geländes für den Agra-Park durch die Integration formaler Beet- und Aufenthaltsbereiche, neuer Brücken und einer hohen Fontäne verändert. Zu Beginn der 1950er Jahre diente das Gelände in

Übersichtsplan zum ehemaligen Agra-Gelände

1 Weißes Haus
2 Ausstellungszentrum
3 Schweizer Haus
4 Arbeiter-Wohlfahrt
5 Musentempel
6 Parkgaststätte
7 Veranstaltungsfläche
8 neue Öko-Schule
9 Athenetempel
10 Bauerngarten
11 Eingang Festanger
12 Weg zum Schloss und Torhaus Markkleeberg
13 Torhaus Dölitz
14 Spreewaldschenke
15 Ausstellungshallen
16 Goethepark

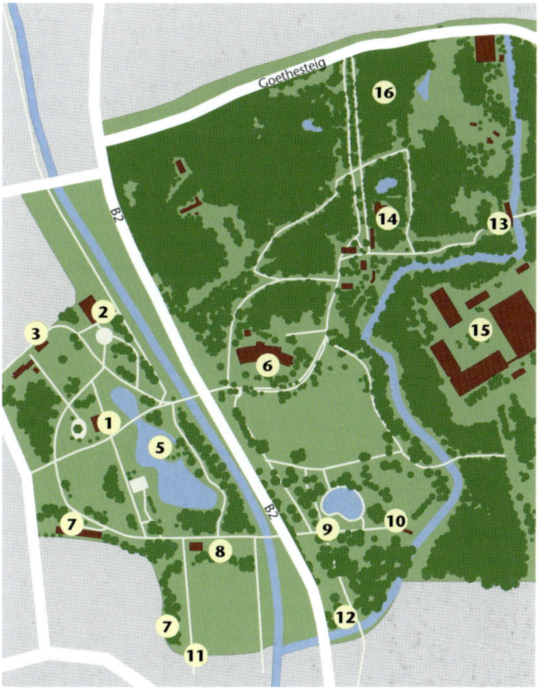

unten: Agra-Park, Teich mit dem Musentempel am Weißen Haus

Wiese am Weißen Haus

Ergänzung der Landwirtschaftsschauen für gartenbauähnliche Präsentationen. Ab 1961 übernahm diese Funktion für die DDR das IGA-Gelände in Erfurt.
Eine optische Trennung von den östlich gelegenen Bereichen der Agra auf Leipziger Flur ergab sich 1973/74 mit dem Durchbau der heutigen B 2, im Bereich des Parks überwiegend als Hochstraße auf einfachen Pfeilern. Es wurde durchaus versucht, den Verkehrsbau als neues gestalterisches Element zu integrieren. In Kontrast dazu steht jedoch die östlich gelegene, 1956 nach Plänen von Architekt Heinz Sommer errichtete Parkgaststätte. Mit einem konkav geschwungenen Haupttrakt sowie einem runden Pavillonteil und in historisierender Formensprache war sie in der Tradition von Orangeriebauten auf den Herfurthschen Park ausgerichtet. Dieser gestalterische Zusammenhang ging mit der Hochstraße verloren. Die ebenfalls hier verlaufende Pleiße hatte zuvor keine besondere optische Trennung bewirkt. Lange stand die Gaststätte leer und war dem Verfall preisgegeben. Erst in jüngster Zeit gibt es wieder Nutzungs- und Instandsetzungsbemühungen. Im östlichen Teil des Parks findet sich ferner ein waldartiger Bereich, unter anderem mit der Spreewaldschänke. Dieses Areal erstreckt sich bis zum Torhaus Dölitz aus der Mitte des 17. Jahrhunderts, Rest eines kriegsbeschädigten und dann abgetragenen Wasserschlosses aus der Mitte

Breitblättrige Sitter, grünlich blühende Orchidee

des 16. Jahrhunderts, bedeutender Schauplatz auch in der Völkerschlacht 1813.
Die maßgeblichen Landschaftsarchitekten für den Agra-Park waren von 1948 bis 1959 Helmut Lichey und seit 1960 Günter Winkler. Derzeit laufen südlich des Goethesteigs, im waldartigen Bereich und auf den Flächen ehemaliger Messehallen, Arbeiten zur Schaffung eines Naturerlebnisraums für Kinder und Familien. Unter dem Namen „Kinder-Reich" werden, von der EU im Rahmen des SMART-Programms gefördert, Spielmöglichkeiten aus natürlichen Materialien zum Toben, Klettern, Bauen geschaffen. Es gibt bereits ein Baum-Mikado, Sandberge und eine Klanginstallation. Geplant sind weitere Spielangebote und die Anbindung des Areals an das Wegesystem des Agra-Parks.

BOTANISCHE BESONDERHEITEN

An versteckter Stelle siedeln unter Gebüschen drei bemerkenswerte, in der Umgebung von Leipzig seltene Arten: die Österreichische Sumpfkresse, die Wildtulpe und die Breitblättrige Sitter, eine grünlich blühende Orchidee. An trockenen Böschungen gedeihen Hundsveilchen, Wiesengoldstern und Knöllchensteinbrech, alles im Leipziger Raum gefährdete Arten, sowie das nur wenige Zentimeter hohe Rundfrüchtige Hungerblümchen, das in Nordwest-Sachsen hier seinen einzigen Fundort hat, während sein Verwandter, das Frühlingshungerblümchen, überall auf trockenen Böden vorkommt. Die artenreiche Ufervegetation am Teich in der Nähe des Weißen Hauses mit Schilf, Breitblättrigem Rohrkolben, Gewöhnlicher Teichsimse, dem rot blühenden Gewöhnlichen Blutweiderich und der hübschen, gelb blühenden Wasserschwertlilie gewähren mehreren Wasservogelarten Brutstätte und Unterschlupf.
Zudem sind in den Blumenrabatten mehrere seltene Wildkräuter („Unkräuter") zu finden: Aufsteigender Amarant, Gemüseportulak und Fremder Ehrenpreis. *PG*

Größe

190 Hektar

Besonders sehenswert

Weißes Haus im Herfurthschen Park, Schweizer Haus, Parkgaststäte, Musentempel, Athenetempel, Nachbildungen barocker Plastiken, hölzerne Schnecke auf dem Spielplatz

Der Weg

Tram 11 Haltestelle Dölitz-Straßenbahnhof

Parkmöglichkeiten

Parkplätze Bornaische Straße, Goethesteig, Raschwitzer Straße

Sport + Spiel

Joggen, Nordic Walking, Radfahren, Spielplatz, Kinderreich

Adressen

Agra-Park im Internet: www.agra-park.info
DVS Treuhand GmbH, Föpplstraße 9, 04347 Leipzig, Tel. 2 34 07 89, www-leipzig-agra.de

Kultur- und Umweltzentrum e. V., Kirchstraße 42, 04416 Markkleeberg, Tel. 3 38 11 42, www.kultur-und-umweltzentrum.de

Gastro-Tipps

Gaststätte Spreewaldschänke, Im Dölitzer Holz 7, 04279 Leipzig, Tel. 3 38 35 70, www.spreewaldschaenke.de

Forsthaus Raschwitz, Koburger Straße 31, 04416 Markkleeberg, Tel. 3 56 88 80, www.forsthaus-raschwitz.de

Sommerbetrieb mit Freisitz an der Parkgaststätte

77 Park Dösen

Parkräume im ehemaligen Krankenhauspark Dösen

Ein (fast) verlassener Ort

Wer früher in Dösen eingeliefert wurde, galt als bedauernswerter Mensch. Im Oktober 1901 hatte hier eine Anstalt zur Heilung Geisteskranker eröffnet, das spätere Bezirkskrankenhaus für Psychiatrie. Dösen galt deshalb unter den Leipzigern als Synonym für „Irrenanstalt". Wer wollte da schon gern hin? Tempi passati. Das Parkkrankenhaus zog nach Probstheida um, und seit 1999 wird der Großteil der Gebäude der alten Psychiatrie nicht mehr als Klinik genutzt. Bei einer Besichtigung des Areals lassen sich heute, mit etwas Abstand, dessen Qualitäten entdecken.

Auf der Suche nach einem geeigneten Standort für eine neue psychiatrische Anstalt entschied sich 1894 der Leipziger Stadtrat für ein Gelände im noch selbstständigen Dösen. Mit ausschlaggebend dafür war das benachbarte sogenannte Leineholz mit schönem Altbaumbestand. Entsprechend den seinerzeit aktuellen medizinischen Ansichten sollte ein aufgelockertes, durchgrüntes Klinikgelände mit pavillonartigen Einzelbauten und benachbartem Park entstehen. Mit guten Licht- und Belüftungsverhältnissen sowie den der Erholung dienenden Parkanlagen wurde die Hoffnung auf therapeutische Effekte verbunden. Bis Oktober 1901 entstand die Gesamtanlage in Dösen, zunächst unter Leitung von Stadtbaurat Hugo Licht, ab Oktober 1899 unter Stadtbaurat Otto Wilhelm Scharenberg. Die großzügig mit Loggien und Veranden ausgestatteten Bauten erhielten ihre Anordnung auf einem von zwei Hauptachsen strukturierten Gelände. Westlich des Verwaltungsgebäudes wurde eine langgezogene parterreartige und beidseitig von Alleen flankierte Zone angelegt. Ihren westlichen Abschluss findet sie mit dem sogenannten Saalbau, ursprünglich gleichermaßen Anstaltskapelle und Veranstaltungsort. Hier kreuzt die schmalere Nord-Süd-Achse: Ausgehend von dem im Norden der Anlage befindlichen Wasserturm zieht sie sich mit einer Allee durch das Gelände hindurch und mündet im Süden am ehemaligen Leineholz. Dieses wurde zu einem Landschaftspark mit Teichanlage umge-

Historische Darstellung des Krankenhausgeländes Dösen: Bauten, Freiflächen und Park bilden eine Einheit.

BOTANISCHE BESONDERHEITEN

Der Park besteht aus wertvollem Altbaumbestand in landschaftlich gestalteten Parkräumen und dichten, kleinen Waldflächen mit typischer Auwald-Flora, mit Stiel- und Traubeneiche, Gemeiner Esche, Weißbuche, Berg- und Spitzahorn, Roteiche, Sommerlinde, Rosskastanie, Feldahorn, Traubenkirsche, Hängebirke. An Solitärgehölzen fallen auf: Weißesche, Moorbirke, Schwarzerle, Platane, Purpurblättriger Bergahorn, Trauerweide, Pyramidenpappel, Schwarzpappel, auch Hybridulme, Silberahorn, Walnuss, Vogelbeere und Robinie. An Nadelgehölzen sind die Stechfichte in Varietäten, Schwarzkiefer, Eibe, Lebensbaum, Gewönlicher Wacholder und Weymouthskiefer vorhanden. Zu den bemerkenswerten Sträuchern im Park zählen der Gelbrindige Hartriegel, Feuerdorn als streng geschnittene Hecke und der violett blühende Bastardindigo. *HJS*

Trauerweide am Teichufer in Dösen

staltet. Lange diente das gestalterisch anspruchsvolle Ensemble seiner Bestimmung als psychiatrische Einrichtung. Die wohl bekanntesten Insassen waren die sächsische Mundartdichterin Lene Voigt und der Jurist Daniel Paul Schreber, nach dessen Vater die Kleingartenbewegung benannt wurde. Das Konzept für das Gelände in Dösen war seinerzeit durchaus wegweisend. Wenige Jahre später, bis 1907, entstand am Steinhof in Wien eine strukturell ganz ähnliche „Heil- und Pflegeanstalt für Nerven- und Geisteskranke" nach Plänen des Jugendstilarchitekten Otto Wagner, die sich heute wegen ihrer Architektur großer Bekanntheit erfreut. In Leipzig erhielt das Gelände des bis 1913 neu errichteten Krankenhauses St. Georg einen vergleichbaren Aufbau einschließlich formaler Parkstrukturen.

Die Einrichtung in Dösen entwickelte sich unter wechselnden Trägern zu einer nicht mehr rein psychiatrischen Klinik. Schließlich erfolgte der Umzug nach Probstheida. Interessanterweise wurde aber die Bezeichnung „Parkkrankenhaus" beibehalten. In einem Teil der alten Gebäude befindet sich heute ein Maßregelvollzug. Die für die Unterbringung psychisch kranker Straftäter erforderlichen Einfriedungen stehen, obschon transparent, in scharfem Kontrast zum ursprünglichen Gesamtkonzept der Anlage. Die übrigen Teile mit nach wie vor wertvoller Bausubstanz und ebensolchen Gartenstrukturen könnten noch immer ein heilsames Ambiente für psychisch Kranke bilden, stehen aber nun teils verlassen und harren einer überzeugenden Nutzung.

Größe

12,1 Hektar

Besonders sehenswert

Teiche im Park Dösen und in der Kleingartenanlage An der großen Eiche, Eiche am Eingang der Kleingartenanlage mit der Infotafel für den 1686 gepflanzten Baum (Naturdenkmal), Zusammenspiel der historischen Anstaltsbauten mit den umgebenden Grün- und Freiflächenstrukturen

Der Weg

Chemnitzer Straße/Leinestraße, Bus 108, 172
Haltestelle Schwarzenbergweg

Parkmöglichkeiten

Schwarzenbergweg

Sport + Spiel

Joggen, Nordic Walking, Radfahren

Adressen

Leipziger Naturgemeinschaft e. V., Marschnerstraße 22, 04109 Leipzig, Tel. 3 08 68 68 bzw. 3 08 68 69, www.natur-leipzig.de

Gastro-Tipps

Restaurant im Atlanta-Hotel, Südring 21, 04416 Wachau, Tel. 034297-840, www.atlanta-hotel.de

Vergrabene Geschichte

Am 30. Mai 1968 wurde in Leipzig die Universitätskirche St. Pauli am Augustusplatz gesprengt. Dieser barbarische Akt des SED-Staats ist bisher nicht aus dem kollektiven Bewusstsein der Leipziger zu tilgen gewesen, handelte es sich doch um eine im Krieg unzerstörte, bereits 1240 geweihte spätgotische Hallenkirche mit geschichtlich und architektonisch herausragender Bedeutung. 1545 war sie von Martin Luther zur evangelischen Universitätskirche geweiht worden, später wurde sie eine der Wirkungsstätten Johann Sebastian Bachs. Trotz strenger Restriktionen gab es deutliche Anzeichen des Unmuts über die Sprengung in der Bürgerschaft und an der Universität.
Die Trümmer der Kirche mussten nun beseitigt werden. Die Wahl fiel auf eine aufgelassene Sandgrube in Probstheida. Hier sollten die Überreste des Gotteshauses auf Nimmerwiedersehen versenkt werden. Dazu riegelte man die Zufahrtswege und die Deponie selbst streng ab. Was hier vor sich ging, sollte nicht publik werden. Die Sandgrube, die nach ihrem ursprünglichen Besitzer Etzold benannt war, hatte Material für den Bau des nahen Völkerschlachtdenkmals geliefert. Eine auf dem Gelände geplante städtische Gärtnerei für die Versorgung des benachbarten Südfriedhofs war nicht verwirklicht worden. Nun galt das Gelände wegen seiner guten Erreichbarkeit als ideal für die Ablagerung von Bauschutt. So blieb es nicht bei den Resten der Paulinerkirche. Auch die Trümmer des ebenfalls unnötig abgerissenen Universitätshauptgebäudes am Augustusplatz gelangten hierher, später die von Abbrüchen im Leipziger Osten. Darunter waren wiederum Reste einer Kirche, der 1882 bis 1884 errichteten und 1978 gesprengten Reudnitzer Markuskirche. Es entstanden Ablagerungen von 26 Metern Höhe, die 16 Meter über das umgebende Geländeniveau hinausragten. Ein Teil der Sandgrube blieb jedoch als Vertiefung erhalten. In den 1980er Jahren begannen Arbeiten zur Umgestaltung des Geländes zu einem Erholungspark. Es wurden überwiegend frei geschwungene Wege angelegt, locker angeordnete Gehölze gepflanzt und ein Spielplatz mit Holzgeräten geschaffen. Der nun erschlossene Schuttkegel erhielt eine Rodelbahn und auf seinem Gipfel einen „Richtungsstein" mit Hinweisen auf die erkennbaren Blickpunkte, der heute auf halber Höhe des Hügels zu finden ist. Die später auch „Erholungspark Südost" genannte Anlage bekam in der DDR die angesichts ihrer Geschichte eher unpassende Bezeichnung „Freundschaftspark". Auf die Hintergründe der Schuttablagerungen durfte nicht hingewiesen werden. Dies geschah dann erstmals 2003, als die evangelische und die katholische Studentengemeinde gemeinsam eine Holzstele zur Erinnerung an die Kirchensprengung 1968 errichteten. Weitergehende Konzepte zur Entwicklung des Geländes und zur Schaffung eines Gedenkorts wurden im Auftrag der Stadt, Amt für Stadtgrün und Gewässer, seit 2008 erstellt. Ab 2010 konnte dann ein Entwurf des Landschaftsarchitekten Peter Fibich verwirk-

BOTANISCHE BESONDERHEITEN

Das Gelände der ehemaligen Etzoldschen Sandgrube war und ist bis zu einem gewissen Grade auch heute noch eine Fundgrube zum Teil recht seltener Arten, wenn auch durch die Umgestaltung der Kuppe des Hügels einige Pflanzenarten verlorengegangen sind, z. B. der um Leipzig meist erloschene Hainwachtelweizen. In den Gebüschen und ihren Rändern siedeln als bemerkenswerte Arten die gelb blühende Steife Rauke und die Behaarte Karde, deren stachlige Köpfe noch im Winter auffallen. Zwei sehr schöne, aus Gärten verwilderte Laucharten, der Schwarzpurpurne und der Sternkugellauch, sind nur noch in wenigen Exemplaren vorhanden, waren aber noch vor Jahren reichlich vorhanden. An versteckter Stelle findet sich auch die in Nordwestsachsen sehr seltene Weiße Schwalbenwurz.
Der im Wesentlichen wild aufgewachsene Wald wird von Robinie, Ahornarten und Hängebirke dominiert, doch finden sich auch Gewöhnliche Esche, Haselstrauch, Kanadische Pappel, verwilderte Kulturapfelbäume, Götterbaum, Silberweide, Weißdornarten und andere Gehölze. An einigen Stellen wuchert der Efeu. Am Rande bildet die Armenische Brombeere stellenweise undurchdringliche Bestände.
Die Rasenflächen am Fuße des Hügels beherbergen nur weitverbreitete Wiesenpflanzen, doch blühen hier im März größere Trupps vom Tommasinikrokus.
Von den gepflanzten Gehölzen sind, abgesehen von einigen Sträuchern von Tatarischer Heckenkirsche und Schneebeere, nur einige Schwarzkiefern und die auf dem Plateau ausgebrachten Exemplare der Baumhasel zu erwähnen. *PG*

licht werden. Das durch eine Stahl- und eine Betontreppe neu erschlossene ovale Gipfelplateau erhielt eine würdige, zum Nachdenken anregende Gestaltung. Neue Hainbuchen-Stammbüsche und eine frei wachsende Laubgehölzhecke bilden den Rahmen für eine mit hellem Travertin gepflasterte Fläche. Darin befindet sich ein abgesenkter ovaler Bereich, der vom Planer als „Auge" bezeichnet wird. Eine dunkle Basaltpflasterung kontrastiert mit dem hellen Travertin und verweist symbolisch auf die unterhalb lagernden Zeugnisse der Leipziger Bau- und Geistesgeschichte. Dies wird durch eine Installation des Klangkünstlers Erwin Stache unterstützt. Beim Betreten des dunklen Auges können Besucher unterschiedliche, an die Paulinerkirche erinnernde Geräusche auslösen. Es sind Töne von Orgelpfeifen, hallende Stimmen oder auch Stadtgeräusche zu vernehmen, die dann in Erinnerung an das einschneidende Ereignis von 1968 plötzlich abbrechen. Durch ein in der weitgehend erhaltenen Spontanvegetation des Hügels angelegtes Sichtfenster schweift der Blick Richtung Völkerschlachtdenkmal und zur Innenstadt, dem Ort, an dem 1968 die über siebenhundertjährige Geschichte der Paulinerkirche ihr gewaltsames Ende fand.

Planzeichnung von Freiraumkonzepte und Umsetzung der Gestaltung des Gedenkorts auf der Trümmerschutthalde der ehemaligen Etzoldschen Sandgrube.

unten: die Trümmer der Paulinerkirche nach der Sprengung 1968

Größe

10,2 Hektar

Besonders sehenswert

Klanginstallation

Der Weg

Tram 15, Haltestelle Russenstraße

Parkmöglichkeiten

Johann-Jakob-Weber-Platz, Russenstr. (begrenzt)

Sport + Spiel

Joggen, Nordic Walking

Adressen

Völkerschlachtdenkmal, Str. des 18. Oktober 100, 04103 Leipzig, Tel. 24 16 80, www.stadtgeschichtliches-museum-leipzig.de

Gastro-Tipps

Brauhaus Zum Kaiser Napoleon, Prager Str. 233, Tel. 2 46 76 76, www.brauhaus-leipzig.com

79 Meusdorfer Park

Einst Schlachtfeld, heute Grünanlage

Der Bereich des Meusdorfer Parks war einer der zentralen Schauplätze der Völkerschlacht von 1813. Unmittelbar südlich davon überquert die ehemalige Chaussee von Leipzig Richtung Liebertwolkwitz, auch heute eine Hauptausfallstraße, die mit 159 Metern ü. NHN höchste Erhebung im Stadtgebiet. Hier trafen am Nachmittag des 18. Oktober 1813 Zar Alexander I., Kaiser Franz I. von Österreich und König Friedrich Wilhelm III. von Preußen zusammen. Die verbündeten Potentaten konnten von dem seither Monarchenhügel genannten Ort das Schlachtgeschehen überblicken. Ein etwas versteckt in einem Wohngebiet südöstlich des Parks gelegenes Denkmal erinnert daran. Der österreichische Fürst Karl Philipp von Schwarzenberg (1771–1820), Oberbefehlshaber der gegen Napoleon kämpfenden Armeen, soll nach älteren Angaben auf dem heutigen Parkgelände die Siegesmeldung überbracht haben. Da er sich von der Erinnerung daran heilende Wirkung versprach, begab er sich nach einem Schlaganfall 1820 erneut nach Leipzig, verstarb aber hier. Der Hügel im Park war für seine Bestattung vorgesehen. In diesem Sinne verwendete sich auch der Grundherr, der königlich sächsische Major a. D. von Winckler. Jedoch erfolgte eine Überführung in die Familiengruft auf Burg Orlik in Böhmen. Statt dessen wurde bis spätestens 1838 das Schwarzenberg-Denkmal auf dem Hügel errichtet. In seinem Hauptteil ist es ein beschrifteter monumentaler Granitblock. Unterhalb befand sich zunächst eine Grotte mit Gebeinen in der Völkerschlacht gefallener österreichischer Soldaten. Der Erinnerungsort war längst ein kleines Ausflugsziel, als sich nach 1900 um die benachbarte Gaststätte eine Art Vergnügungspark entwickelte. Er umfasste weitgehend die Fläche des heutigen Parks und besaß diverse Unterhaltungseinrichtungen, darunter einen Aussichtsturm und einen größeren Ball- und Festsaal. Das Schwarzenberg-Denkmal wurde in das Gelände einbezogen. Nach dem Zweiten Weltkrieg schloss die Einrichtung, die meisten Bauten fielen dem Abriss anheim. Erhalten blieb neben dem ursprünglichen Gasthof ein farbig gefasster Jugendstil-Rundpavillon von 1911. Ebenfalls aus der Zeit als Vergnügungspark stammt der ansehnliche Altbaumbestand. Auffällig sind reihen- oder rasterförmig angeordnete Linden und Platanen. Sie lassen noch Strukturen des einstigen Vergnügungsgeländes erkennen. In der DDR erfolgte eine minimalistische Herrichtung als öffentliche Grünfläche. Ferner entstand eine Plastik mit dem Leipziger Wappentier, dem Löwen, wie sie auch an anderen Hauptzufahrtsstraßen aufgestellt wurde. Es sind Repliken einer Löwenplastik vom Neuen Rathaus.

Einen Besuch lohnt der Meusdorfer Park mit dem benachbarten Monarchenhügel speziell auch für historisch Interessierte, die auf den Spuren der Völkerschlacht wandeln möchten.

Meusdorfer Park mit dem Schwarzenberg-Denkmal in Erinnerung an die Völkerschlacht 1813

Größe
3,1 Hektar

Besonders sehenswert
Schwarzenberg-Denkmal, Jugendstil-Rundpavillon von 1911

Der Weg
Prager Straße, Tram 15 Endhaltestelle Meusdorf

Parkmöglichkeiten
Schwarzenbergweg

Sport + Spiel
Joggen, Gymnastik

Adressen
Verband Jahrfeier Völkerschlacht bei Leipzig 1813 e. V., Kirchstraße 40, 04416 Markkleeberg, Tel. 35 54 44 18, www.leipzig1813.com

Memorialmuseum Liebertwolkwitz, Tauchaer Straße 1, 04445 Liebertwolkwitz, Tel. 034297/4 37 88, www.leipzig1813.de

Gastro-Tipps
Wirtshaus Monarchenhügel, Schwarzenbergweg 9, 04289 Leipzig, Tel. 8 77 42 51, www.wirtshaus-monarchenhuegel.de

Umgebung des Völkerschlachtdenkmals mit Wallsystem. Die Alleen und das Bassin steigern die Wirkung des Monuments.

Monumentales Umfeld

Erhaben und mächtig thront Leipzigs wohl bekanntestes Wahrzeichen auf seinem Sockel – das Völkerschlachtdenkmal in Probstheida. Erbaut wurde es anlässlich des 100. Jahrestags der Völkerschlacht bei Leipzig im Auftrag des Deutschen Patriotenbunds und eingeweiht in Gegenwart des deutschen Kaisers Wilhelm II. Seit dem 18. Oktober 1913 erinnert es an die Schlacht im Oktober 1813, mit der Napoleon Bonapartes Herrschaft über Europa ihrem Ende entgegenging. Von der Aussichtsplattform in 91 Metern Höhe kann man bei guter Sicht bis zum Erzgebirge blicken. Interessante Entdeckungen sind aber auch im das Denkmal umgebenden Park möglich.

Obwohl die gesamte Umgebung Leipzigs von der Völkerschlacht 1813 betroffen war, befand sich ein Schwerpunkt der Konfrontation im Süden der Stadt. Im heutigen Wilhelm-Külz-Park bezog Napoleon am 18. Oktober, also am Tag der Entscheidung, mit seinem Stab Stellung. Hieran erinnert seit 1832 der Napoleonstein. Ein zentrales Denkmal für die Sieger der Schlacht gab es aber lange nicht, wohl auch, weil Sachsen mit Napoleon verbündet war und mit dessen Untergang erhebliche Einbußen an Staatsgebiet und Bevölkerung verkraften musste. Erst gegen Ende des 19. Jahrhunderts trat dies in den Hintergrund.

Am 26. April 1895 bildete sich, initiiert von Architekt Clemens Thieme, der Deutsche Patriotenbund zur Errichtung eines Völkerschlachtdenkmals in Leipzig. Mit der Ausführung wird 1897 der durch vergleichbare Projekte bereits renommierte Architekt Bruno Schmitz aus Charlottenburg beauftragt. Architekt Heinrich Tscharmann schlägt eine auf das Monument ausgerichtete Prachtstraße vor, die später mit der Straße des 18. Oktober projektiert wird. Bereits 1895 hatte die Stadt 40000 Quadratmeter Baugrund östlich des Napoleonsteins zur Verfügung gestellt. Ebenfalls benachbart war seit 1887 der Südfriedhof entstanden. Von Beginn an gehörte eine monumentale Umfeldgestaltung zum Konzept Schmitz'. Im Unterschied zu vergleichbaren Anlagen – Porta Westfalica-, Hermanns-, Kyffhäuser- oder Niederwalddenkmal – befindet sich das Völkerschlachtdenkmal nicht in landschaftlich herausgehobener Lage und bedurfte neben seiner Höhe einer besonderen Akzentuierung der Umgebung. Die sichtbaren Teile des Bauwerks erheben sich auf einem teils aus Schutt bestehenden Hügel. Vorgelagert ist ein großer, hofartiger Bereich, von monumentalen Wällen eingerahmt. Mittig befindet sich ein großes Wasserbassin, in dem sich das Denkmal effektvoll spiegelt. Der nördliche Zugang wird von massiv wirkenden Torbauten

BOTANISCHE BESONDERHEITEN

Seit nunmehr fast hundert Jahren haben sich an den sonnigen Hängen wärmeliebende Pflanzen eingestellt, die sonst in und um Leipzig in dieser Dichte selten zu beobachten sind. Charakteristisch sind Wiesensalbei, Skabiosenflockenblume, Ackerwitwenblume, Mittlerer Wegerich, Echtes Labkraut, Gewöhnliche Grasnelke und Kleiner Wiesenknopf, die im Mai und Juni blühen. Etwas früher sieht man die gelben Blüten des Knolligen Hahnenfußes und die weißen des Knöllchensteinbrechs. Am Hang hinter dem Denkmal wachsen die in Sachsen zur Zeit einzigen Exemplare des Ohrlöffelleimkrauts. Um Leipzig recht seltene Süßgräser sind Aufrechte Trespe, Gewöhnliches Zittergras und das kleine Zwiebelrispengras. Im April blühen zahlreich die Armenische Traubenhyazinthe, eine verwilderte und hier eingebürgerte Zierpflanze, sowie der Wiesen- und der seltene Ackergoldstern.

Mehrere kleine Mauerfarne schmücken die Fugen des Denkmals und des Wasserbeckens. Neben der häufigen Mauerraute ist besonders auf den seltenen Ruprechtsfarn hinzuweisen, der wegen seiner Gefährdung in die Rote Liste aufgenommen wurde. *PG*

Mauerraute am Völkerschlachtdenkmal

Blick vom mittleren Wallumgang auf das Bassin am Völkerschlachtdenkmal

flankiert. Über die hier integrierten Treppen gelangen die Besucher zu einer Umgangspromenade auf mittlerer Höhe der Wälle. Auf ihrer Krone befindet sich ein weiterer, ursprünglich von Ulmenalleen gerahmter Weg. Die Alleen sollten zunächst einen strengen Kastenschnitt erhalten, der den architektonischen Charakter der Gesamtgestaltung unterstrichen hätte. Dieser ist aber wohl zumindest nicht kontinuierlich durchgeführt worden. Nach Befall mit der Ulmenkrankheit in den 1940er Jahren wurden die Gehölze nach dem Krieg durch Krimlinden ersetzt.
Da Clemens Thieme und Bruno Schmitz den Freimaurern angehörten, ist heute die These populär, das Völkerschlachtdenkmal könne als Freimaurertempel in der Tradition der alttestamentlichen Anlage Salomos interpretiert werden. Dann wäre der von Wällen umgebene Bereich als Tempelhof zu deuten. Sicher ist, dass architektonische Zitate antiker Stile und Bildwerke das deutsche Kaiserreich in die Tradition der entsprechenden Imperien stellen sollten.
Von den Nationalsozialisten und auch in der DDR wurde der Vorbereich als Aufmarschfläche genutzt, dazu teilweise sogar das Wasser aus dem Bassin abgelassen. Heute dient die Wasserfläche weitaus zivileren Zwecken, wie dem alljährlichen humoristischen Badewannenrennen „Régates de Baquet" des soziokulturellen Zentrums naTo. Nach 1990 hatte sich für einige Jahre eine regelrechte Schilfzone etabliert, die aber aus denkmalpflegerischen Gründen wieder entfernt wurde. Der monumentale Gesamtcharakter des Bereichs soll erhalten werden. Bis zum 200. Jahrestag der Völkerschlacht 2013 soll die Sanierung der wichtigsten Teile des Denkmals abgeschlossen sein.

Größe
7 Hektar

Besonders sehenswert
Napoleonstein, Völkerschlachtdenkmal

Der Weg
Prager Straße, Tram 2, 15 Haltestelle Völkerschlachtdenkmal

Parkmöglichkeiten
Parkplätze An der Tabaksmühle

Sport + Spiel
Joggen, Nordic Walking

Hundewiesen
Friedhofsweg/Straße des 18. Oktober

Adressen
Förderverein Völkerschlachtdenkmal e. V., Magazingasse 4, 04109 Leipzig, Tel. 9 61 85 38, www.voelkerschlachtdenkmal.de

Gastro-Tipps
Brauhaus Zum Kaiser Napoleon, Prager Straße 233, 04289 Leipzig, Tel. 2 46 76 76, www.kaisernapoleon.de

Parkrestaurant am Völkerschlachtdenkmal, Prager Straße 210, 04299 Leipzig, Tel. 8 60 76 16

Kultiviert und überall in Leipzig verwildert: Armenische Traubenhyazinthe

81 Wilhelm-Külz-Park

Blickperspektive aus dem Wilhelm-Külz-Park zum Völkerschlachtdenkmal

Nahe dem Völkerschlachtdenkmal

Viele Besucher des Monuments werden den Wilhelm-Külz-Park als angenehm grüne Kulisse wahrnehmen. Tatsächlich ist er selbst eine Anlage mit Geschichte, gibt es hier Interessantes zu entdecken. Bereits seit dem Mittelalter wurde von einer Quelle im südwestlichen Parkbereich Wasser in die Stadt geleitet. Nach einer jungen Pilgerin namens Maria, welche die angeblich heiltätigen Wasser entdeckt haben soll, erhielt der Platz seinen Namen: Marienbrunn. Bis 1912 erfolgte durch die Stadtgartendirektion eine Gestaltung als romantische Felsszenerie, die 1995 und 1998 instand gesetzt wurde. 1813 lag das heutige Parkgelände im Zentrum der Völkerschlacht. Auf einem Hügel soll der Franzosenkaiser zeitweilig seinen Gefechtsstand bezogen haben. Zur Erinnerung daran wurde an gleicher Stelle 1857 der noch vorhandene sogenannte Napoleonstein eingeweiht. Auf einem Steinsockel erinnert eine Allegorie aus Eisenguss mit Degen, Hut und Fernrohr Napoleons an den Feldherrn. Unweit eröffnete 1886 ein erster Abschnitt des Südfriedhofs. 1898 begannen die Arbeiten an einem Monument mit kühnen Dimensionen. Das Völkerschlachtdenkmal sollte als nationale Gedenkstätte dienen. Nach dem Verständnis der Zeit bedurfte es dazu einer repräsentativen Umfeldgestaltung, nicht jedoch einer Bebauung, die die Wirkung relativiert hätte. 1899 stellte die Stadt Leipzig erste Mittel für Parkanlagen zur Verfügung. 1904 begannen die Arbeiten nach einer Konzeption von Stadtgartendirektor Hampel und waren bis 1907 weitgehend abgeschlossen, also deutlich vor Einweihung des Völkerschlachtdenkmals 1913. Auf dieses wirkungsvoll ausgerichtet ist das Rückgrat der Anlage, die Straße des 18. Oktober. Entsprechend ihrer Bedeutung wurde sie beidseitig mit drei Reihen Roteichen gefasst. Die anderen den Park berührenden oder durchlaufenden Straßenachsen besitzen beidseitig lediglich zwei Reihen Linden oder Spitzahorn. Begibt man sich über die Straße des 18. Oktober in Richtung Denkmal, ergibt sich in Höhe des Vorplatzes ein beeindruckendes Bild: Das große Monument im Zentrum wird beidseits in optisch ähnlichem Abstand von zwei Türmen gerahmt, dem Stötteritzer Wasserturm und dem Turm der Feierhalle auf dem Südfriedhof. Es handelt sich um eine städtebauliche Inszenierung. Die Sichtachsen zu den drei Bauten bilden die Form eines Gänsefußes beziehungsweise eines „Patte d'Oie“. So werden solche Achsenkonstellationen seit der Entwicklung der barocken Gartenkunst in Frankreich genannt. Jenseits der Straßenalleen besitzt

BOTANISCHE BESONDERHEITEN

Der Baumbestand weist eine ausgeglichene Altersstruktur auf. Sie reicht von über hundert Jahre alten Baumriesen bis hin zu Neupflanzungen. Durch großzügige, raumbildende Pflanzungen und die Auswahl von farbgebenden Gehölzen ist der Park zu jeder Jahreszeit ein Erlebnis. Solche prägenden Gehölze sind Rotaustreibender Spitzahorn, Gelbgesprenkelter Bergahorn, Bergahorn mit purpurfarbener Blattunterseite sowie der weitüberhängend wachsende Silberahorn. Zudem sind hier Tatarischer Ahorn mit hellgelber Herbstfärbung und dichtem, strauchartigem Wuchs, Rot- und Gelbblühende Rosskastanie, Götterbaum mit bis zu 80 Zentimeter langen, gefiederten Blättern sowie Moorbirke, Essbare Kastanie, Trompeten-, Zürgelbaum und Kornelkirsche heimisch. Aufmerksame Beobachter können auch Baumhasel mit dichten Fruchtbüscheln, Rotdorn, Lederblättrigen sowie Scharlachblättrigen Weißdorn betrachten. Der Pflaumenblättrige Weißdorn leuchtet im Herbst zinnoberrot. Dazu erfreuen den Naturliebhaber Blut- und Hängebuche, Schmalblatt- und Rotesche, Ginkgo, Dornenloser Lederhülsenbaum mit einfach und doppelt gefiederten Blättern sowie Schwarznuss, Goldregen, Zierapfel, Weiße Maulbeere, Platane, Balsampappel, Gelbblättrige Kanadische Pappel, Grau- und Pyramidenpappel, zudem zahlreiche weitere exotische Bäume, wie Japanische Kaisereiche oder die Persische Eiche. Auch Nadelgehölze finden wir im Park, z. B. die Erbsenfrüchtige Scheinzypresse, Serbische Fichte mit schlankem Wuchs und nach oben gerichteten Zweigen sowie die Kanadische Hemlocktanne. *HJS*

Mehrere Arten, die trockene Parkrasen bevorzugen, finden sich häufig hier, z. B. Mittlerer Wegerich, Knöllchensteinbrech, Knolliger Hahnenfuß, Gewöhnliche Hainsimse, Kleines Habichtskraut, Gewöhnliche Schafgarbe und Schafschwingel. An etwas feuchten Stellen gedeiht das Wiesenschaumkraut. *PG*

Ginkgo im Austrieb

der Wilhelm-Külz-Park einen weitgehend landschaftlichen Charakter mit scheinbar frei angeordneten Gehölzgruppen. Ein geschwungen geführter Rundweg erschließt die gesamte Anlage und überquert mehrmals die kontrastierenden geraden Achsen. Ihren heutigen Namen erhielt die zuvor Denkmalspark genannte Anlage erst nach 1945. Dr. Wilhelm Külz war ein linksliberaler Politiker, der noch in der frühen Nachkriegszeit in Sachsen wirkte.

Kirschlorbeer in Blüte

Größe

17,4 Hektar

Besonders sehenswert

Napoleonstein, Marienbrunnen, Patte d'Oie-Blick von der Straße des 18. Oktober

Der Weg

Prager Straße Richtung Alte Messe/Völkerschlachtdenkmal; S 2 Bahnhof Völkerschlachtdenkmal; Tram Linie 2 Haltestelle Naunhofer Straße, Tram Linie 15 Haltestellen Naunhofer Straße oder Völkerschlachtdenkmal

Parkmöglichkeiten

Straße des 18. Oktober, An der Tabaksmühle

Sport + Spiel

Joggen, Fahrradfahren, Inlineskating

Hundewiesen

westlicher Abschnitt des Parks

Adressen

Stadt Leipzig, Amt für Stadtgrün und Gewässer, 04092 Leipzig, Prager Straße 118–136, Haus A, 04317 Leipzig, Tel. 1 23 60 99
stadtgruen.gewaesser@leipzig.de
www.leipzig.de/de/buerger/freizeit/leipzig

Förderverein Völkerschlachtdenkmal e. V., Magazingasse 4, 04109 Leipzig, Tel. 9 61 85 38, www.voelkerschlachtdenkmal.de

Gastro-Tipps

Parkrestaurant am Völkerschlachtdenkmal, Prager Straße 210, 04299 Leipzig, Tel. 8 60 76 16

Findlingsstrukturen auf dem Gustav-Schwabe-Platz

Erinnerungen an die Eiszeit

Keine 500 Meter vom Völkerschlachtdenkmal entfernt liegen diese zwei Plätze in direkter Nachbarschaft zueinander. In den Jahren um 1900 wurde das südliche Gebiet der seinerzeit noch selbstständigen Gemeinde Stötteritz erschlossen. Gehobene Wohnbebauung und Villen entstanden, wofür die Nähe des im Aufbau begriffenen Völkerschlachtdenkmals und des vorgelagerten Wilhelm-Külz-Parks mit ausschlaggebend gewesen sein mögen. In dieser Umgebung stellte das Wasserwerk an der

Ludolf-Colditz-Straße einen Fremdkörper dar. Zwischen seiner östlichen Grundstücksgrenze und der Naunhofer Straße befanden sich zwei annähernd dreieckige Geländezwickel, die sich nicht gut für eine Bebauung eigneten. So wurden bis 1905 hier zwei begrünte Platzanlagen geschaffen. Sie schirmen das Wasserwerk optisch ab und werten zugleich das Wohnumfeld auf. Auf dem Gelände des nördlichen heutigen Gustav-Schwabe-Platzes befindet sich bereits seit 1903 ein besonders auffälliges Denkmal: die etwa sechs Meter hohe Gletschersteinpyramide. Sie besteht aus während der Bebauung des Umfelds gefundenen eiszeitlichen Geschiebesteinen. Eine gusseiserne Tafel erläutert den Ursprung des Materials und weist auf die einst bis in den Leipziger Raum reichende Vergletscherung hin. Ideengeber für die Architektur war der Leipziger Theologe Caspar René Gregory. Finanziert wurde sie von der Allgemeinen Deutschen Credit-Anstalt und der Leipziger Immobiliengesellschaft, die die bauliche Erschließung der benachbarten Stadtquartiere maßgeblich vorangetrieben hatte. Beide setzten sich mit dem Monument selbst ein Denkmal, trugen damit aber durchaus zur Verbreitung von Wissen über die erdgeschichtliche Vergangenheit bei. Gewissermaßen als Pendant zur Pyramide entstand auf dem südlich gelegenen Gregoryplatz ebenfalls eine Steinsetzung aus Findlingen eiszeitlichen Ursprungs. Hier rahmt sie einen Aufenthaltsbereich und ist auf 1904 datiert. Auf beiden Plätzen wurde in der Folge um die Kleinarchitekturen herum eine regelmäßige Wegestruktur mit weiteren Ruhe- und Spielbereichen angelegt. Entlang der Naunhofer Straße entstand eine Promenade mit dreireihiger Baumpflanzung. Durch ihre kleinteilige Gliederung und den teils dichten Gehölzbesatz im Wechsel mit Rasenbereichen weisen beide Anlagen heute einen parkartigen Charakter auf. Vor allem im Sommerhalbjahr sind sie in ihrer Ausdehnung kaum zu überschauen. Eine Instandsetzung der Plätze erfolgte in den 1990er Jahren, die Sanierung der Gletschersteinpyramide 2003. Auf dem Gustav-Schwabe-Platz setzen moderne Pflastermaterialien und die Gestaltung eines Sitzbereichs einen Kontrast zu den erhaltenen historischen Strukturen.

links: Blick vom Gregoryplatz zum Stötteritzer Wasserturm und zum im Bau befindlichen Völkerschlachtdenkmal, vor 1913

Gletschersteinpyramide auf dem Gustav-Schwabe-Platz

BOTANISCHE BESONDERHEITEN

Der Platz mit der eiszeitlichen Feldsteinpyramide weist einen guten Bestand an Gehölzen auf. So finden wir Robinie, Krim- und Sommerlinde, Weißbuche, weißblühende Rosskastanie, Weiß- und Rotdorn sowie Spitz-, Berg- und Feldahorn. Eine Silberlindenallee gegenüber dem Wasserturm ist besonders hervorzuheben, ebenso als Solitär eine starke Flatterulme. Darüber hinaus auffällig am Gregoryplatz sind Stieleiche, Silberlinde, Krimlinde und Schwarzkiefer. *HJS*

Größe

0,6 Hektar

Besonders sehenswert

Gletschersteinpyramide, Findlingssetzung auf dem Gregoryplatz

Der Weg

Prager und Ludolf-Colditz- oder Naunhofer Straße, Tram 15 Haltestelle Völkerschlachtdenkmal

Parkmöglichkeiten

Naunhofer Straße

Sport + Spiel

Joggen, Nordic Walking, Spielplätze

Adressen

Stötteritzer Margerite e. G., Netzwerk der Eigeninitiative e. V., Verein zur Förderung der wirtschaftlichen, sozialen und ökologischen Entwicklung von Stötteritz, Lichtenbergweg 5 d, 04299 Leipzig, Tel. 2 28 05 18, www.stoetteritz.de

Bürgerverein Stötteritz e. V., Sommerfelder Straße 20, 04299 Leipzig, Tel. 9 91 47 56, www.buergervereinstoetteritz.de

Gastro-Tipp

Café am Matthäi-Stift, Lausicker Straße 59 a, 04299, Tel. 8 77 27 33

83 Güntzpark (Thonberger Park)

Der umgewandelte ehemalige Wasserturm im Thonberger Park

Relikt eines Anstaltsparks

Der Park trägt den Namen von Dr. Eduard Wilhelm Güntz (1800–1880), des Begründers und ersten Direktors einer privaten Heilanstalt für Geisteskranke. Diese hatte er 1836 in Möckern gegründet, aber bereits 1839 nach Thonberg verlegt, das noch weit außerhalb von Leipzig lag. Am westlichen Rand des heutigen Parks befanden sich die Anstaltsgebäude, umgeben von formalen Schmuckparterres. Der Erkenntnis folgend, dass ein angenehmes Umfeld mit

Blühender Fliederzweig

vielfältigen Beschäftigungsmöglichkeiten den Heilungsprozess fördern kann, zumindest jedoch den Aufenthalt erträglicher gestaltet, entstanden Parkanlagen mit zahlreichen, den Bedürfnissen der Kranken entsprechenden Einrichtungen. Eingebettet in eine landschaftliche Gestaltung gab es Ruheplätze, aber auch Schaukeln, eine Kegelbahn, einen Turnplatz, einen Schießstand, Tiergehege mit Rehen, zwei Fischteiche, ein Schwimmbassin und einen Kiosk.

Entgegen der Praxis seiner Zeit, Geisteskranke lediglich sicher zu verwahren, vertrat Güntz einen humaneren Ansatz. Dazu inspiriert hatten ihn Eindrücke auf Studienreisen durch Europa, z. B. von der fortschrittlichen Anstalt des Barons Pietro Pisani in Palermo. Weil die Einrichtung in Thonberg privat war, konnte das Gelände vergleichsweise aufwändig ausgestaltet werden. 1880 gelangte das Sanatorium an das Städtische Johannisstift, 1920 wurde es geschlossen. 1938/39 erfolgte eine durchgreifende Umgestaltung des Parks, bei der die landschaftliche Struktur in eine rechtwinklige umgewandelt wurde. Zu einer weiteren Neugestaltung kam es Ende der 1950er Jahre,

landschaftlichen Charakter besitzt. Auffällig ist ein aus Natursteinen gemauerter Turmschaft. Er erweckt den Eindruck, Bestandteil einer mittelalterlichen Burganlage gewesen zu sein. Es ist der Rest des ehemaligen anstaltseigenen Wasserturms. Am Bauwerk befindet sich eine in den 1990er Jahren wiederhergestellte Erinnerungstafel mit dem Bildnis Güntz' und seiner ersten Gattin. Ursprünglich wurde die Tafel ebenso von früheren Patienten gestiftet wie 1886 ein etwas entfernt aufgestellter Gedenkstein. Er befindet sich am vormaligen Standort einer Fontäne und ist mit Birken umpflanzt. Weniger augenfällig ist ein weiteres interessantes Relikt. Es handelt sich um einen inzwischen mit Gehölzen besetzten Hügel. Er diente zur Isolierung eines Eiskellers, in welchen in den Parkgewässern gewonnene Eisblöcke eingelagert wurden. Vor Erfindung des Kühlschranks ließ sich eine Kühlung in Eisschränken nur mit solchem Material gewährleisten; größere Einrichtungen, wie die Thonberger Anstalt, waren hierauf angewiesen. Zur Zeit Güntz' war die Erhebung als kleiner Aussichtshügel gestaltet. Der Güntzpark besitzt heute eine wichtige Funktion für die Erholung im Stadtteil.

gefolgt von der Integration eines Kindergartens und Instandsetzungsmaßnahmen um 1993. Ein weitgehend unregelmäßiges Wegenetz erschließt heute eine Anlage, die mit altem Baumbestand und raumbildenden Gehölzpflanzungen wieder einen

BOTANISCHE BESONDERHEITEN

Die markantesten Bäume in diesem kleinen Wohngebietspark sind Spitzahorn und Rotaustreibender Spitzahorn, als Besonderheit auch Bergahorn und Purpurblättriger Bergahorn mit unterseits purpurrot gefärbtem Blattwerk sowie Stieleiche, Pyramiden-, Trauben- und Roteiche mit sehr schön großen, spitzgelappten Blättern. Ebenso wurzeln hier Gemeine Esche, Krimlinde mit stark hängenden Zweigen, weiße Rosskastanie sowie Frühblühende Traubenkirsche mit reichen, weißen Blütentrauben im Mai, Weiß- und Rotdorn. Als Sträucher dominieren Gemeiner Flieder und Wolliger Schneeball mit deutlich dunkelgrünen, immergrünen Blättern. *HJS*

Größe

2,4 Hektar

Besonders sehenswert

Stumpf des ehemaligen Wasserturms mit Gedenktafel für Dr. Eduard Wilhelm Güntz, Hügel des Eiskellers

Der Weg

Schönbachstraße, Tram 4 Haltestelle Breslauer Straße, S-Bahn Haltestelle Stötteritz

Parkmöglichkeiten

Schönbachstraße

Sport + Spiel

Joggen, Gymnastik, Spielplatz

Adressen

Stötteritzer Margerite e. G., Netzwerk der Eigeninitiative e. V., Verein zur Förderung der wirtschaftlichen, sozialen und ökologischen Entwicklung von Stötteritz, Lichtenbergweg 5 d, 04299 Leipzig, Tel. 2 28 05 18, www.stoetteritz.de

Bürgerverein Stötteritz e. V., Sommerfelder Straße 20, 04299 Leipzig, Tel. 9 91 47 56, www.buergervereinstoetteritz.de

Gastro-Tipps

Restaurant Amaroso im Hotel Balance Leipzig Alte Messe, Breslauer Straße 33, 04299 Leipzig, Tel. 8 67 90

Stötteritzer Stadtplatz

Ende des 19. Jahrhunderts erlebte das Gutsdorf Stötteritz ein starkes Wachstum. Begünstigt durch die Nähe Leipzigs entstanden ausgedehnte Wohnquartiere mit großstädtischer Blockstruktur. Nicht nur ein neues Rathaus und andere öffentliche Bauten wurden errichtet. Auch urbane begrünte Stadtplätze waren vorgesehen. 1890 begann die Erschließung des Quartiers um die Weißestraße. Mit dem gleichnamigen Platz wurde ein gestalteter Raum geschaffen, wie es ihn in Leipzig bereits mehrfach gab. Es handelte sich nicht um einen rein repräsentativen Schmuckplatz, sondern um eine vielfältig nutzbare Anlage mit symmetrischer, formaler Gliederung in unmittelbarer Nachbarschaft einer östlich angrenzenden Schule. Im Zentrum war ein befestigter Bereich als Spielplatz gedacht und von Platanen eingefasst. Durch die umgebenden Pflanz- und Rasenbereiche war die Spielfläche an allen vier Ecken über Diagonalwege erreichbar; zwei weitere Zugänge befanden sich an der Längsseite zur Arnoldstraße. Den äußeren Abschluss des Platzes bilden Baumreihen, an der Nord- und Südseite doppelte, an der Arnoldstraße eine einfache. Hierfür verwendet wurden Linden, Weißdorn und an den Ecken Rosskastanien.

1910 kam es zur Eingemeindung von Stötteritz in die Stadt Leipzig. Die fortan zuständige Stadtgartendirektion unter Carl Hampel ließ geringfügige Änderungen durchführen, jedoch blieb die Anlage in ihren Grundstrukturen bestehen. Zu einer kompletten Überplanung kam es erst in der Zeit der DDR. Bemerkenswerte Kriegsschäden waren zwar ausgeblieben, jedoch dürfte in dem weitgehend intakten Quartier ein starker Nutzungsdruck bestanden haben. Ein erster Plan aus dem Jahr 1950 von Roswitha Dörner, Stadtgarten- und Friedhofsamt, zeigt eine für die Zeit charakteristische asymmetrische Struktur mit großer zentraler Rasenfläche und einem in die Südostecke verlagerten Spielplatz. Erhaltene Gehölze der Erstgestaltung sind in dieses Konzept einbezogen, ohne dass sie wie zuvor den Rahmen für die Flächenaufteilung bilden. Gleiches gilt für ein Neugestaltungskonzept von 1960. Wolfgang Herzog, VEB Garten- und Landschaftsgestaltung Leipzig, variierte die Gliederung von 1950 und beabsichtigte die Auflösung der durch Bepflanzung gebildeten Raumkanten im Norden und Westen. Instandhaltungsdefizite und ein wiederum gewandeltes stilistisches Empfinden führten zu einer erneuten Umgestaltung nach einer Konzeption von 1994. Bei weiterem Erhalt des Altbaumbestands wurde die ursprüngliche Flächengliederung wiederhergestellt. Die umlaufenden Lindenpflanzungen erfuhren eine Komplettierung. Der Spielplatz erhielt eine zeitgemäße Ausstattung mit einer Rutsch- und Kletterhalbkugel aus Edelstahl sowie dekorativ um den Bereich angeordneten Findlingen. Auch wenn die Wiederherstellung der 1990er Jahre keine komplette Rekonstruktion war, besitzt der Weißeplatz heute ein mit der umgebenden kaiserzeitlichen Bebauung stilistisch konformes Bild.

Zentraler Bereich des Weißeplatzes

BOTANISCHE BESONDERHEITEN

Hier dominieren schöne, alte Exemplare von Platanen. Auffällig sind die weißblühenden Rosskastanien, eine davon mit gefüllten Blüten. Blickpunkte sind auch Felsenbirnen und eine schmalblättrige Ölweide. *HJS*

Größe

0,4 Hektar

Besonders sehenswert

städtebaulicher Rahmen (geschlossenes kaiserzeitliches Wohnquartier und Schulgebäude), wiederhergestellte symmetrische Gliederung mit Altbaumbestand

Der Weg

über Papiermühlstraße oder Holzhäuser Straße und Arnoldstraße, Tram Linie 4 Haltestelle Weißeplatz

Parkmöglichkeiten

Weißestraße und Ferdinand-Jost-Straße

Sport + Spiel

Joggen, Gymnastik, Spielplatz

Gastro-Tipps

Bella Strega, Holzhäuser Straße 106, 04299 Leipzig, Tel. 8 77 59 00

Restaurant Amaroso im Balance Hotel Alte Messe, Breslauer Straße 33, 04299 Leipzig, Tel. 8 67 90

Adressen

Stötteritzer Margerite e. G., Netzwerk der Eigeninitiative e. V., Verein zur Förderung der wirtschaftlichen, sozialen und ökologischen Entwicklung von Stötteritz, Lichtenbergweg 5 d, 04299 Leipzig, Tel. 2 28 05 18, www.stoetteritz.de

Bürgerverein Stötteritz e. V., Sommerfelder Straße 20, 04299 Leipzig, Tel. 9 91 47 56, www.buergervereinstoetteritz.de

Zweig einer gefülltblühenden Rosskastanie

Geplanter Kulturpark

Die Geschichte des Stötteritzer Wäldchens ist eng verbunden mit dem benachbarten Gut. 1790 geht es in den Besitz von Christian Felix Weiße über, der seit 1761 als Kreissteuereinnehmer tätig war. Weniger profan sind seine privaten Interessen. Er verfasst Operntexte, welche Johann Adam Hiller vertont, und Schriften für Kinder und Jugendliche. Christoph Martin Wieland, Jean Paul und andere Geistesgrößen sind bei ihm zu Gast. Weiße beginnt sein neues Domizil einschließlich des Umfelds zeitgemäß umzugestalten. Im heutigen Stötteritzer Wäldchen wird sumpfiges Gelände trockengelegt, und eine landschaftliche Gartengestaltung entsteht im südlichen Bereich. Wichtiges Element sind zwei Teiche, einer von beiden mit einer Insel.

Wenig später, 1813, wird Stötteritz von der Völkerschlacht berührt; Napoleon nimmt am 17. Oktober abends Quartier im Gutshaus. Zwei Tage später ist alles vorbei. Zahlreiche Tote bleiben zurück. Gefallene werden am östlichen Rand des Wäldchens entlang der Seifertshainer Straße beigesetzt. Vom Ende des 19. Jahrhunderts stammt eine Beschreibung des Guts. Danach lag hinter dem Wirtschaftshof das „Waal", der Graben einer mittelalterlichen Wasserburg und wohl identisch mit den beschriebenen Teichen. Die darin gelegene Insel war über eine Holzbrücke zu erreichen. Darauf befanden sich Ziersträucher, gepflanzt vom Enkel Christian Felix Weißes. 1875 bis 1880 erfolgte die Trockenlegung des westlichen Teichs, um Raum für einen Pferdestall zu gewinnen. Dabei sollen Reste der Burganlage gefunden worden sein. Teile des Gutsgeländes sind spätestens seit dem 19. Jahrhundert als „Hopfengarten" bekannt. Die Bierzutat soll hier aber nie angebaut worden sein, vielmehr entwickelte sich der Eigenname aus der Bezeichnung „Hofegarten". Bedeutung als Naherholungsgebiet gewann das Wäldchen mit Errichtung des nördlich angrenzenden Südoststadions und 1925 des Freibads Südost. Auf 60000 Quadratmetern umfasst es neben dem angeblich zur Erbauungszeit größten Schwimmbecken Sachsens ein „Luft- und Sonnenbad". In der DDR war das Wäldchen als zentraler Teil eines Kulturparks Leipzig-Ost vorgesehen. Tatsächlich entstanden ein Rodelberg, ein Spielplatz sowie weitere Einrichtungen für Kinder und Jugendliche, charakteristische Bestandteile solcher Anlagen in der DDR.

Parkraum und Gehölzkulisse am Stötteritzer Wäldchen

Die Essbare Kastanie ist eine eigenständige botanische Art und nicht verwandt mit der Gemeinen Rosskastanie.

1989/90 gründete sich in Stötteritz der Verein zur Wiedereingliederung psychosozial geschädigter Menschen und begann den Gutshof zu nutzen. Unter anderem entstand das Begegnungszentrum „Scheune Oberdorf". Der ehemalige Wirtschaftshof erfuhr eine gärtnerische Gestaltung mit einem barock anmutenden Zierparterre vor dem Herrenhaus. Die südlichen, parkartigen Teile des Wäldchens wurden seit den 1990er Jahren durch das Grünflächenamt instand gesetzt, neue Spiel- und Aufenthaltsbereiche entstanden. Die Vergangenheit als Gutspark ist zu erahnen; u. a. wurde eine lückenhafte Rosskastanienallee ergänzt. Weitere originäre Strukturen sind aber schwer zu erkennen.

BOTANISCHE BESONDERHEITEN

Das Stötteritzer Wäldchen ist botanisch sehr gut bearbeitet. Insgesamt wurden etwas mehr als 200 verschiedene Farn- und Blütenpflanzen nachgewiesen, darunter die hohe Zahl von 84 Neophyten (Neubürgern). Charakteristische Bäume sind Gewöhnliche Esche, Stieleiche, Hainbuche, Winterlinde und Ahornarten, häufige Sträucher der stickstoffzeigende Schwarze Holunder, mehrere (5!) Weißdornarten, Roter Hartriegel, Gewöhnliche Traubenkirsche und Rote Johannisbeere. Im Frühling leuchten die gelben Sterne vom Waldgoldstern, Gelbem Windröschen und Scharbockskraut. Daneben finden sich Hohler Lerchensporn mit meist rötlichen, der Bärlauch und das Buschwindröschen mit weithin leuchtenden weißen und das Dunkle Lungenkraut mit rötlichen bis blauen Blüten. Auch Gefleckter Aronstab, Maiglöckchen und Vielblütige Weißwurz sind nicht selten. Mehrere fremde Pflanzen, die aus den angrenzenden Gärten stammen, haben sich völlig eingebürgert.

Von den Gehölzen sind hier zu nennen Tatarische Heckenkirsche, Gewöhnlicher Liguster, Alpenjohannisbeere, Mahonie und (seltener) Pfeifenstrauch. Von den Kräutern sind es bei den Frühlingsblühern u. a. Schneeglöckchen, Winterling, Tommasinikrokus, Echter Schneestolz, Sibirischer Blaustern, Doldiger Milchstern, Italienischer Aronstab, Traubenhyazinthen und Hasenglöckchen sowie der weiß blühende Zebdanilauch, der sich in Deutschland bisher nur an diesem Ort etablierte. Wie an vielen Stellen in Leipzig breitet sich auch hier die Indische Scheinerdbeere aus. Sie hat gelbe Blüten und erdbeerähnliche, aber nicht essbare Früchte. Neueste Verwilderung ist ein hübsches Sauergas, die Morgensternsegge.
HJS /PG

Größe

2,9 Hektar

Besonders sehenswert

ehemaliger Gutshof Stötteritz mit der benachbarten Marienkirche und den nördlich angrenzenden Bereichen des ehemaligen Gutsparks mit Teich

Der Weg

Papiermühl- bzw. Oststraße, Tram 4 Haltestelle Kolmstraße, Bus 79 Haltestelle Oberdorfstraße

Parkmöglichkeiten

Papiermühlstraße

Sport + Spiel

Freibad, Südoststadion, Rodelhügel, Spielplätze, Tischtennisplatten, Joggen, Fahrradfahren

Adressen

Gutshof Stötteritz, Verein zur Wiedereingliederung psychosozial geschädigter Menschen e. V., Oberdorfstraße 15, 04299 Leipzig, Tel. 8 63 17 40, www.wiedereingliederung-leipzig.de

Bürgerverein Stötteritz e. V., Sommerfelder Straße 20, 04299 Leipzig, Tel. 9 91 47 56, www.buergervereinstoetteritz.de

Gastro-Tipps

Gaststätte Südoststadion, Verlängerte Oststraße 177, 04299 Leipzig, Tel. 8 62 17 91

Hof des Stadtguts Mölkau

Ökologie und Freizeitgestaltung

Im ausgehenden Mittelalter beginnt die nachgewiesene Geschichte des Guts Mölkau. Auch wenn es mitunter als „Rittergut" bezeichnet wurde, hatte es zumeist Eigentümer bürgerlicher Herkunft. Seit 1730 war es Dr. Thomas Wagner, Kommissionsrat und Kaufmann in Leipzig. Bis 1760 schufen er und sein Sohn, der Kurfürstlich Sächsische Geheime Kammerrat Andreas Wagner, eine frühe landschaftliche Parkanlage unter Einbeziehung natürlicher Auwaldbereiche nördlich des Anwesens. Der Stilistik der Zeit entsprechend, dürfte es sich um eine kleinräumig strukturierte Gestaltung gehandelt haben. Ihr Ende kam schon bald: Am 18. Oktober 1813 wurden das Gut und sein Umfeld in der Völkerschlacht weitgehend zerstört. Kammerherr David Anger aus Eythra baute es ab 1817 wieder auf. 1854 erwarb es der Leipziger Kaufmann Friedrich Wilhelm Kelbe. In der Folge ersetzte er die inzwischen baufälli-

BOTANISCHE BESONDERHEITEN

Der Park erweckt insgesamt einen eher waldartigen Eindruck. Das zeigt sich sowohl in der Zusammensetzung der Baum- und Strauchschicht als auch derjenigen der Krautschicht. Bemerkenswert sind einige Altbäume von Flatterulme, Rotbuche und (gepflanzt) Platane. In der Strauchschicht findet sich neben Roter Johannisbeere auch eine seltene Wildart, die Ährige Johannisbeere, die im Leipziger Raum nur wenige Fundorte besitzt. Charakteristische Kräuter an trockeneren Stellen sind Waldveilchen, Echte Sternmiere, Maiglöckchen und Buschwindröschen, an feuchteren Waldgoldstern, Gelbes Windröschen, Gefleckter Aronstab, Dunkles Lungenkraut, Bärlauch, Süße Wolfsmilch, Moschusblümchen und der hübsche, hellblau blühende, aus Gärten stammende verwilderte Gewöhnliche Schneestolz. Im unmittelbar anschließenden Gutspark gedeihen neben eingebrachten Frühjahrsblühern, wie Krokus, Schneeglöckchen und Märzenbecher, mehrere trockenheitsliebende Rasenpflanzen, z. B. der Wiesengoldstern und aus dem Walde übertretend das Buschwindröschen. *PG*

Waldveilchen

gen Ställe durch die heute noch bestehenden massiven Gebäude und ließ 1869 auch ein neues Herrenhaus errichten, das an wenig prominenter Stelle seitlich in den Wirtschaftshof eingefügt wurde. Es besitzt die Gestalt einer historistischen Villa und hätte als Heim eines Fabrikanten kaum einen anderen Charakter besessen. Der zugehörige rückwärtige Park dürfte ebenfalls Ähnlichkeiten mit Villengärten der Zeit besessen haben, allenfalls seine Größe geht etwas darüber hinaus. Erhalten sind ein prächtiger Altbaumbestand, etwa Linden und Platanen, und Reste der ursprünglichen Ausstattung. Das unmittelbare Umfeld des Herrenhauses aber wurde umgestaltet; hier befindet sich heute eine Kaffeeterrasse für die Besucher des Gutes. Nach der Enteignung 1945 diente es für unterschiedliche Nutzungen: zur Unterbringung von Umsiedlern, als Mädchenheim, Schule und Weiterbildungsstätte für Pädagogen.
Die neuere Geschichte begann 1991, als das Anwesen der Stadt Leipzig übertragen wurde. Seit 1993 sollte es zu einem Ökologischen Stadtgut entwickelt werden. Die Arbeiten übernahm der teilweise umstrittene Betrieb für Beschäftigungsförderung unter Matthias von Hermanni. Hunderte von Mitarbeitern setzten die Gebäude und Außenanlagen instand: Der Wirtschaftshof wurde teilweise neu gepflastert. In den rückwärtigen Bereichen entstanden zahlreiche Tiergehege, in die die Besucher Einblick nehmen können. Feierliche Eröffnung war am 9. Juli 1998 in Anwesenheit von Bundesarbeitsminister Norbert Blüm und Bernhard Jagoda, Präsident der Bundesanstalt für Arbeit. Erst seit dem 1. Januar des Folgejahrs gehört das Gut mit dem Ort Mölkau auch politisch zu Leipzig.
Nach dem Ende des Betriebs für Beschäftigungsförderung erfolgte 2002 die Privatisierung und Umwandlung in die Stadtgut Mölkau GmbH.
Interessant ist nicht nur die Parkanlage des Guts an sich, sondern auch die angrenzende kleinteilige Agrar- und Kulturlandschaft, die teils als Flächennaturdenkmal ausgewiesen wurde. Alte und neuere Alleen begleiten Wege durch offenes Wiesenland und Auwaldbereiche, durchzogen von einem historischen Grabensystem.

Größe
15 Hektar

Besonders sehenswert
Gesamtanlage als Öko-Gut, Dorfanger Mölkau, Einbettung in die umgebende Landschaft

Der Weg
Zweinaundorfer Straße, Bus 73 Haltestelle Gottschalkstraße

Parkmöglichkeiten
Parkplatz Kelbestraße

Sport + Spiel
Joggen, Nordic Walking, Radfahren, Reiten, Tischtennis

Adressen
Stadtgut Mölkau GmbH, Kelbestraße 3, 04316 Leipzig, Tel. 44 23 31 11, www.stadtgut-leipzig-moelkau.de

Gastro-Tipps
Landgasthof Mölkau, Kelbestraße 3, 04316 Leipzig, Tel. 44 23 32 22, www.gutmoelkau.de

Pferdekoppel in Mölkau

Erholung, Licht und Luft

Verglichen mit anderen Stadtteilen besitzt der Osten Leipzigs nur einen geringen Anteil an Grünstrukturen. Ehemalige Bauerndörfer entwickelten sich hier in der zweiten Hälfte des 19. Jahrhunderts zu Vororten und Arbeiterquartieren mit Wohnblocks, die wie endlos aneinandergereiht scheinen. Seit den 1880er Jahren erstarkte auch öffentlich der Wunsch nach Grünanlagen in diesem Bereich. Für Stünz wurde 1892 in einem Bebauungsplan erstmals die Anlage eines Parks festgeschrieben. Wo genau er entstehen sollte, war noch nicht klar, als sich der Leipziger Rat im April 1894 allgemein mit dem Projekt eines Parks im Osten der Stadt befasste. Oberbürgermeister Georgi (1831–1918) und Stadtgartendirektor Wittenberg sprachen sich jedoch für das dann gewählte Terrain östlich der Eilenburger Bahnlinie im zu dieser Zeit noch selbstständigen Stünz aus.

Nach einer Verschiebung des Vorhabens lagen die konkreten Planungen und Kostenanschläge am 20. Januar 1896 vor und wurden wenig später durch den Rat genehmigt. Bereits im Juni gab es aber von dieser Seite Beanstandungen: So wurden eine dichtere Bepflanzung und eine geschwungene Führung des in Richtung Mölkau führenden Hauptwegs gefordert. Wittenberg fand triftige Argumente für seine ursprüngliche Planung, musste diese aber dennoch ergänzen, weil zusätzliches Gelände an der Bahnlinie in die Anlage einbezogen werden konnte. Der letztlich verwirklichte Plan vom 3. Oktober 1896 sah ein großzügig gegliedertes Gelände mit weiten Wiesenflächen und in landschaftlicher Tradition angeordneten Gehölzgruppen und Einzelbäumen vor. Große, von Baumreihen gesäumte Rasenspielplätze nach englischem Vorbild, ein Teich und kleine Aussichtshügel stellen die Hauptbezugspunkte dar. Neben der erwähnten geraden Hauptverbindungsachse in Richtung Mölkau, die von einer Allee begleitet werden sollte, war ein System vergleichsweise weniger, aber großzügig geschwungener

Parkteich im Volkshain Stünz

Die Roteiche ist ein aus Nordamerika eingeführter Exot.

Wege vorgesehen. Im Wesentlichen 1897 begonnen, waren die Arbeiten am Park bereits im April 1898 beendet. Die feierliche Eröffnung erfolgte jedoch erst am 16. September des gleichen Jahres. Wie es bereits die Bezeichnung Volkshain andeutet, war eine seinerzeit moderne Anlage entstanden, die weniger der Repräsentation als der Erholung und sportlich-spielerischen Betätigung der Anwohner dienen sollte. Stilistisch war sie gleichwohl noch ganz dem üblichen sogenannten gemischten Stil verpflichtet. Neben den landschaftlichen Partien gab es zwar keine aufwändigen Schmuckpflanzungen, dafür besaßen vor allem die Spielplatzbereiche und der Ostteil der Anlage ein formales Grundgerüst. Wegen des alsbald einsetzenden Andrangs wurde von der Stadt im Dezember 1898 eigens ein Parkwächter mit Polizeigewalt verpflichtet. Seit der Eingemeindung von Stünz zum 1. Januar 1910 liegt der Park allerdings auf Leipziger Terrain. Seither gab es nur geringe Veränderungen, etwa hinsichtlich der Form des westlichen Spielplatzes. Gemeinsam mit benachbarten Kleingärten und einer fast zwei Hektar

BOTANISCHE BESONDERHEITEN

Unter Gebüschen wachsen einige einheimische Waldpflanzen, wie Bärlauch, Gefleckter Aronstab, Waldgoldstern, Scharbockskraut, Hohler Lerchensporn, Gelbes Windröschen, Buschwindröschen und selten der Märzenbecher. Auffallend ist die hohe Zahl verwilderter, vor allem zwiebeltragender Zierpflanzen, von denen nur einige genannt werden. Sie bringen besonders von März bis Mai bunte Farbtupfer in den Park. Als erste zeigen sich der gelbe Winterling, massenhaft Schneeglöckchen, Frühlingskrokus und Tommasinikrokus mit ihren violetten Blütentrichtern. Wenig später folgen die tiefblauen Blüten des Sibirischen Blausterns und der Armenischen Traubenhyazinthe sowie die blauweißen des Großer Schneestolzes. Schließlich endet das Blühen mit den weißen Blütensternen des Doldigen Milchsterns und einigen verwilderten Narzissen. In Parkrasen, die wenig betreten werden, finden sich noch zahlreiche Wiesenpflanzen, z. B. Wiesenstorchschnabel, Wiesenschaumkraut, Echtes Labkraut, Knolliger und Scharfer Hahnenfuß. *PG*

Bemerkenswert sind große Gruppen mit Rotbuchen, die sich im Herbst durch goldenrötlich gefärbte Blätter hervor heben. Eine ausgesprochene Seltenheit ist die Weißeiche mit unregelmäßig gelappten- und im Herbst weinrot eingefärbten Blättern. Außergewöhnlich stark verzweigt präsentieren sich die zahlreichen Amerikanischen Roteichen, auch Spitz- und Bergahorn, Winter-, Sommer- und Europäische Linde, Zitterpappel, Schwarzerle und Weißdorn. *HJS*

Übersichtsplan vom Volkshain Stünz

Hohler Lerchensporn – eine Art des Auwalds, die auch in Parks auftritt

großen Wiese bildet der Volkshain heute einen zusammenhängenden großen Grünbereich inmitten von noch immer von Leerstand geprägten ehemaligen Arbeiterquartieren.
An die ältere Vergangenheit gemahnt ein Denkmal am Westufer des Teichs, einer zu Ehren des Stifters so genannten Apelsteine. Er erinnert an ein ostpreußisches Infanterieregiment, das vor dem Sturm auf Leipzig in der Völkerschlacht 1813 hier lagerte. Geschützte Vögel, wie Bluthänfling, Kuckuck, Mittelspecht und Buchfink, die auf der Roten Liste von Deutschland bzw. Sachsen stehen, ziehen ihre Brut im Park groß. Mit Glück können Fasane im Unterholz beobachtet oder Nachtigallen belauscht werden. Im Teich leben Erdkröten, Teich- und Grasfrösche. Auch wenn sich der ursprünglich beabsichtigte lichte Charakter der Anlage in mehr als hundertzehn Jahren durch starkes Gehölzwachstum verändert hat, erfreut sich der Volkshain Stünz unverändert großen Zuspruchs.

Größe
11,5 Hektar

Besonders sehenswert
Apelstein/Friccius-Denkmal von 1897, Parkteich, Altgehölze

Der Weg
Zweinaundorfer Straße/Pflaumenallee bzw. Mölkauer Weg, Bus 72 Haltestelle Pommernstraße

Parkmöglichkeiten
Pflaumenallee, Mölkauer Weg

Sport + Spiel
Joggen, Nordic Walking, Radfahren, Ballspiele, Sandkasten (ehemaliges Planschbecken)

Hundewiesen
Nordwestlicher Parkabschnitt

Adressen
Emmauskirche, Wurzner Straße 160, 04318 Leipzig, Tel. 2 32 22 12, www.emmauslukas.de

Gastro-Tipps
Gasthaus & Pension Pfefferkiste, Wurzner Straße 167, 04318 Leipzig, Tel. 2 32 97 11

Sibirischer Blaustern – eine Zierde vieler Parkanalgen

Weide mit Wasserbüffel im Grünen Bogen Paunsdorf

Neuer Rahmen für Heiterblick

Das Neubaugebiet Heiterblick verfügte zwar, wie in solchen Wohnanlagen aus der DDR üblich, über hinreichend Abstands- und Freiflächen zwischen den Wohnblocks. An Möglichkeiten, der Tristesse im näheren Umfeld zu entfliehen, mangelte es dennoch. Die Bereiche waren entweder nicht zugänglich oder aber für eine Freizeitnutzung nicht weiter hergerichtet. In das Projekt Grüner Bogen wurden alle das Wohngebiet bogenförmig umgebenden Flächen einbezogen, die je nach Ausgangslage eine unterschiedliche Bestimmung erhielten.

Ein ehemaliger Truppenübungsplatz der sowjetischen Armee wies wie viele solche bislang eher extensiv genutzten Flächen ein hohes Naturraumpotential auf, das nun gefördert wird. Hinzu kamen landwirtschaftliche Brachflächen, Kleingärten und das sogenannte Paunsdorfer Wäldchen. Ergebnis der in mehreren Etappen umgesetzten Planung werden neben den naturräumlich zu entwickelnden Bereichen ein sogenannter Bürgerpark mit Seen, ein Sportpark sowie Spiel- und Freizeitangebote sein.

2011/12 wurden die beiden Seen des Bürgerparks fertiggestellt, die neben ihrer gestalterischen Funktion auch der Regenrückhaltung dienen. In den bogenartig um die Neubausiedlung Heiterblick angeordneten Teilbereichen stellt eine von Baumreihen begleitete und noch zu verlängernde Promenade ein verbindendes Element dar. Fünf Aussichtspunkte, etwa eine Aussichtsterrasse im Bürgerpark, sorgen für einen Überblick. Die Sportanlage an der Thomas-Müntzer-Schule verfügt über eine 110-Meter-Sprintstrecke und eine Gymnastikwiese, Plätze für Kugelstoßen und Weitsprung. Zusätzlich können Spielfelder für Volleyball, Basketball und Kleinfeldfußball genutzt werden.

Auf einer eingezäunten Weide auf der ehemaligen Manöverfläche der Kaserne Heiterblick grasen Wasserbüffel. Die Tiere sind robust, sommer- und winterfest. Sie verhindern durch die Beweidung eine Waldbildung und tragen so zum Erhalt von offenen Landschaftsbereichen bei. Spontan stellten sich auch Rehe und Hasen, Füchse, Frösche, Kröten und allerlei Vögel ein. Schützengräben, eine fast zugewachsene Straße und Überreste der alten Kaserne erinnern daran, dass der frühere Wehrmachtsstandort noch bis in die 1990er Jahre militärisch genutzt wurde. Ein Erlebnisrundweg, stellenweise auf Holzstegen, erschließt den Bereich. Kindergartengruppen und Schulklassen gehören zu den Stammgästen im Grünen Bogen. Er gilt als Schlüsselprojekt des Grünen Rings um Leipzig.

Urweltmammutbaumallee im Grünen Bogen Paunsdorf

Pferdeweide im Grünen Bogen Paunsdorf

Größe
36 Hektar
Besonders sehenswert
Tiergehege, Sportanlagen
Der Weg
Heiterblickallee, Tram 7, 8 Haltestelle Ahornstraße
Parkmöglichkeiten
Heiterblickallee, Waldkerbelstraße
Sport + Spiel
Joggen, Nordic Walking, Radfahren, Jugendtreff, Leichtathletik, Ballspiele

BOTANISCHE BESONDERHEITEN

Kernstück des Grünzugs Grüner Bogen Paunsdorf ist das Paunsdorfer Wäldchen. Mit mehr als vierzig einheimischen bzw. gepflanzten und zum Teil eingebürgerten Arten ist es ungemein reich an Gehölzen. Dominante Bäume sind Gewöhnliche Esche, Stieleiche, Bergahorn und Hainbuche, häufige Sträucher Hasel, Gewöhnlicher Liguster, Schwarzer Holunder und Weißdornarten. Weniger reich ist die Krautschicht. An trockeneren Stellen sieht man Trupps von Buschwindröschen, Echter Sternmiere, Maiglöckchen, Walderdbeere, Großem Hexenkraut, Zittergrassegge, Waldmeister (selten und wohl nur verwildert) und die zierliche, um Leipzig seltene Zweiblättrige Schattenblume. Stellenweise herrscht ein Gras mit auffallend aufrecht abstehenden Blättern vor, das Hainrispengras. Besonders an feuchten Stellen wachsen das schöne Waldflattergras, Scharbockskraut, Gefleckter Aronstab, Hohe Schlüsselblume, Echte Goldnessel und sogar Märzenbecher.
In den Grünzug ist auch Emiliens Hölzchen eingeschlossen. Interessant ist hier vor allem seine unmittelbare Umgebung. Auf den Brachflächen, in denen das Land-Reitgras bestandsbildend auftritt, haben sich sogenannte Vorwaldarten eingestellt, z. B. Hängebirke, Zitterpappel, Vogelbeerbaum sowie verschiedene Rosen-, Weißdorn-, Weiden- und Brombeerarten. Einzelne Exemplare von Stieleiche, Gewöhnlicher Esche, Bergahorn, Gewöhnlicher Traubenkirsche und Feldulme deuten auf die künftige Waldzusammensetzung hin. *PG*

Seltene Pflanze im Leipziger Umland: Zweiblättrige Schattenblume

Hundewiesen

entlang Permoser-/Klettenstraße und Permoser-/Gundermannstraße

Adressen

GreenKeys – Urban Green as a Key for Sustainable Cities, www.greenkeys-project.net
Grüner Ring Leipzig, www.gruener-ring-leipzig.de

Gastro-Tipps

Paunsdorfer Gartenlaube, Goldsternstraße 47, 04329 Leipzig, Tel. 2 51 28 59

Osteria Gerichtsschänke Taucha, Schlossstraße 6, 04425 Taucha, Tel. 03 42 98/7 34 40, www.osteria-taucha.de

Liste der wissenschaftlichen Pflanzennamen

In der Artenliste werden Adjektive, durch Komma getrennt, nach dem Gattungsnamen geführt. Mit dem Gattungsnamen zusammengeschriebene Begriffe werden unter dem ersten Buchstaben genannt, also: Ahorn, Französischer, aber: Bergahorn. Die Nomenklatur richtet sich im Wesentlichen nach Rothmaler (2005) und Zander (2008). Alle Wildpflanzen Leipzigs sind bei Gutte (2006) aufgeführt.

Personenregister

Literatur (Auswahl)

Amin/Franz/Wendt, Floßplatz Leipzig – Denkmalpflegerische Rahmenzielstellung, Leipzig 1996 (unveröffentlicht)

Amin/Franz/Wendt, Schlosspark Leipzig-Schönefeld – Denkmalpflegerische Rahmenzielstellung, Leipzig 1995 (unveröffentlicht)

Bahr, Renate, u. Christoph Kühn, Ostvorstadt – Eine historische und städtebauliche Studie, Leipzig 1998

Bahr, Renate, Christoph Kühn, Thomas Nabert, Reudnitz – Eine historische und städtebauliche Studie, Leipzig 1997

Benecken, Peter, u. Kathrin Franz, Die Entstehung und Entwicklung der Schreberanlagen, in: Kikentscher, Rüdiger, Gartenkulturen in Europa, Halle/S. 2011

Benecken, Peter, Leipziger Parkarchitekturen am Wasser, in: Leipziger Blätter, Sonderausgabe „Stadt am Wasser", Leipzig 2010, S. 56–59

Böhme, Heinz-Jürgen, Die alte Elster – unerwartete Rückkehr eines Flusses, in: Leipziger Blätter 44, Leipzig 2004, S. 23–25

Böhme, Heinz-Jürgen, Augustusplatz, in: Leipziger Blätter 33, Leipzig 1998, S. 9–11

Böhme, Heinz-Jürgen, Neue Wölbleitung oder moderner Stadtplatz, in: Leipziger Blätter 36, Leipzig 2000, S. 87

Böhme, Heinz-Jürgen, Tempel der Erinnerung – Zur Geschichte eines Gartenpavillons, in: Leipziger Blätter 49, Leipzig 2006, S. 8f.

Briel, Cornelia, u. Harald Kirschner, Böhlitz-Ehrenberg, eine historische und städtebauliche Studie, Leipzig 2000

Briel, Cornelia, u. Harald Kirschner, Neuschönefeld, Neustadt, Volkmarsdorf – Eine historische und städtebauliche Studie, Leipzig 1999

Briel, Cornelia, u. Thomas Nabert, Innere Westvorstadt – Eine historische und städtebauliche Studie, Leipzig 1998

Briel, Cornelia, u. Heidi Vogel-Hennig, Lützschena – Eine historische und städtebauliche Studie, Leipzig 1999

Briel, Cornelia, Harald Kirschner, Heinz Krüger, Anger-Crottendorf – Eine historische und städtebauliche Studie, Leipzig 1999

Dehio, Georg, Handbuch der deutschen Kunstdenkmäler, Sachsen II: Die Regierungsbezirke Leipzig und Chemnitz, München/Berlin 1998

Fehrmann, Hans, u. Walter Lingslege, Robert-Koch-Park, Denkmalpflegerische Zielstellung, Leipzig 1983 (unveröffentlicht)

Fey, Othmar, Eutritzscher Park, Faltblatt, Stadt Leipzig, Leipzig 1997

Fibich, Peter, Elitär? Keineswegs! – Ein neuer Volkspark am Eilenburger Bahnhof, in: Leipziger Blätter 41, Leipzig 2002, S. 76f.

Fibich, Peter, Erinnerung an eine politisch motivierte Zerstörung – Der Gedenkort auf dem Trümmerberg in der Etzoldschen Sandgrube, in: Leipziger Blätter 59, Leipzig 2011, S. 41–43

Fibich, Peter, Leipzig – Ein Begleiter zu neuer Landschaftsarchitektur, München 2008

Franz, Kathrin, Andern Freude zu machen... – Die Geschichte des Johannaparks Leipzig und die Vorstellung erster gartendenkmalpflegerischer Ergebnisse, in: Vereinigung der Landesdenkmalpfleger in der Bundesrepblik Deutschland und Landesdenkmalamt Berlin, Berlin 2003, S. 96–104

Franz, Kathrin, Denkmalpflegerische Rahmenzielstellung Promenadenring Leipzig, Leipzig 1993 (unveröffentlicht)

Franz, Kathrin, Gohliser Schlösschen zu Leipzig – Geschichte des Gartens und Hinweise für seine Wiederherstellung (in Zusammenarbeit mit dem Landschaftsarchitekturbüro Seelemann), Leipzig 1992 (unveröffentlicht)

Franz, Kathrin, Der Grüne Promenadenring – Erhaltungsgebiet Leipzig-Innenstadt, Leipzig 2004

Franz, Kathrin, Der Johannapark, Faltblatt, Leipzig 1995

Franz, Kathrin, u. Günther Katsch, Kleingartenanlage Dr. Schreber, Faltblatt, Leipzig 1996

Friedrich, Petra, Der Leipziger Promenadenring einst und heute, in: Vereinigung der Landesdenkmalpfleger in der Bundesrepblik Deutschland und Landesdenkmalamt Berlin, Berlin 2003, S. 87–95

Gormsen, Niels, Die Bergbaufolgelandschaft – eine Jahrhundertchance für Stadt und Region, in: Leipziger Blätter 33, Leipzig 1998, S. 83–85

Grau, Reinhard, Das Carl-Wilhelm-Müller-Denkmal in den Promenadenanlagen – Prüfstein für die Stadtverwaltung, in: Leipziger Blätter 32, Leipzig 1998, S. 49

Gröning, Gert, u. Joachim Wolschke-Bulmahn, Grüne Biographien: Biographisches Handbuch zur Landschaftsarchitektur des 20. Jahrhunderts in Deutschland, Berlin 1997

Günther, Harri, Peter Joseph Lenné – Gärten/Parke/Landschaften, Berlin 1991, S. 135f.

Guth, Peter, Kathrin Franz, Wolf-Dietrich Speck von Sternburg, Der Speck von Sternburgsche Schlosspark Lützschena, Leipzig 2001

Gutte, Peter, Flora der Stadt Leipzig einschließlich Markkleeberg, Jena 2006

Gutte, Peter, Die Pflanzen Leipziger Parkrasen und ihre Bedeutung für den Naturschutz. Naturschutzreport Leipzig und Umgebung, Leipzig 2010, S. 10–12

Gutte, Peter, Die Vegetation Leipziger Rasenflächen. Gleditschia 11, Leipzig 1984, S. 179–197

Gutte, Peter, Hans-Jürgen Hardtke, Peter A. Schmidt (Hrsg.), Die Flora Sachsens und angrenzender Gebiete, Wiebelsheim 2013

Heinze, Rebecca, Cospudener See – Windjammer und Surfmanöver vor Leipzigs Toren, in: Leipziger Blätter, Sonderheft „Mitteldeutsche Seenlandschaft", Leipzig 2007, S. 24–27

Hocquél, Wolfgang, Leipzig – Architektur von der Romanik bis zur Gegenwart, Leipzig 2004

Hocquél, Wolfgang, Das Rosental, Faltblatt, Leipzig 1997

Hocquél, Wolfgang, u. Petra Friedrich, Der Alte Johannesfriedhof, Faltblatt, Leipzig 1995

Höhn, Andreas, Ein Stück Leipzig in Markkleeberg. Der Keessche Park in Gautzsch, in: Leipziger Blätter 50, Leipzig 2007, S. 16–19

Hoyer, Hansdieter, Das Nützliche im Schönen... Schlossgeschichten von Lützschena bis Wiederau, in: Leipziger Blätter, Sonderausgabe „Stadt am Wasser", Leipzig 2010, S. 82–85

Klaucke, Christiane, Thomas Nabert, Bernd Rüdiger, Großzschocher – Eine historische und städtebauliche Studie, Leipzig 1995
Klotz, Stefan, Peter Gutte, Bernhard Klausnitzer, Vorschlag einer Gliederung urbaner Ökosysteme. Arch. Naturschutz u. Landschaftsforsch. 24, 1984, S. 153–156
Kober, Ragnhild, Stephaniplatz – Eine Zustandsbeschreibung, in Leipziger Blätter 21, Leipzig 1992, S. 91f.
Kunath, Inge, Rolle und Bedeutung der Gartendenkmalpflege im Grünflächenamt Leipzig, in: Vereinigung der Landesdenkmalpfleger in der Bundesrepublik Deutschland und Landesdenkmalamt Berlin, Berlin 2003, S. 77–81
Landschaftsarchitekturbüro Franz, Denkmalpflegerische Rahmenkonzeption Johannapark Leipzig, Leipzig 1995 (unveröffentlicht)
Landschaftsarchitekturbüro Franz, Denkmalpflegerische Rahmenkonzeption Stünzer Park Leipzig, Leipzig 2002 (unveröffentlicht)
Landschaftsarchitekturbüro Franz, Gutspark Knauthain – Denkmalpflegerische Zielstellung, Leipzig 2001 (unveröffentlicht)
Landschaftsarchitekturbüro Franz, Denkmalpflegerische Zielstellung / Entwurfsplanung Kleingartenverein Dr. Schreber e. V. Leipzig, Leipzig 1993 (unveröffentlicht)
Lorz, Andrea, Thomas Nabert, Bernd Rüdiger, Windorf – Eine historische und städtebauliche Studie, Leipzig 1995
Meisel, Wilfried, Verträumte Ruhe am Rande der Stadt – Der Park Abtnaundorf, in: Leipziger Blätter 6, Leipzig 1985, S. 47–50
Mewes, Petra, Kaffee am See, Fisch am Elstergraben – Cafés und Kneipen, Restaurants und Spielplätze: Leipzigs neue Gastro-Szene liegt direkt am Wasser, in: Leipziger Blätter, Sonderausgabe „Stadt am Wasser", Leipzig 2010, S. 62–65
Morawetz, Wilfried, Hortus Botanicus Lipsiensis, in: Leipziger Blätter 35, Leipzig 1999, S. 62–64
Morawetz, Wilfried, Plädoyer für märchenhafte Momente – Hundert Jahre Leipziger Wildpark, in: Leipziger Blätter 44, Leipzig 2004 S. 92–94
Nabert, Thomas, u. Bernd Rüdiger, Innere Südvorstadt – Eine historische und städtebauliche Studie, Leipzig 1997
Pro Leipzig e. V. (Hrsg.), Alt-Lindenau – Eine historische und städtebauliche Studie, Leipzig 1994
Pro Leipzig e. V. (Hrsg.), Innere Westvorstadt – Eine historische und städtebauliche Studie, Leipzig 1998
Pro Leipzig e. V. (Hrsg.): Der Johannisplatz – Eine historische und städtebauliche Studie, Leipzig 1993
Pro Leipzig e. V. (Hrsg.), Plagwitz – Eine historische und städtebauliche Studie, Leipzig 1995
Rat der Stadt Leipzig, Abteilung Kultur (Hrsg.), Leipziger Plastikpark, Faltblatt, Leipzig 1988
Rohde, Michael, Parkpflegewerk Mariannenpark Leipzig, Hannover 1993 (unveröffentlicht)
Rohde, Michael, Inhalt und Wirkung gartendenkmalpflegerischer Gutachten am Beispiel des Parkpflegewerks Mariannenpark in Leipzig, in: Vereinigung der Landesdenkmalpfleger in der Bundesrepublik Deutschland und Landesdenkmalamt Berlin, Berlin 2003, S. 82–86
Rüdiger, Birthe, Hortus Bosianus – der Barockgarten des Caspar Bose, in: Leipziger Blätter 35, Leipzig 1999, S. 59–61
Schulz, Florian, Peter Gutte, Peter Otto, Das Stötteritzer Wäldchen – ein Beispiel für einen neophytenreichen Stadtwald. Sächs. Florist. Mitt. 14, 2011, S. 97–106
Schulz, Joachim, Wolfgang Müller, Erwin Schrödl, Architekturführer DDR, Bezirk Leipzig, Berlin 1975
Seelemann, Dirk, Spielparadies Stephaniplatz, in: Leipziger Blätter 21, Leipzig 1992, S. 93
Sickert, Andreas, Thomas Knorr, Volkmar Triebstein, Wildpark Leipzig, Faltblatt, Leipzig 2003
Stadt Leipzig, Handakten und Archivmaterialien im Amt für Stadtgrün und Gewässer, Sachgebiet Gartendenkmalpflege
Thormann, Olaf, Was braucht der Johannisplatz? – Perspektiven für das Tor zur Leipziger Ostvorstadt, in: Leipziger Blätter 47, Leipzig 2005, S. 15–17

Weiterführende Literatur zur Bestimmung und Beschreibung von Planzen

Zander, Robert, Handwörterbuch der Pflanzennamen, Erhardt, Walter, Götz, Erich, Bödeker, Niels, Seybold, Siegmund (Hrsg.), Stuttgart 2008
More, David, u. John White, Die Kosmos-Enzyklopädie der Bäume, Stuttgart 2004
Cheers, Gordon, Botanica – Das ABC der Pflanzen, Köln, 2003
Eiselt, Max Gustav, u. Rudolf Schröder, Laubgehölze, Leipzig/Radebeul 1977
Göritz, Hermann, Laub- und Nadelgehölze für Garten und Landschaft, 1973
Coombes, Allen J., Bäume, München 2006
Barthlott, Wilhelm, Die Große Pflanzenenzyklopädie von A–Z in 2 Bänden, München 2004
Rothmaler, Werner, Exkursionsflora von Deutschland. Gefäßpflanzen: Kritischer Band, Eckart J. Jäger, u. Klaus Werner, München 2005
Schmidt, Peter A., u. Ulrich Hecker, Taschenlexikon der Gehölze, Wiebelsheim 2009

Impressum

Abbildungsnachweis
Amt für Stadtgrün und Gewässer S. 16 o., 16 u., 20 u., 22, 24 u., 26 o., 28, 52 M., 124 o., 152, 174 u.
Mahmoud Dabdoub S. 2/3, 35, 44/45, 50/51, 60/61, 75 o., 76, 87 u., 90/91, 113 u., 120/121, 147/148, 165, 186/187, Titel
Deutsche Fotothek – Sächsische Landesbibliothek Dresden S. 25 u.
Peter Fibich S. 214 o.
FIO SYSTEMS AG S. 129
Peter Franke/Punctum S. 90, 118, 184/185
Grünflächenamt S. 174 u.
Peter Gutte S. 65 M., 92, 94 u., 95, 98, 99, 102 u., 115 u., 119 u., 127 u., 150, 168, 171, 173, 191 u., 198 u., 210 M., 218, 219 u., 234 o., 234 u., 237 u.
Bertram Kober/Punctum S. 113 o., 207 o., innere Umschlagseiten
Rolf Langematz S. 215 u.
Marienkirche zu Stötteritz, Archiv S. 222 u.
Hein-Jürgen Scherschak S. 31, 56, 63, 71, 72, 87 M., 89 M., 100, 107 m., 116, 140, 145, 152 o., 154, 175 u., 177 M., 178 u., 179 M., 188 M., 200 u., 202 u., 213, 221 M., 227 u., 233, 235, 236, 236/237,
Stadtgeschichtliches Museum Leipzig S. 8 bis 15, 24, 25 o., 26 u., 27 o., 54, 75 u.
Stadtarchiv Leipzig S. 16 2. v. o., 17 (*bearbeitet von Kathrin Franz)*
Marion Wenzel S. 87 o.
Wolfgang Zeyen/Punctum S. 119

Hier nicht aufgeführte Abbildungen stammen aus dem Passage-Verlag, ebenso alle Kartenzeichnungen, diese hauptsächlich von Susanne Hofmann.

Die im Buch angegebenen Autorenkürzel betreffen Peter Benecken *(PB)*, Peter Gutte *(PG)* und Hein-Jürgen Scherschak *(HJS)*.

Gestaltung: Thomas Liebscher
Lektorat: Marianne Albrecht
Herstellung: Passage-Verlag
Druck: PB Tisk

ISBN 978-3-938543-49-8
Passage-Verlag 2013